Un océano ilimitado de la Conciencia

Un océano ilimitado de la Conciencia

Dr. Tony Nader

AGUILAR

Penguin
Random House
Grupo Editorial

Título original: *One Unbounded Ocean of Consciousness*

© Tony Nader, 2021
Traducción: Maharishi Foundation
Coordinación Traducción: Dr. Luis Álvarez
Dr. Germán Martina
Coordinación Editorial por Dr. Tony Nader:
Dr. Luis Álvarez
Débora Ruiz Súnico
Gráficos: © Dr. Tony Nader
Fotografías: Colección Personal Dr. Tony Nader

© 2021, Penguin Random House Grupo Editorial, S.A.
Humberto I 555, Buenos Aires, Argentina
© 2021, Penguin Random House Grupo Editorial USA, LLC
8950 SW 74th Court, Suite 2010
Miami, FL 33156

penguinlibros.com

Impreso en Mexico - *Printed in México*

ISBN: 978-1-64473-457-5

21 22 23 24 25   10 9 8 7 6 5 4 3 2 1

A Maharishi, la luz guía e inspiración que reveló la Conciencia como la realidad última y ofreció al mundo técnicas prácticas para desarrollar estados superiores de Conciencia. Y para todos los buscadores de conocimiento, científicos, filósofos, maestros, líderes sabios y guías que investigan los secretos del funcionamiento de la naturaleza y el esfuerzo por mejorar la vida en la Tierra.

Índice

Índice

Ideas para cambiar el mundo

En este libro histórico, el Dr. Tony Nader ofrece ideas que pueden cambiar el mundo.

Da soluciones profundas a preguntas que han fascinado e intrigado durante mucho tiempo a filósofos y científicos, que cubren campos tan diversos como el propósito de la vida, el bien y el mal.

¿Qué es la conciencia, tenemos libertad? ¿Hay ley y orden o caos en el Universo? ¿Cómo reparar las diferencias entre el ateo y el creyente, el determinismo y la elección?

¿Cómo sacar lo mejor de la vida, cumplir los deseos y crear paz y armonía entre los pueblos y las naciones?

Ofrece estas soluciones, basadas en un paradigma subyacente simple, que unifica la mente, el cuerpo y el medio ambiente en un océano de Ser puro, Conciencia Pura.

Una lectura obligada para cualquier buscador de respuestas a los misterios de la vida, a la verdad absoluta y última.

David Lynch

Capítulo 1

El principio

"El propósito de la vida es la expansión de la felicidad", dijo, antes de agregar: "La vida es dicha y el sufrimiento no es necesario". La guerra civil que me rodeaba, el sufrimiento que encontré en la sala de emergencias, los conflictos entre personas que peleaban o incluso se mataban por ideas, creencias, convicciones políticas y económicas, y una miríada de otras cosas hablaban en contra de lo que decía. Sin embargo, irradiaba a través de la pantalla del televisor algo genuino y creíble. Su comportamiento y su discurso fueron inspiradores. Me sentí atraído a mirar y escuchar más.

Durante once años en un colegio jesuita francés, en mi educación primaria y secundaria, había desarrollado un gran interés por la teología y la filosofía. El placer, la alegría, el sufrimiento, el remordimiento y la culpa fueron temas dominantes de discusión.

De forma innata, nadie desea sufrir. En todo nivel de riqueza y educación, en todas las culturas y tradiciones, en todas las razas, géneros y creencias, a lo largo del tiempo, la gente quiere más felicidad, más amor, más seguridad, sonidos más agradables para escuchar, más comida sabrosa para comer, más poder, más dinero, más belleza y encanto. Sin embargo, sean cuales sean sus logros, la mayoría de las personas terminan un día u otro no completamente satisfechas con lo que tienen. ¿Es la codicia o una fuerza natural de evolución lo que nos empuja hacia una mayor satisfacción?

Nuestro intelecto discriminatorio ciertamente puede llevarnos hacia valores más elevados, lo espiritual y lo divino. Podemos superar nuestros instintos básicos y elevarnos por encima del dolor y el sufrimiento, incluso abrazar el sacrificio por un bien superior, pero ciertamente preferimos que el sufrimiento nunca sea necesario.

En el primer año de mis estudios pre-médicos en la Universidad Americana de Beirut, estalló una guerra civil terrible y devastadora entre musulmanes y cristianos. Estaban en juego varios fundamentos ideológicos, políticos, raciales y económicos. Duró quince años y provocó unas 120.000 víctimas mortales y un sufrimiento incalculable en ese pequeño país, de menos de cuatro millones de habitantes.

Frente a ello, había decidido estudiar medicina para aliviar el sufrimiento, pero también con la esperanza de descubrir, a través de la ciencia, los secretos de cómo funcionan la mente y el cuerpo humano, para guiar el comportamiento de las personas. "La vida es una bendición" estaba lejos de ser mi comprensión y experiencia en los niveles individuales, nacionales e internacionales.

La plenitud, la integridad, la paz imperturbable, el amor incondicional, la compasión ilimitada, la justicia infalible y la perfección inquebrantable parecían ideales que no pertenecían a nuestra suerte humana normal. ¿Están esos ideales reservados solo para la otra vida en alguna esfera celestial? Existen personas excepcionales que, después de grandes pruebas y tribulaciones, han tenido momentos fugaces o un atisbo de plenitud y dicha. Algunos, después de experimentar un rapto espiritual, pasaron el resto de sus vidas retirados como reclusos en busca de la comunión divina. Otros se convirtieron en santos dentro de varias religiones y sistemas de creencias.

Y aquí había alguien en un programa de televisión que casi proponía como normales ante mis ojos los gigantescos y raros logros con los que había soñado, pero nunca sentí que estuvieran a mi alcance. No solo estaba diciendo que todos pueden experimentar y vivir estos ideales, sino que es fácil, natural e incluso el derecho de nacimiento de todos.

No era necesaria una vida de reclusión. No tuve que abandonar mis creencias o mi devoción a Dios de la forma en que lo conocí. Todavía podía perseguir mi pasión por el conocimiento, la ciencia y la medicina en mi deseo de vivir una vida digna y hacer una diferencia donde pudiera. No era necesario ningún sacrificio, ningún sufrimiento, ningún dolor.

Maharishi Mahesh Yogi, el orador que vi en la televisión en los años 70, era un físico indio que se convirtió en monje en los Himalayas bajo la tutela del representante más venerado y la más alta autoridad en el Veda y la tradición védica, el conocimiento antiguo desde donde vienen el yoga, la meditación, el Ayurveda y muchas otras disciplinas: Shankaracharya Brahmananda Saraswati.

Maharishi habló de su maestro con gran devoción y respeto llamándolo "Guru Dev", que significa Maestro Divino. Cuanto más miraba a Maharishi, más intrigado me sentía. Habló sobre la Conciencia de una manera que nunca antes había escuchado: Conciencia Pura, conciencia interior profunda y estados superiores de Conciencia. Dijo: "La Conciencia Pura es una reserva infinita de creatividad e inteligencia" y "es el último nivel unificado de ser que es el verdadero yo de todo y de todos".

Lo que sabía sobre la conciencia eran tres estados principales: dormir, soñar y vigilia, así como los "estados alterados" que las personas tienen con drogas, lesiones o enfermedades. Ciertamente no se refería a las alucinaciones inducidas por las drogas, la autosugestión o un trance hipnótico. Maharishi describió su método de experimentar y vivir la Conciencia Pura como una técnica mental natural, simple y hecha por uno mismo, que asienta toda la actividad de la mente dando un descanso muy profundo mientras uno permanece despierto y alerta. Dijo que "se trasciende toda actividad de la mente y se profundiza en el propio ser interior. Aquí es donde se experimenta paz, felicidad y libertad de limitaciones".

En varias charlas que escuché después, hubo informes de líderes exitosos en muchos campos que describen su experiencia de trascender y sus efectos en la creación de equilibrio en la mente, el cuerpo y el comportamiento. Varias celebridades de fama mundial dieron testimonios que describen las muchas formas en que mejoró sus vidas. Sin duda, la conciencia es fundamental para nuestra vida, ya que todo lo que planeamos, pensamos, sentimos y experimentamos ocurre en nuestra percatación: nuestra conciencia. Sin embargo, nunca imaginé que, sin medicinas o drogas, la conciencia pudiera revitalizarse o transformarse, o el desarrollo de la conciencia misma pudiera mejorar la mente, el cuerpo y el comportamiento humano. ¿Cuál era la naturaleza de la conciencia y cómo podía conducir a tales resultados? ¿Cómo era posible estar consciente sin pensamientos?

Como estudiante de doctorado en la Universidad de California, Los Ángeles (UCLA), Robert Keith Wallace había descrito en ese momento en su investigación publicada y revisada por pares y en su tesis de doctorado un cuarto estado importante de Conciencia diferente del sueño, el soñar y la vigilia. Este cuarto estado se caracterizó por cambios fisiológicos, electroencefalográficos y mentales distintos de los del dormir, el soñar y la vigilia. Wallace lo describió como un estado de "conciencia en descanso" o "vigilia hipometabólica". Él y otros encontraron que esta unión de descanso profundo y alerta, obtenida a través de la práctica de la técnica de Meditación Trascendental™ enseñada por Maharishi, tenía beneficios a largo plazo. Algunos de ellos incluyeron: reducción del envejecimiento biológico, reducción de las admisiones hospitalarias, normalización de la presión arterial, disminución de la ansiedad y reducción marcada del estrés mental y físico con mejores resultados en la salud en general.

Unos meses antes del encuentro televisivo con Maharishi, leí un artículo que describía el descubrimiento por los físicos Weinberg, Glashow y Salam en 1968 de un nivel de naturaleza que muestra cómo fuerzas aparentemente diferentes como la electricidad, el magnetismo y la fuerza responsable del decaimiento radiactivo están, en realidad, unificadas en su base. El artículo afirmaba que los físicos ahora sugieren que todo lo que observamos en el nivel de manifestación superficial parece provenir de un campo unificado. Todos los objetos, minerales, vida orgánica, árboles, animales y humanos, en última instancia, están hechos de un campo unificado de todas las leyes de la naturaleza. Weinberg, Glashow y Salam ganaron el premio Nobel por su descubrimiento en 1979.

John Hagelin, doctor en física formado en Harvard e investigador del Consejo Europeo de Investigación Nuclear (CERN), donde ahora se encuentra el acelerador de partículas más grande y poderoso del mundo, estaba trabajando en estrecha colaboración con Maharishi en la posible conexión entre la Conciencia Pura y el campo unificado de todas las leyes de la naturaleza. Luego, Hagelin dedicó su carrera a la exploración de una teoría completamente unificada de la naturaleza y hasta qué punto corresponde desde el punto de vista de la física a la Conciencia Pura.

Por lo tanto, ya había una investigación seria sobre los beneficios de la Meditación Trascendental™. En ese momento, aunque parecía descabellado, pude ver comparaciones potencialmente plausibles desde la perspectiva de la física entre la Conciencia Pura y la fuente unificada de toda la materia. Medí riesgo *versus* beneficio y decidí probar la Meditación Trascendental™ de Maharishi, pensando que no tenía nada que perder excepto unos pocos dólares y veinte minutos dos veces al día durante unos días, en caso de que no funcionara para mí. Después de todo, como había dicho Maharishi riendo: "¡La prueba de la torta está en comerla!".

Cuando aprendí a meditar, experimenté mi mente estableciéndose en un lugar que nunca había imaginado posible. Sin pensamientos, sin imágenes, sin miedo, sin límites, sin preocupaciones, solo ser puro, puro silencio interior profundo, paz interior, pero con vigilia irrestricta, un despertar firme e ilimitado. Mi mente trascendió toda experiencia sensorial y mental hacia un estado absoluto de no cambio. Sin embargo, se sintió real. Era el sentido más abstracto de pura existencia en paz, pero tan palpable como cualquier experiencia sensorial. Flotando en esta serenidad, todo se desvaneció, pero no faltaba nada.

El instructor que me había enseñado esta técnica muy antigua, que había descrito como el yoga supremo de la mente, la Meditación Trascendental™, no pudo ocultar su deleite al escuchar mi experiencia, y comentó: "Lo que experimentaste fue la Conciencia Pura, tu verdadero Ser, con una gran 'S', y ese Ser es el ser de todo y de todos". Se rio y agregó: "¡Ahora conoces tu verdadero yo!".

Fue una experiencia tan inesperada que me pregunté cuántos otros la habrían tenido y si yo la volvería a tener. Intermitentemente, según el día y las circunstancias, la experiencia subjetiva era diferente, pero con cada trascendencia, crecieron más y más la estabilidad y la felicidad en mi vida. Millones de personas la probaron y, dependiendo de su nivel de estrés individual y la regularidad de la práctica, tuvieron experiencias similares. No solo contaba la profundidad de la experiencia en la meditación, sino principalmente sus beneficios en la vida diaria.

Durante los siguientes veinticinco años, en los que completé mi formación médica y científica en Harvard y el Massachusetts Institute of Technology (MIT), pasé un tiempo precioso aprendiendo sobre la Conciencia bajo la guía de Maharishi y exploré las similitudes entre los hallazgos científicos objetivos modernos y las antiguas expresiones subjetivas de conocimiento disponibles en el Veda y en las enseñanzas de varias escuelas de pensamiento. Y me encontré sentado con Maharishi, pidiéndome que asumiera la responsabilidad más inesperada. Me dijo: "Me representarás a mí, a Guru Dev, y a la tradición védica para asegurar que la enseñanza en todas partes ahora y en el futuro continúe en su pureza y esté ampliamente disponible para el beneficio de todos".

A lo largo de los años que estuve con Maharishi, me enseñó a ser simple, a mantener la mente abierta y a aprender a ver con el corazón y con los ojos. Las preguntas más importantes suelen tener soluciones sencillas.

Capítulo 2

En busca de significado

¿Hay algún propósito oculto en la vida, un diseño secreto, una lógica significativa, un objetivo que alcanzar? ¿Por qué estamos aquí? ¿De dónde venimos y hacia dónde vamos después de irnos? ¿Estamos cada uno en nuestro propio camino con nuestras propias preocupaciones y nuestro propio destino individual e independiente? ¿Por qué deberíamos estar luchando? ¿Es por salud, felicidad, ganar dinero, ser mejor que otros, cumplir la voluntad de un Ser divino?

¿Podemos elegir? ¿Somos libres o esclavos del destino, gobernados o cuidados por alguna fuerza, leyes de la naturaleza o Dios?; ¿o vivimos en un Universo caótico, sacudido por situaciones y circunstancias? ¿Cuál es la fuente del mal?

Como seres conscientes que desean tomar el control de sus vidas, estas preguntas no solo son relevantes, son fundamentales; y todos terminan haciendo suposiciones o suscribiéndose firmemente a las creencias sobre muchas de ellas, ¡ya sea en un claro nivel consciente o no!

Esas creencias o convicciones se convierten en nuestra subyacente "visión del mundo" que influye en todo lo que hacemos. Dan forma a nuestra vida como fundamento de nuestro pensamiento, sentimiento y comportamiento. Actuamos como si pudiéramos hacer un cambio, juzgamos como si hubiera responsabilidad, luchamos como si hubiera un propósito. La ignorancia nos asusta.

En la búsqueda de significado, frente a la calamidad, cuando estamos desesperados, podemos culparnos a nosotros mismos o enojarnos con los demás, inclinarnos ante un poder sobrenatural invisible y pedir perdón, alivio y finalización, o incluso venganza.

Para aquellos cuyo Universo es creado por un Dios omnisciente y omnipotente que maneja cada detalle, la vida es vista como parte de un diseño perfecto que requiere entrega e incluso preparación para luchar y morir para cumplir la voluntad divina. Esto lleva a varias reglas, rituales y formas de pensar, actuar, adorar y sacrificarse mientras tememos la ira de Dios o nos refugiamos en Su compasión.

En el otro extremo, el Universo puede verse como un desastre caótico de partículas interactivas y fuerzas físicas que conducen al orden por ensayo y error como en plantas, animales y humanos. Surgen la legalidad, las costumbres, las tradiciones y las guías de modales adecuados, pero también existe una competencia por la supervivencia del más apto, del más informado, del más consciente y alerta.

Las interpretaciones maquiavélicas pueden llegar a sugerir que se haga lo que se desee sin reglas preestablecidas, sin diseño, sin ley, sin responsabilidad. Robar, matar, lograr sobrevivir implacablemente, agarrar y atesorar todo lo que se pueda en una despiadada jungla, entre tiburones hambrientos, siempre que no nos atrapen otros, algún sistema legal o una mafia en una sociedad que es más grande y más fuerte que nosotros.

Entre la multitud de opiniones y creencias, ¿hay una verdad suprema universal? ¿Qué reveló el enfoque científico? ¿Existe una cosmovisión, un paradigma, un denominador común que pueda conciliar la ciencia con la filosofía y la espiritualidad, el ateísmo con varios tipos de monoteísmo y politeísmo, y explicar la coexistencia de los opuestos?

¿Es posible que nuestro Universo tenga simultáneamente caos y orden? ¿Podría haber un diseño preestablecido y, sin embargo, evolución por prueba y error? ¿Es la libertad compatible con una ley determinista? ¿Podrían tanto el empirista como el idealista estar en lo correcto? Estas y otras preguntas similares no fueron meras curiosidades para mí.

He dedicado mi vida a buscar respuestas. Indagando profundamente en los textos religiosos y sus diversas interpretaciones y familiarizándome con diferentes escuelas de filosofía. Sentí como si diferentes personas estuvieran viviendo en su propio Universo diferente.

Me volqué al estudio de la medicina, la psiquiatría y la neurología para comprender por qué, si bien somos tan similares, todos podemos ser tan diferentes en nuestras opiniones, mentalidad y puntos de vista. ¿Cómo produce el sistema nervioso humano la mente y sus arbitrios, que nos conducen en múltiples direcciones e incluso llevan a algunos a luchar y matar por el bien de las ideas y al servicio del propio Dios?

Si realmente era el sistema nervioso físico el que producía la Conciencia, creí que podría contribuir a encontrar respuestas al convertirme en un científico investigador del funcionamiento cerebral. Pero el conocimiento disponible y las técnicas científicas estaban necesariamente fragmentados. Las respuestas a mis preguntas fundamentales eran demasiado complejas y demasiado abstractas para ser susceptibles de investigación científica. ¿A qué llamamos **material** y **físico** de todos modos?

La física describe la materia como hecha de átomos, ellos mismos compuestos de partículas elementales que son excitaciones de campos de energía subyacentes progresivamente más unificados y no locales. ¿Cómo pueden surgir de esos campos de energía los sentimientos, las funciones cognitivas, la percatación y la Conciencia que sustentan todas las experiencias subjetivas? ¿Lo hacen realmente? Mientras tanto practicaba Meditación Trascendental™ (MT)[1].

En la búsqueda de comprender todo lo posible sobre el Universo, comenzó a tener más y más sentido que empezara a conocer lo que más cerca de mí estaba, mi Ser.

---

1. **Meditación Trascendental**™ es marca registrada de Maharishi Vedic University y Maharishi Foundation.

La Meditación Trascendental™ me dio ese conocimiento a través de la experiencia directa, en lugar del análisis y la deducción. Me tomé un tiempo libre de mi trabajo médico y científico para convertirme en profesor de Meditación Trascendental™, bajo la guía de Maharishi Mahesh Yogi, que fue quien la introdujo en Occidente como una técnica mental de la antigua tradición védica y de yoga de la India.

Maharishi enseñó que "la Conciencia era primaria y no solo un producto del cerebro humano". ¿Cómo es posible? ¿Tiene sentido? Una cosa es segura: si no fuéramos seres conscientes, nada de esto importaría. Estaríamos actuando, comportándonos y reaccionando instintivamente, automáticamente y robóticamente. Sin conciencia no hay cuestionamiento, no hay elección, no hay libertad, no hay responsabilidad. Tampoco habría sueños, sentimientos, esperanzas, deseos, dolor o alegría. La Conciencia es la pantalla indispensable que expresa, sustenta e incluso da forma a todo conocimiento y experiencia.

Comenzando con una mirada profunda a lo que es la Conciencia y basada en el conocimiento antiguo y la ciencia moderna, comparto en este libro las respuestas y conclusiones a las que llegué con respecto a estas preguntas existenciales, y los beneficios prácticos, la plenitud, la claridad y la paz que las respuestas y las conclusiones pueden ofrecer.

CAPÍTULO 3

Mente y materia

En lenguas latinas como el español, el francés y el portugués, la Conciencia tiene dos significados. Un significado se refiere a la moralidad: el sentido de lo correcto y lo incorrecto, lo bueno y lo malo como una guía para el comportamiento adecuado de acuerdo con la ley moral. En inglés esto sería *conscience*.

El otro significado se refiere a la Conciencia y la vigilia, como ser consciente de los objetos en el entorno y de los pensamientos, sentimientos, estado de ánimo y la identidad de uno. En inglés es *consciousness*.

Los dos significados pueden estar relacionados de muchas maneras, pero es importante tener en cuenta que en este libro el término Conciencia se refiere a la Conciencia, la vigilia y la capacidad de ser consciente de las cosas (*consciousness*, en inglés) en lugar de moral, deber y responsabilidad (*conscience*, en inglés).

La cuestión de qué es exactamente la Conciencia (la Conciencia, la capacidad de ser consciente de los objetos, sentimientos y pensamientos) ha fascinado a los filósofos desde la antigüedad. La Conciencia a menudo se ha descrito como algo diferente de lo que llamamos lo material o lo físico.

Si existieran dos realidades diferentes en nuestro Universo: una abstracta (Conciencia, mente, espíritu) y otra concreta (energía, física, material), ¿cómo hablarían entre sí? ¿Cómo interactúa lo físico con lo no físico y viceversa? ¿Cómo se relaciona y se comunica lo abstracto con lo concreto? Si hay un creador que no es físico, ¿cómo crea la materia, o de dónde obtiene la energía física que transforma en el Universo?

Los Fisicalistas[2], por otro lado, suponen que la Conciencia y todo lo que es abstracto o relacionado con lo espiritual (incluidos los sentimientos de amor, compasión, dolor, felicidad, etc.) es un producto de lo físico.

La Conciencia sería una propiedad emergente resultante de la reorganización de partículas, átomos, moléculas, células, etc., en un sistema nervioso que de alguna manera se vuelve consciente y experimenta varias cualidades de conciencia con sentimientos, emociones y pensamientos. Sin embargo, la pregunta de cómo lo físico crea Conciencia permanece más allá incluso de un indicio remoto de una posible respuesta.

REVERTIR EL PROBLEMA DEL ORIGEN DE LA CONCIENCIA

Si la materia y lo físico fueran todo lo que hay y fueran la verdadera fuente de la Conciencia, ¿qué es la materia? ¿De dónde emerge? Sabemos que la materia es energía y que hay diferentes manifestaciones de energía como la electricidad, el magnetismo y la gravedad. Sin embargo, los científicos han descubierto que los campos de energía y fuerza, superficialmente distintos, están fundamentalmente unificados.

La electricidad y el magnetismo, por ejemplo, son diferentes manifestaciones de un campo: el campo electromagnético. Los físicos ahora suponen que todos estos campos de energía y fuerza emergen de un Campo Unificado. El estudio en física de las partículas más pequeñas o constituyentes de la materia reveló un nivel cuántico que tiene aleatoriedad, incertidumbre y no localidad. Los constituyentes últimos de la materia no están localizados

---

2. **Fisicalistas**. El fisicalismo es una teoría epistemológica del neopositivismo, según la cual las ciencias humanas deben organizarse según la metodología de las ciencias físicas.

en el tiempo y el espacio. Los conceptos clásicos de materia, energía, tiempo y espacio no se mantienen en las pequeñas escalas cuánticas. La fuente de la materia es, por lo tanto, no material.

El conocimiento antiguo disponible en el Veda, particularmente en Vedanta, como lo trajo a la luz Maharishi Mahesh Yogi, afirma que "la fuente de todo lo físico y material es un campo de Conciencia". Muchos filósofos, pensadores y científicos a lo largo de la historia y en los últimos tiempos postulan conceptos similares.

He trabajado directamente con Maharishi durante más de veinte años en este tema central y, basado en los resultados teóricos así como prácticos de investigación aplicada, me convencí de que la Conciencia es la base no solo de los aspectos mentales y espirituales de la vida, sino también de todo lo que llamamos materia y energía.

Por lo tanto, estoy sugiriendo en este libro que revirtamos el enigma sobre cómo la materia conduce o "crea" la Conciencia, al afirmar que es la Conciencia la que crea la materia, o más precisamente, que es la Conciencia la que aparece como materia.

Propongo la idea muy radical de que "la Conciencia es todo lo que hay". Esto es lo que los filósofos llamarían un tipo especial de Monismo: un idealismo monista donde la Conciencia es todo lo que hay y no hay nada fuera de la misma.

La Conciencia es todo lo que hay.

El problema fundamental se convierte así en: ¿cómo es que la Conciencia realmente crea o se manifiesta como materia, y por qué es esto importante? ¿Cuál podría ser su significado tanto en filosofía como en ciencia? ¿Tiene algún impacto en las creencias personales, la religión o la ética? ¿Puede responder interrogantes sobre el propósito de la creación y el significado de la vida? ¿Podría arrojar luz sobre la ley, el orden, el caos, la libertad, el determinismo, el bien y el mal? ¿O por qué hay sufrimiento? ¿Puede contribuir a la felicidad y la satisfacción individual o incluso a la paz mundial? Contestar estas preguntas parece muy ambicioso, pero tiene respuestas simples en la visión del mundo que presento en este libro.

Comenzamos con un gran axioma: hay un gran campo de Conciencia que es completamente no físico y no material. Se encuentra más allá del tiempo y el espacio y, por lo tanto, no se puede decir que tenga un principio o un final. El concepto de algo que comienza en algún momento y termina en otro, es válido en lo que percibimos como las realidades físicas y materiales, pero no tiene sentido en ausencia de lo físico y lo material.

La Conciencia no es una cosa; ¡no es nada material! Desde la perspectiva de la materia, lo físico, la energía y todo lo que podemos llamar manifestación, este gran campo de Conciencia no es, por definición, nada. Es la Nada. La Nada no puede comenzar o terminar. Sin embargo, es todo y estas cosas, como veremos, son perspectivas dentro de la Conciencia que se miran a sí mismas desde puntos de vista infinitamente diferentes.

La visión "ortodoxa" que circula entre los filósofos y mis colegas neurocientíficos es que la Conciencia como un fenómeno mental y subjetivo necesariamente debe proceder u originarse a partir de una fuente o base física. Se supone que nuestras mentes y todo lo que sucede "dentro de ellas", incluidos los pensamientos, sentimientos y percepciones, son únicamente el producto de la actividad eléctrica, bioquímica o mecánico-cuántica supuesta en el cerebro y el sistema nervioso.

Según este punto de vista, nuestra subjetividad, el mundo interior que todos tenemos y apreciamos, incluidos nuestros recuerdos, entendimientos, disfrute de la música y la belleza visual, se deben completamente a estas reacciones electroquímicas y modificaciones continuas en el cerebro.

Tenemos pensamientos y sentimientos o experimentamos

percepciones cuando los suaves impulsos fluyen silenciosamente a través de, por ejemplo, la corteza visual, o estimulan el sistema límbico dando como resultado emociones. Este punto de vista está tan profundamente grabado en la conciencia materialista colectiva que los científicos rara vez lo han cuestionado.

Hay muchas razones por las cuales este parece ser el caso, pero estoy proponiendo que no lo sea. La Conciencia no es producto de un sistema nervioso, un cerebro, un cuerpo, ni nada: es la realidad fundamental.

Como neurocientífico, sería el último en negar todas las formas en que los procesos fisiológicos influyen y colorean nuestro teatro interno de conciencia subjetiva. Sin duda, hay muchas pruebas que hacen que parezca que la Conciencia es completamente un producto de la fisiología. Pero interpretamos esa evidencia de acuerdo con los "anteojos" que tenemos: el paradigma o modelo del Universo a través del cual vemos todo, que insiste en que lo material o lo físico es lo real y que la Conciencia de alguna manera no es real.

¿Por qué estamos tan seguros?

Es una teoría en la que hemos creído durante trescientos años. Es el modelo "científico", un marco para nuestros pensamientos y percepciones. Ciertamente ha sido un modelo útil que ha catalizado un gran logro humano, pero es solo un modelo. Como el modelo geocéntrico del Universo, el Universo clásico y mecánico tiene problemas que no se pueden resolver desde dentro de sí mismo. La ciencia moderna enfrenta fenómenos en los niveles mental y subjetivo de Conciencia que no puede entender. También está desconcertada por hallazgos inesperados en los niveles material y físico. Por ejemplo:

- *Quantos Atómico*[3] (como fotones y electrones) que pueden estar en muchos lugares al mismo tiempo hasta que son observados y que pueden comportarse como partículas u ondas.
- Pares de partículas "entrelazadas" entre sí para que una medición en el *spin*[4] de uno provoque un cambio opuesto en el otro, instantáneamente, en cualquier parte del Universo. ¿Cómo llegan a saberlo?
- Una fuerza no identificada y misteriosa conocida como "energía oscura" que impulsa la expansión del Universo, y una "materia oscura" igualmente desconocida que solo conocemos por su efecto gravitacional sobre la materia conocida; ¡entre los dos constituyen aproximadamente el 96% del Universo!
- Cuanto más rápido se va en el espacio, más lentamente se envejece y los objetos disminuyen en longitud; los relojes se ralentizan y eventualmente se detendrían a velocidades relativistas (acercándose a la velocidad de la luz).

Estos son solo la punta del iceberg de la extrañeza del Universo que la ciencia aún no comprende.

La propuesta de que "la Conciencia es un Campo Unificado del cual emergen todas las manifestaciones" no se ofrece aquí como una creencia filosófica o espiritual, sino como un paradigma que da respuestas a las preguntas más difíciles sobre la vida y el

---

3. **Quantos Atómicos**. El término Cuanto o Cuantio (del latín *Quantum*: cantidad) denota en la física cuántica tanto el valor mínimo que puede tomar una determinada magnitud en un sistema físico, como la mínima variación posible de este parámetro, al pasar de un estado discreto a otro.

4. **Spin**. *N. del T.*: (del inglés, "girar") Se refiere a una propiedad física de las partículas subatómicas, por la cual toda partícula elemental tiene un momento angular intrínseco de valor fijo. Se trata de una propiedad intrínseca de la partícula como lo es la masa o la carga eléctrica.

vivir, y soluciones a los enigmas más intrigantes que enfrentan la ciencia moderna y cualquier buscador de la verdad y comprensión supremas.

La Conciencia es un Campo Unificado del cual emergen todas las manifestaciones.

En este paradigma descubrimos no solo el "qué" y el "cómo" del ser, del devenir, el viaje del yo y el proceso de manifestación, sino también se sondea el "porqué" de las cosas. ¿Por qué hay, por ejemplo, fuerzas atractivas y repulsivas en la naturaleza, por qué hay entropía, incertidumbre, aleatoriedad junto con orden, libertad junto con determinismo, felicidad y tristeza, bien, mal y malignidad? ¿Qué podemos hacer para encontrar un propósito y hacer que nuestra vida sea significativa y satisfactoria?

La capacidad de resolver muchos misterios a la vez ha sido a menudo una indicación en la ciencia de que una lógica está en el camino correcto. Es por eso que primero examinaremos varios acertijos y paradojas de la ciencia, la filosofía y la espiritualidad y destacaremos las principales preguntas que se hacen. Luego examinaremos cómo este nuevo paradigma puede abordarlos y aportar claridad y respuestas unificadas a las preguntas y puntos de vista aparentemente diversos y, a veces, conflictivos.

Ampliar nuestra perspectiva e ir más allá del modelo actual es cuestionar uno de los basamentos fundamentales sobre los cuales progresa la ciencia (la noción materialista de que todo proviene de una energía que es puramente física) y constituye una idea fija que da color al pensamiento de la mayoría de las personas en nuestro mundo y se toma como una verdad absoluta. ¿Por qué no revisar nuestras creencias fundamentales, no probadas, pero firmemente sostenidas?

A lo largo de la historia, las ideas preconcebidas y los prejuicios han demostrado ser obstáculos que bloquean el camino de los buscadores de conocimiento verdadero. Los avances científicos siempre han alterado los paradigmas arraigados y conducido a una comprensión más profunda, más verdadera y más rica.

Capítulo 4

Superficialmente complejo,
pero fundamentalmente simple

Una fuente común

El impulso de comprender el Universo, con la sensación de que tiene una base holística y unificada, ha tentado e inspirado las mentes occidentales durante al menos dos mil quinientos años.

En la antigua Grecia, la fuente de la cultura occidental, los filósofos presocráticos de los siglos VI y VII a.C. marcaron una ruptura brusca con la visión mitológica de poetas como Hesíodo y Homero.

Tales, Anaximandro, Anaxímenes, Pitágoras, Parménides y sus sabios contemporáneos fueron los precursores de los científicos de los siglos posteriores.

Matemáticos y astrónomos, así como pensadores filosóficos, elaboraron teorías decididamente no mitológicas sobre el origen y la naturaleza del mundo físico. Quizás su principal preocupación era localizar lo que hoy llamaríamos una "teoría unificada de la existencia y modo de ser de la Naturaleza".

- Tales (c. 624 - c. 546 a.C.) especuló que el agua era el origen y la base de todo, que todas las cosas surgieron del agua, terminaron resolviéndose en el agua y, a través de todos los cambios en el campo del "devenir", eso es la naturaleza, mantuvieron su esencia como agua.
- El principio de que todas las cosas derivan de una fuente física común se llama "monismo material". Otro filósofo griego con este punto de vista fue Anaxímenes (c. 585 - c. 528 a.C.),

quien enseñó que "la sustancia subyacente fundamental, en lugar del agua, era el aire".

- Anaxímenes postuló que el aire puede ser condensado y enrarecido, produciendo diferentes materiales. Cuando se aliviana, se convierte en fuego; cuando se condensa, se convierte en niebla o nubes, agua, luego tierra, luego piedras. "Todo lo demás", dijo, "proviene de estos". ¿No es esto similar a lo que hemos creído o teorizado sobre los átomos, luego las partículas subatómicas y los reinos cuánticos?

- Anaximandro (c. 610 - c. 546 a.C.) postuló que la esencia y la "primera causa" de todas las cosas tenían que venir de un reino más allá de elementos como el agua o el aire, un campo de ser que él llamó lo Ilimitado o lo Infinito. Una fuente antigua afirmó sobre él: "Dijo que el primer principio de las cosas tiene la naturaleza del infinito, y de ahí surgen los cielos y los mundos en ellos". (1)

- El filósofo Heráclito (c. 535 - c. 475 a.C.) enseñó que "toda la vida era Una, y que su esencia no es ninguna *materia* material, sino un cambio perpetuo". Comparó esto con el fuego, que arde en patrones siempre cambiantes, aunque algunos estudiosos sostienen que consideraba el fuego como la sustancia real, como el aire o el agua, que subyace en el mundo.

- La teoría de Leucipo de los átomos indestructibles como la base del mundo material se adelantó 2.500 años a su tiempo.

- Parménides ve el Uno: el primer filósofo griego Parménides (515 - 460 a.C.) enseñó que lo que "Es", es eterno e inmutable: "El Ser... es universal, existe solo, inamovible y sin fin; nunca fue ni será, ya que es ahora, todo junto, uno y continuo (...) No le permitiré decir o pensar que vino del no ser... ni que algo brote del Ser, excepto el Ser en sí mismo". (2)

Es sorprendente lo que estos primeros pensadores pudieron lograr sin el beneficio de ningún instrumento de alta tecnología o matemática avanzada, mediante el único recurso de pensar profundamente. Muchos de ellos tenían intuiciones que son afines a, o al menos apuntan hacia, ideas modernas. Ahora, debido a los avances en la ciencia, por fin estamos a punto de honrar a esos pensadores visionarios con una explicación clara que verifica lo que sabían intuitivamente.

El progreso hacia esta comprensión de la "unidad científica" ha sido constante y emocionante, reuniendo repetidamente diferentes teorías en una síntesis más coherente y unificada.

El primer paso importante ocurrió a mediados del siglo XIX cuando el teórico británico, James Clerk Maxwell, se basó en los experimentos de Michael Faraday. La teoría del electromagnetismo de Maxwell conectó dos dominios que anteriormente se consideraban no relacionados: magnetismo y electricidad.

El electromagnetismo ahora se reconoce como una de las cuatro fuerzas de la naturaleza, junto con la gravedad y las fuerzas nucleares débiles y fuertes. La teoría de Maxwell aún se mantiene, aunque ha tenido que ser complementada por lo que se conoce como Electrodinámica Cuántica (EDC), que toma en consideración fenómenos subatómicos desconocidos en el siglo XIX.

El siguiente paso demoró casi cien años. Se produjo en 1967 cuando tres científicos internacionales (de Harvard, Trieste y Nueva Zelanda) combinaron las fuerzas electromagnéticas y débiles en la Unificación Electrodébil, por la que ganaron el Premio Nobel en 1979. La etapa posterior en la unificación agregó la Interacción Nuclear Fuerte a la Unificación Electrodébil en lo que se llama Gran Unificación.

La próxima acción necesaria para una teoría de campo verdaderamente unificada, o Teoría de Todo, requiere la inclusión de la gravedad, que hasta ahora ha resultado difícil de alcanzar. La mayoría de los científicos ahora creen que existe la Superunificación, pero para demostrarlo experimentalmente, la energía que debería generarse en laboratorios como el Gran Colisionador de Hadrones (LHC) en Suiza, está más allá de las capacidades actuales y de la de cualquier tecnología futura previsible.

Esta búsqueda para comprender de qué está hecha la naturaleza ha llevado a los científicos a mirar por debajo del nivel celular visible hacia los niveles molecular, atómico, nuclear, subnuclear, electrodébil unificado, y de gran unificación, muchos millones de veces más diminutos que el núcleo atómico, y en última instancia hacia una teoría unificada de todo.

Esta marcha de descubrimiento esencialmente ha deconstruido el Universo material, fracturándolo en los pedacitos más pequeños de energía y luego disolviendo incluso esos pedazos en campos fluidos, abstractos de energía pura, que parecen emerger de un campo aún más sutil que algunas de las mentes científicas más grandes parece que no pueden abstenerse de llamar un "campo de Conciencia o inteligencia".

Representativa de esos comentarios es esta respuesta dada por Sir James Jeans[5] a una consulta sobre sus creencias en un discurso ante la Asociación Británica en 1934, según lo citado por fuentes secundarias: "Me inclino por la teoría idealista de que la Conciencia es fundamental y que el Universo material deriva de la Conciencia, no la Conciencia del Universo material (...) En general, el Universo me parece más cercano a un gran pensamiento que a una gran máquina. Bien podría ser, me parece, que cada conciencia individual debe compararse con una célula cerebral en una mente universal". Este concepto de la naturaleza de las cosas, dijo, es "muy diferente del materialismo prohibitivo del científico victoriano".

En su libro *The Mysterious Universe* ("El Universo misterioso") (3), Jeans declaró que la investigación, incluso desde la década

_____

5. Sir James Jeans (1877-1946) fue un físico, astrónomo y matemático británico.

de 1930, sugirió que "la corriente de conocimiento se dirige hacia una realidad no mecánica. (…) La mente ya no parece ser un intruso accidental en el reino de la materia, (…) deberíamos más bien saludarla como creadora y gobernadora del reino de la materia".

Erwin Schrödinger[6] lo expresó así: "La conciencia no puede explicarse en términos físicos. Porque la conciencia es absolutamente fundamental". (4)

Para el biólogo estadounidense George Wald, otro premio Nobel, "la mente, en lugar de emerger como una consecuencia tardía de la evolución de la vida, siempre ha existido como la matriz, la fuente y la condición de la realidad física: lo que compone la realidad física es material de la mente. Lo que reconocemos como el Universo material, el Universo del espacio y el tiempo y las partículas y energías elementales, es entonces (…) la materialización de la mente primaria. En ese sentido, no hay que esperar a que surja la Conciencia. Siempre está ahí". (5)

Entonces, ¿cómo puede la mente, ya sea que la pensemos como "nuestra" mente o la inteligencia de la Naturaleza (de la cual somos parte), ser vista como el "creador y gobernador" del Universo físico?

Campos y partículas

He estado usando el término "campo" asumiendo que están familiarizados con él en el sentido de la física, pero quizás valga la pena tomarse un momento para ver lo que significan los campos, ya que son fundamentales para nuestra discusión.

Si usted alguna vez sostuvo un imán en cada mano y lentamente los acercó, ha descubierto la teoría del campo. (Bueno, tal

---

6. Erwin Schrödinger (1887-1961) fue un físico y filósofo austríaco, naturalizado irlandés.

vez no exactamente). Si los polos son iguales, digamos, de negativo a negativo, sentirá una repulsión ya que los imanes son, como por arte de magia, alejados uno del otro. Si los polos son opuestos, habrá una atracción tirando de los imanes uno hacia el otro. La "acción" que está ocurriendo es esencialmente el trabajo del campo magnético, vivo en el espacio entre las barras de metal.

El campo gravitacional (también conocido como gravedad) de la Tierra ejerce una fuerza atractiva no solo en todo en nuestro planeta, sino que se extiende al espacio y, por ejemplo, proporciona la cantidad exacta de fuerza para mantener a la Luna en órbita. Del mismo modo, hay campos para cada fuerza (electromagnetismo, interacciones fuertes y débiles, la gravedad) y para cada partícula.

En la física contemporánea, se entiende que cada partícula fundamental es una excitación de un campo cuántico. A diferencia de las partículas (así como las mesas y los árboles y cualquier otro objeto físico), que son localizables en un punto, los campos se extienden en el espacio. Las partículas, en teoría, tienen un impulso y una trayectoria; los campos se ondulan y agitan, como el agua en la superficie de un lago. Las ondas o rizos en el campo electromagnético, incluidos, por ejemplo, rayos X, microondas, ondas de radio, luz visible y luz invisible como los rayos UV y los infrarrojos, es bien sabido que son los ingredientes principales de la naturaleza.

En sus primeros años, la física cuántica, la exploración del reino de los átomos y las moléculas, se conocía como "mecánica cuántica", el nombre que indica sus orígenes en la clásica visión newtoniana de la naturaleza. (No hay "mecánica" en campos abstractos y fluidos).

A veces también se la llamaba física de "partículas finas" o simplemente "partículas" para diferenciarla de la física de objetos que caen y bolas de billar que chocan, ejemplos que se usan a menudo en clases de física en la escuela secundaria para demostrar el principio de la física clásica, que, si se conocieran los hechos sobre un sistema físico (la posición, la velocidad y la masa de las bolas de billar que ruedan sobre la mesa) se podría predecir el resultado.

Si bien esto sigue siendo cierto para el nivel de realidad superficial y macroscópico, simplemente no se aplica en el ámbito de los átomos y las "partículas" subnucleares, que se caracteriza al menos en parte por la probabilidad y la aleatoriedad. La física newtoniana clásica describe el nivel macrocósmico de manera brillante.

Mientras los científicos no estuvieron al tanto de ninguna dimensión más refinada que las cosas torpes del mundo físico, la mecánica cuántica no era necesaria, ni siquiera soñada. Pero tan pronto como esas capas más sutiles comenzaron a dar a conocer su presencia, se descubrió que lo que sucedía en esas escalas, era diferente de la forma en que las cosas interactuaban a nivel macroscópico.

La previsibilidad y certeza confiables y largamente aceptadas colapsaron. Los investigadores descubrieron que simplemente no podían precisar, por ejemplo, la ubicación exacta de los electrones que se suponía orbitaban el núcleo atómico.

Todos conocemos muchos hechos importantes sobre los cuales, hace cien años, los científicos no tenían idea. Se creía, y se demostraba, que las leyes de la naturaleza se aplicaban en todas partes. La masa, el impulso y otros aspectos básicos del mundo físico se entendieron universalmente. Por lo tanto, los investigadores de los reinos sutiles quedaron atónitos, perplejos, frustrados y, a menudo, incrédulos cuando descubrieron que las viejas leyes confiables de la naturaleza no explicaban lo que ahora observaban. Las viejas leyes simplemente no funcionaban en el dominio del átomo.

Para describir adecuadamente la naturaleza en este nivel más profundo y fundamental, se desarrolló un nuevo marco conceptual: una nueva lógica y una nueva matemática. Esta fue la mecánica cuántica, el estudio de las acciones e interacciones de partículas muy, muy pequeñas. Fue el comienzo de una revolución científica.

En el lapso de unos veinte años, luego del advenimiento de la mecánica cuántica a principios del siglo XX, los físicos pudieron profundizar aún más en el fino tejido de la creación. A medida que avanzó la investigación, salieron a la luz las partículas que componen el núcleo atómico (quarks, leptones y otros), y una vez más tuvo que idearse un nuevo lenguaje matemático. El resultado fue lo que se conoce como Teoría Cuántica de Campos. Con este paso adelante, la física cuántica evolucionó desde sus comienzos centrados en partículas hasta el estudio de los campos subyacentes a las partículas.

Desde este punto de vista, como el premio Nobel Frank Wilczek escribió (junto a Betsy Devine) en su libro titulado *Fantastic Realities: 49 Mind Journeys and A Trip to Stockholm* ("Realidades fantásticas: 49 travesías de la mente y un viaje a Estocolmo"): "Los electrones ya no son partículas que se mueven en el espacio, elementos de realidad que en un momento dado están allí y no en ningún otro lado. Más bien, definen patrones de onda oscilatorios que llenan espacio siempre, aquí, allí y en todas partes".

En la Teoría del Campo Cuántico, según Wilczek y Devine, "los elementos primarios de la realidad no son partículas individuales, sino campos subyacentes. Así, por ejemplo, todos los electrones no son más que excitaciones de un campo subyacente, llamado naturalmente campo de electrones, que llena todo el espacio y el tiempo". (6)

En un artículo en el *American Journal of Physics* titulado "There Are No Particles, There Are Only Fields" ("No hay partículas, solo hay campos"), Art Hobson (7), profesor emérito de física en la Universidad de Arkansas, pregunta: "¿Son los constituyentes fundamentales [de la naturaleza] campos o partículas?". Y él responde inequívocamente que "el experimento y la teoría implican que los campos sin límites, no las partículas con límites son fundamentales". Las partículas, en esta visión, "son epifenómenos que surgen de los campos". Las mentes líderes en física ahora mantienen esta opinión.

Steven Weinberg[7], por ejemplo, distinguido profesor de Harvard y premio Nobel, escribió que "así como hay un campo electromagnético cuya energía e impulso vienen en pequeños haces llamados fotones, también hay un campo de electrones cuya energía, impulso y carga eléctrica se encuentran en los haces que llamamos electrones, y lo mismo para cada especie de partículas elementales. Los ingredientes básicos de la naturaleza son los campos; las partículas son fenómenos derivados". (8)

Esta comprensión de la primacía de los campos sobre las partículas, de lo abstracto sobre lo concreto, nos lleva un paso más cerca de poder abandonar cómodamente el fisicalismo en favor de la Conciencia no física, como campo fundamental de la vida y la naturaleza.

Es solo un pequeño paso desde esta explicación de los campos hasta el entendimiento de que, contrariamente a la opinión predominante de que la materia es primaria y la Conciencia es un mero epifenómeno, según nuestro conocimiento actual, es más apropiado suponer que la Conciencia es primaria y la materia es el derivado. Sin embargo, algunas de las Teorías de Campo Unificado más aceptadas, como la Teoría de la Súper Cuerda[8] o Teoría M, aunque dicen que el Campo Unificado no es material, se aferran a la suposición de que es "algo" físico.

Sin embargo, en nuestra descripción de la realidad última, estamos llevando la definición un paso más allá al decir categó-

---

7. Steven Weinberg (n. 1933) es un físico estadounidense. Ganó en 1979 el premio Nobel de Física junto con Abdus Salam y Sheldon Lee Glashow por combinar el electromagnetismo y la fuerza nuclear débil en el modelo electrodébil.

8. **Teoría de la Súper Cuerda**. *N. del T.*: Esquema teórico para explicar todas las partículas y fuerzas fundamentales de la naturaleza en una sola teoría, que modela las partículas y campos físicos, como vibraciones de delgadas cuerdas supersimétricas, las cuales se mueven en un espacio-tiempo de más de cuatro dimensiones.

ricamente que el Campo Unificado Supremo es un campo de Conciencia que no es material. No está hecho de partículas ni de energía, como comúnmente se entiende la energía física. Este campo no puede ser descrito por fórmulas de física. No es físico y no tiene nada físico.

La naturaleza está estructurada en capas y niveles de ser coexistentes. Mirando esto desde nuestra perspectiva humana, observaríamos que las capas comienzan con lo perceptualmente superficial, macroscópico y concreto, y avanzan a través de niveles cada vez más sutiles hasta lo microscópico y más allá, a campos abstractos y a la totalidad unificada en la esencia.

CAPÍTULO 5

La emergente ciencia de la Conciencia

UN CAMPO UNIFICADO: ¡UN CAMPO DE CONCIENCIA!

Cuanto más profundizamos en su estructura, más vibrante de energía se vuelve la naturaleza. La energía nuclear es mucho más poderosa que la energía química porque opera a un nivel que es literalmente un millón de veces más pequeño y, en consecuencia, es un millón de veces más poderosa.

Por lo tanto, el Campo Unificado como lo definimos hoy, es un campo de silencio abstracto, pero al mismo tiempo un campo insondablemente dinámico de potencial infinito. El útero de todas las expresiones de la naturaleza en todos los niveles, la fuente de creatividad inconmensurable, así como la fuente potencial de irrefrenable destrucción.

Al igual que la organización estratificada de la naturaleza, desde las ondas de probabilidad submicroscópicas a las macroscópicas y desde los campos cuánticos a las montañas y los planetas, nuestros cuerpos también son una maravilla de muchas capas.

Todo, animado e inanimado, orgánico e inorgánico, tiene su base de operaciones en el Campo Unificado y florece en estructuras y subestructuras pequeñas y luego más grandes. Entonces, nuestros cuerpos en el nivel más profundo son campos y patrones de campos que interactúan para generar átomos (principalmente oxígeno, hidrógeno, carbono y nitrógeno), que a su vez forman moléculas que incluyen proteínas, carbohidratos, grasas y los ácidos nucleicos que comprenden nuestro material genético: el ADN.

Las moléculas son la base del siguiente nivel más grande, las células, que contienen numerosas organelas, como las mitocondrias y un núcleo, y que se unen para formar órganos (corazón, pulmones, hígado, etc.), que a su vez se unen en sistemas de órganos para realizar tareas vitales como la digestión, la respiración, etc. La aparición de capas estructurales que se extienden de lo sutil a lo denso ocurre en todas partes de la naturaleza, incluso en nuestros propios cuerpos.

La estructura de nuestra vida humana en la sociedad sigue este mismo patrón de capas y niveles. Las personas individuales son, por supuesto, las unidades básicas de la sociedad; las familias son el siguiente nivel, formando comunidades, ciudades, estados y provincias, naciones y, en última instancia, la familia del mundo entero.

Todos los niveles del Ser, por lo tanto, ya se trate de física, biología o mente, están simultáneamente presentes, y nuestra concepción de lo que es verdadero y real depende de dónde, de ese continuo de lo abstracto a lo concreto, de lo oculto a lo obvio, enfocamos nuestra atención, desde qué ángulo, desde qué perspectiva o punto de vista examinamos la realidad.

En los niveles superficiales, según nuestra experiencia sensorial, solo los objetos y las cosas materiales parecen reales. Sin embargo, en la búsqueda de "la realidad última", tiene mucho sentido decir que las partículas son derivaciones o expresiones de campos; o "el Campo Unificado es la única realidad última", porque en el fondo, debajo de todas las capas y expresiones, eso es lo que se encuentra: esa infinita e ilimitada Nada.

En definitiva, todo está hecho de eso. Es como una pulsera de oro, un anillo de oro, una cadena de oro y una estatua de oro. Son diferentes en su nivel objetivo, pero son todos varios patrones del mismo material: oro. La forma puede cambiar, pero la esencia permanece constante. Nos sentamos en mesas reales, hablamos con nuestros amigos reales y comemos frutas y verduras. Pero, al mismo tiempo, podemos entender y percibir que los amigos, mesas y cenas son, en última instancia, como dicen los *Upanishads*,

46

"nada más que Eso" en su nivel fundamental de ser, como todos lo somos.

Sin embargo, también hay París y Chicago, cachorros y naranjas, todas las personas y lugares y toda la diversidad asombrosamente hermosa del mundo. Conocemos solo una parte de la verdad cuando vivimos solo en la diversidad, el campo "relativo". Llegamos a conocer toda la historia, toda la verdad, solo cuando podemos percibir la totalidad inmutable, la unidad "subyacente" (que está presente y viva en todos los niveles, no en un reino oculto), junto con la interminable e infinita variedad cambiante.

Entonces, solo porque hayamos descubierto átomos y nos hayamos dado cuenta de que las moléculas están construidas de átomos, no significa que luego afirmemos que las moléculas no existen. Eso dejaría a los químicos y biólogos fuera del negocio y, si fuera cierto, sería el final de la vida. Las moléculas existen en un nivel, los átomos en otro, los leptones, quarks y neutrinos en otro; y todo en la gran totalidad, que en última instancia es un Campo Unificado, una singularidad. Esta singularidad, este Campo Unificado primordial, es un campo puro de Conciencia.

Así como esas pulseras doradas, estatuas doradas y cadenas doradas están hechas de oro, son oro —el oro es lo que las compone—, así todo lo que hay, todos los objetos, fenómenos, capas de energía y materia están tallados de la Conciencia. La Conciencia es el material oculto que se talla en objetos, planetas, estrellas, animales, humanos y todo lo que decimos que existe en nuestro Universo.

Es una ampliación mental tratar de tomar todo esto en consideración intelectualmente, pero descubrí que llega un momento en la propia evolución en que esto se vuelve absolutamente real en el nivel de la experiencia directa. Es esta la razón por la que, a lo largo de los siglos, las personas que quieren saber la verdad y que intuitivamente captan el potencial infinito que conlleva un ser humano en esta Tierra, aprecian la meta, y el camino a la misma, de lo que es llamado "iluminación".

La mayoría de nosotros vemos el mundo a través del mismo paradigma científico fundamental que ha prevalecido durante unos 350 años en el mundo occidental. Esta visión entiende que el mundo está hecho de un elemento físico y material. También es un principio central de nuestra cosmovisión científica que nuestra conciencia deriva o es una expresión del sistema nervioso físico y del cerebro. Estas dos nociones son fundamentales para la forma en que entendemos el mundo. Y también son incorrectas.

¿La Conciencia, un misterio?

Los científicos están reuniendo cantidades masivas de datos sobre varios modos y permutaciones de Conciencia y cómo se correlacionan con varios procesos fisiológicos, bioeléctricos y químicos en el cerebro y el cuerpo, y han aprendido mucho, lo que impactará positivamente en la salud y el bienestar. Lo que los científicos no saben es cómo la conciencia abstracta, no física, y las experiencias conscientes subjetivas pueden surgir de la materia, o si, de hecho, lo hacen.

Hasta hace poco, los científicos generalmente no habían tomado en serio la Conciencia como algo para estudiar. Esta es la consecuencia natural de una práctica de la ciencia que trata de los objetos estudiados y no del sujeto que está estudiando el objeto. Este ha sido el impulso central de la ciencia durante los últimos cientos de años. Ha dejado de lado la subjetividad como demasiado variable y condicional, y en su lugar buscó observar, medir, comprender y manipular el mundo físico material.

En mis estudios e investigaciones médicas, la Conciencia como tal nunca fue un tema de estudio. Aprendimos sobre la vigilia, el soñar y el dormir, así como sobre varios estados alterados de Conciencia, como los estados vegetativos y el coma. Las preguntas sobre qué es la Conciencia, de dónde viene, cómo se relaciona con lo físico, se dejaron al campo de la filosofía y, en cierta medida, al de la psicología y la investigación psicoanalítica. No fue hasta que comencé a practicar Meditación Trascendental™ y conocí a Maharishi que comencé a comprender la relevancia total de la Conciencia.

La antigua tradición védica de la que proviene Maharishi proporciona una teoría y ciencia completas con tecnologías prácticas para el estudio, la comprensión y la aplicación de la Conciencia. De la misma manera que la tradición occidental ha enfatizado los aspectos físicos externos y percibidos de la existencia, en la antigua tradición védica el énfasis estuvo en lo mental, la Conciencia interna. La ciencia moderna desarrolló varias técnicas de investigación y métodos computacionales con una amplia gama de aplicaciones en el campo de los materiales. Del mismo modo, la antigua tradición védica tiene técnicas y métodos con una amplia gama de aplicaciones en el campo de la Conciencia.

Pero no nos equivoquemos: el enfoque en los aspectos físicos de la existencia ha tenido un enorme valor y ha transformado la forma en que vivimos. Sin embargo, estos avances y sus usos indebidos también han traído una capacidad destructiva sin precedentes, la contaminación, la aniquilación de especies e incluso de ecosistemas completos, y otros horrores a su paso.

A principios del siglo XX se abrió un portal a una forma diferente de pensar, cuando un pequeño número de científicos que trabajaban en física subatómica descubrió que la Conciencia del observador no podía estar completamente separada o desconectada del comportamiento del objeto de observación.

Algunos pensadores profundos lo han sabido durante siglos. Puesto en sus términos más simples, la Conciencia es fundamental para toda experiencia, ya sea en el contexto de nuestras percepciones cotidianas o en el de las mediciones minuciosamente calculadas y ejecutadas de la ciencia. Los científicos, empeñados en la objetividad, también han llegado a esta conclusión de mala gana.

En una observación frecuentemente citada, John Wheeler (9), distinguido profesor de física de Princeton, dijo: "Nada es más

49

importante sobre el principio cuántico que esto, que destruye el concepto del mundo 'sentado allí afuera', con el observador separado de forma segura por una losa de vidrio de 20 centímetros. Incluso para observar un objeto tan minúsculo como un electrón, este debe romper el cristal. Debe alcanzarlo... Además, la medición cambia el estado del electrón. El Universo nunca será el mismo después. Para describir lo que sucedió, hay que tachar la antigua palabra 'observador' y poner en su lugar la nueva palabra 'participante'. En un sentido extraño, el Universo es un Universo participativo".

Este reconocimiento de la primacía de la Conciencia ha hecho de ello no solo un campo de estudio acreditado, sino que lo ha colocado a la vanguardia del pensamiento científico y la investigación.

Al llamar la atención sobre "un nuevo campo vigorizante, la ciencia de la Conciencia", el psicólogo de Harvard, Steven Pinker, señaló: "Las preguntas que alguna vez se limitaron a especulaciones teológicas y duras sesiones nocturnas en el dormitorio ahora están al frente de la neurociencia cognitiva". (10) No solo es un tema candente entre los pensadores progresistas, sino que incluso los libros de texto conservadores de la universidad ahora dedican al menos un capítulo a ello.

Sin embargo, el campo familiar e íntimo de nuestra propia Conciencia es, desde la perspectiva científica actual, una especie de anomalía. Como afirman los autores del libro de texto estándar *Fundamental Neuroscience* (11), "la Conciencia es una sorpresa total; no parece derivarse de ningún fenómeno en física o biología tradicional". Para que haya una ciencia de la Conciencia viable, argumentan los autores, se debe ser capaz de responder a la pregunta crítica: "¿Cuál es la naturaleza de la relación entre la mente inmaterial y consciente y su base física en las interacciones electroquímicas del cuerpo?". La ciencia está lejos de tener esa respuesta.

El filósofo David Chalmers está en la misma página con su propia investigación y razonamiento. "Creo que estamos en una especie de callejón sin salida aquí", dijo en una charla de TED en 2014. (12) "Tenemos esta maravillosa, gran cadena de explicación… donde la física explica la química, la química explica la biología, la biología explica partes de la psicología". Pero, señala, la Conciencia no encaja en esta imagen. Por un lado, es un hecho simple que somos conscientes. Por otro lado, "no sabemos cómo acomodarlo en nuestra visión científica del mundo. Así que creo que la Conciencia en este momento es un tipo de anomalía, una que necesitamos integrar en nuestra visión del mundo, pero aún no vemos cómo. Ante una anomalía como esta, podrían necesitarse ideas radicales. Es posible que necesitemos una o dos ideas que inicialmente parezcan locas antes de que podamos comprender científicamente la conciencia".

Es notable que haya tomado tanto tiempo que la Conciencia fuera vista como un área de estudio legítima y significativa, ya que no solo es absolutamente fundamental para toda la experiencia humana, sino que también es un campo tan vasto, como complejo y multidimensional.

Desde un punto de vista, es extremadamente simple: se trata de estar despierto y consciente. Pero luego están el subconsciente y el inconsciente, hay estados alterados, estados superiores de Conciencia, así como estados disfuncionales y dañados. Existe la interacción de nuestra experiencia subjetiva y el material físico del sistema nervioso. Con todo lo que hemos aprendido sobre la Conciencia, hay mucho más que aún no sabemos. ¿Qué es la Conciencia después de todo, y cómo se produce?

La Conciencia y la materia, la mente y el cerebro, a veces se han considerado interconectadas, y a veces separadas y distintas. El llamado "dualismo cartesiano" postulado por el matemático y filósofo francés del siglo XVII, René Descartes, trazó una línea divisoria entre la mente y el cuerpo que influyó profundamente el pensamiento del mundo occidental durante siglos. Al relegar la mente y la materia a categorías ontológicas separadas (aunque propuso, incorrectamente, que podrían interactuar a través de la glándula pineal en lo profundo del cerebro).

Descartes diferenció lo que se ha convertido en el materialismo objetivo y científico del reino subjetivo del pensamiento y la espiritualidad, separación que ha contribuido a marcar el comienzo de la era científica moderna pero que también ha generado enormes malentendidos. Esa división ahora está siendo curada por nuevos conocimientos que respaldan la sensación de que la vida es un todo indiviso.

Nada es más íntimo y central para la vida de un ser humano que nuestra conciencia. Es la base de toda nuestra experiencia. Sería difícil, si no una imposibilidad categórica, imaginar una experiencia que podríamos tener sin ser conscientes. Todas nuestras percepciones, todo nuestro entendimiento y toda nuestra comunicación con los demás se basan en la Conciencia. Pensamiento, emoción, perspicacia, memoria, planificación, todo depende de la Conciencia. Es el único elemento fundamental a la base de todo lo que pensamos y hacemos, todo lo que experimentamos, tanto internamente como en todo el mundo que nos rodea.

En palabras de Antonio Damasio, profesor de neurociencia en la Universidad del Sur de California y profesor adjunto en el Instituto Salk, "sin la posibilidad de una mente consciente no tendríamos ningún tipo de conocimiento sobre nuestra humanidad, no tendríamos ningún conocimiento sobre el mundo. No tendríamos dolor, pero tampoco alegrías. No tendríamos acceso al amor ni a la capacidad de crear. (…) Sin Conciencia, no tendríamos acceso a la verdadera felicidad, ni a la posibilidad de trascendencia".

La Conciencia es parte de nuestro vocabulario diario. Desde que el Movimiento de Mujeres en la década de 1970 popularizó la idea de la concientización, han prevalecido conceptos paralelos como la conciencia ecológica, la conciencia social, la conciencia nacional, la conciencia de la salud, la conciencia colectiva y la conciencia global, todo con un hilo común de que es importante estar despierto y consciente, y, siempre que sea posible, estar más despiertos y más conscientes, y más informados, si queremos resolver la miríada de problemas que enfrentamos.

Como señaló Einstein, "no podemos resolver los problemas que enfrentamos utilizando el mismo calibre de inteligencia con el que creamos los problemas". En estas pocas palabras, el gran hombre resumió nuestro dilema humano y estableció la razón más persuasiva para el estudio y la expansión del desarrollo de la Conciencia.

Nos pide que consideremos qué nivel de inteligencia y conocimiento tenemos, como individuos y como especie, y nos establece la agenda para elevar ese nivel. ¿Cuán claramente percibimos, cuán profundo (o superficial) es nuestro pensamiento? ¿Acaso tenemos un conocimiento profundo solo de un pequeño ancho de banda de información, pero no el amplio espectro del conjunto en el que encaja ese segmento estrecho de conocimiento? O, dicho de otra manera, ¿somos expertos en un campo, pero no vemos, y tal vez ni siquiera consideramos, cómo el conocimiento que tenemos interactúa con otros campos y afecta la vida de otros, sean humanos o no humanos?

Sin embargo, la ciencia, en su intento de estudiar solo lo que es medible y cuantificable (o quizás considerándose puramente relegada a ese requisito), durante mucho tiempo excluyó por completo el estudio de la Conciencia, con el argumento de que no solo es subjetiva, sino también abstracta y no física, por lo tanto, no medible. Solo en los últimos años ha regresado el estudio de la Conciencia, y ahora lo está haciendo a lo grande.

Una búsqueda reciente en Google de "conciencia" arrojó 91 millones de resultados; Amazon enumeró 26.615 libros sobre el tema. Miles de artículos, blogs, seminarios y conferencias en todo el mundo están dedicados a obtener una comprensión de la Conciencia.

Los laboratorios de ciencias de la universidad están estudiando sus correlatos neurofisiológicos: ¿Qué sucede en el cerebro cuando experimentamos varios estados de Conciencia? Algunos investigadores de la Conciencia se están expandiendo hacia campos mucho más allá de los ámbitos habituales de escrutinio científico: estados alterados de Conciencia, fenómenos psíquicos y estados superiores de Conciencia están comenzando a estar bajo el alcance y el escrutinio minucioso de la investigación de la Conciencia. Este no es solo un trabajo críticamente importante: también está retrasado desde hace mucho tiempo.

Como se describe más adelante en detalle, propongo: que existe una Conciencia última que tiene la capacidad inherente de ser consciente y percatarse, pero que es independiente de cualquier propietario, persona o entidad. Es una esencia y tejido no material e impersonal de la que todo emerge.

A menudo me refiero a ella como Conciencia Pura: la única realidad unificada que se despierta por sí misma. Escribo esta Conciencia con una C mayúscula cuando no me refiero a mi conciencia, su conciencia o cualquier forma de conciencia individualizada, sino a la Singularidad que es la Conciencia misma.

Lo que la ciencia "sabe" sobre la Conciencia, o lo que no sabe

Para la comprensión científica moderna, la Conciencia sigue siendo esencialmente un enigma. No sabemos qué es ni de dónde viene. Hay muchas teorías, pero no hay consenso. Varios filósofos, psicólogos e incluso físicos tienen sus propios ángulos. Es un campo lleno de fermento y desacuerdo, un campo maravillosamente activo, lleno de ideas.

Podemos entender fácilmente por qué las ciencias físicas están tan universalmente perplejas por el fenómeno de la Conciencia: es ciertamente un misterio cómo un conjunto de neuronas, una masa de materia cerebral gris y húmeda, es capaz de realizar los millones de cálculos que dan lugar a la experiencia subjetiva de un individuo (o si eso es realmente lo que está ocurriendo en la cognición humana).

De alguna manera, se teoriza que el cerebro evolucionó de

un estado anterior, más primitivo, de papilla biológica para generar la *Novena Sinfonía* de Beethoven, las complejas ecuaciones de matemáticas superiores, *Hamlet* y el Gran Colisionador de Hadrones. Sin embargo, la respuesta de algunos de los científicos más brillantes de la humanidad ha sido, en efecto, mirar más allá del dilema, como saltar a través de la división percibida entre nuestro ser físico y los fenómenos de nuestra conciencia, como si tal división no existiera realmente.

Francis Crick, el biólogo molecular y neurocientífico que recibió el premio Nobel por su descubrimiento conjunto de la estructura molecular del ADN, es representativo de la visión occidental predominante de la Conciencia, el modelo fisicalista, cuando afirma: "Tú, tus alegrías y tus penas (…), tu sentido de identidad personal y libre albedrío, en realidad no son más que el comportamiento de un vasto conjunto de células nerviosas y sus moléculas asociadas".

Ciertamente, existe una correlación entre los estados cerebrales y la experiencia subjetiva, pero decir que una persona "no es más" que la actividad de una colección de células nerviosas no es simplemente combinar la correlación con la causalidad, sino que menosprecia la rica complejidad y dignidad de cada humano. Hay más para nosotros que eso.

A pesar de la seguridad de muchos cuyo pensamiento está condicionado por la vieja concepción materialista de la realidad, en realidad nadie sabe cuál es el vínculo entre la estructura neuronal del cerebro y la experiencia subjetiva interna, lo que los científicos llaman *Qualia*; cosas como los sentimientos, la apreciación del color y la música, el sentido de atracción y aversión, etc.

Qualia son los aspectos cualitativos y aparentemente inconmensurables de nuestra experiencia subjetiva: lo que se siente al ver una hermosa y colorida puesta de sol, escuchar una canción querida o incluso simplemente percibir "verde" o escuchar una nota tocada en el piano, que tendría un diferente "sentir" a la misma nota tocada en una flauta. Estas experiencias difieren considerablemente de la descripción objetiva de la mecánica neurológica de ver, oír, etc. Las sensaciones físicas como el hambre o el calor, la gama de emociones como la alegría y el miedo, y los estados de ánimo como el aburrimiento o la inquietud, están todos en el ámbito de los *Qualia* experimentados personalmente.

El filósofo y científico cognitivo Jerry Fodor lo resume en estas palabras: "Nadie tiene la menor idea de cómo algo material podría ser consciente. Nadie sabe siquiera cómo sería tener la menor idea de cómo algo material podría ser consciente". (13)

Conciencia. Vigilancia. Atención. Focalización. Vigilia. Podemos reconocer que estos son todos los aspectos de la Conciencia. La Conciencia, podríamos decir (de forma demasiado simplista), es la capacidad de ser consciente de algo, de estar despierto y de evaluarnos a nosotros mismos y a nuestro entorno. Sin embargo, no es tan fácil establecer una definición.

¿Cuál, por ejemplo, diría usted que es la diferencia entre **percatación** y **Conciencia**? Suponga que está dormido y hay algunos ruidos en la calle que no escucha. No se percata de ellos, pero sigue siendo un ser consciente, ¿no? No ha perdido su condición de ser humano consciente, incluso si no se percata momentáneamente de los eventos en su entorno (aunque, para ser claros, todavía está "consciente" de fenómenos mentales internos como sus sueños, y su cuerpo está "consciente" y ajustándose constantemente a una serie de variables externas e internas como la temperatura, la oxigenación de la sangre, etc.).

Por lo tanto, la Conciencia podría definirse como nuestra capacidad de ser conscientes de algo, mientras que la Conciencia misma sería un estado de Ser. Sin embargo, imagine otro ejemplo. Usted es un invitado en una gran fiesta, en un salón de baile lleno de todo tipo de personas principalmente en pequeños grupos, cada uno con diferentes conversaciones. Como persona consciente, por supuesto, está al tanto del tema de algunas, aunque ciertamente no de todas esas conversaciones. Parte del problema es que varios científicos y filósofos usan estos términos indistintamente, por lo que no es fácil precisar una definición exacta y, de hecho, la ciencia no lo ha hecho.

Una idea que la ciencia ha comprendido hace relativamente poco es que hay varios estados discretos de Conciencia. Hasta la década de 1950, la ciencia solo reconocía dos estados de Conciencia: vigilia y sueño. Se atribuyó a cada uno su propia actividad correspondiente en el cuerpo y el cerebro, rangos de activación metabólica y marcadores bioquímicos.

En 1953, con el REM (movimiento ocular rápido), se descubrió el soñar, lo que condujo al reconocimiento de la ensoñación como un estado separado de Conciencia, a medida que las ondas cerebrales únicas, características del soñar, salieron a la luz. Por supuesto, soñar está lejos de ser un fenómeno nuevo. Se menciona mucho en la Biblia, donde los sueños y su interpretación a menudo jugaron un papel importante en la vida de patriarcas como Jacob (luchando con el ángel) y José (prediciendo siete años prósperos, "gordos", y siete años de escasez) sin considerar su mención en la literatura popular en todo el mundo durante miles de años.

Los estudiantes de filosofía india se deleitaron, y se rascaron la cabeza con desconcierto, por los sueños dentro de los sueños en el texto clásico *Yoga Vasishtha*. Pero hasta que la actividad fisiológica y neurológica medible que acompañaba a la experiencia subjetiva de los sueños pudo ser identificada, monitoreada y descrita cuantificadamente, en lo que respecta a la ciencia, el estado de ensoñación bien podría no haber existido.

Esto se debe a que la vigilia, el sueño profundo y los sueños (ensoñación) son estados de Conciencia, no solo en la esfera subjetiva. Cada uno tiene su propio modo fisiológico de funcionamiento correspondiente, su característica "firma" física. Las ondas cerebrales durante la vigilia y los patrones que adopta la fisiología, incluido el ritmo metabólico, la actividad cardíaca, la química del cuerpo, son diferentes de cuando se está soñando o cuando se está durmiendo profundamente. Soñar es explicado principalmente por la ciencia médica como un medio para liberar el estrés representando deseos inconscientes, y ventilar el sistema nervioso. Si soñar se ve comprometido por un largo tiempo, conduce a trastornos mentales y físicos.

Independientemente del papel y del significado de los sueños, es interesante resaltar cómo un modo de funcionamiento del sistema nervioso, como durante un sueño, hace que un individuo experimente, y de todo corazón crea que es real, algo que es puramente ficticio e imaginario.

Esto pone de relieve cómo nuestra percepción de la realidad es muy subjetiva y depende del funcionamiento de nuestro sistema nervioso. Enfatiza el hecho de que en realidad solo percibimos los aspectos de la realidad que nuestros instrumentos de percepción (cerebro, aparatos sensoriales, sistema nervioso, etc.) nos permiten experimentar.

Esto se ilustra en la existencia de una afección neurológica bien documentada conocida como **sinestesia**, en la que dos o más sentidos de una persona están unidos, formando una relación. Estimular un sentido avivará la experiencia del otro. El efecto más común es en personas que ven ciertas palabras o letras de colores particulares donde todos los demás ven el tipo negro. Se cree que al menos una de cada diez mil personas tiene esta condición.

Si es posible que tantas personas vean las cosas de manera tan diferente a otras personas, entonces parece probable que haya un número infinito de otras formas en las que todos podríamos percibir la realidad de manera diferente y completamente única, si nuestros cerebros fueran solo cableados de manera diferente.

La relación entre la Conciencia y la fisiología es íntima y recíproca: cada cambio en su estado fisiológico, incluidos factores tan mundanos como la comida que ingirió en el almuerzo y si está descansado o cansado, va acompañado de un cambio en su estado mental-emocional. De manera similar, cuando la Conciencia cambia (ya sea cambios importantes como de la vigilia al sueño, o cambios menores como cambios de humor o percepciones), hay un cambio paralelo en la activación fisiológica. Esto está muy bien establecido y a veces se lo conoce como el "principio psicofisiológico".

Imagínese que ha estado en una caminata por un sendero de montaña y ahora se dirige a casa; la noche se acerca rápidamente, cuando de repente ve frente a usted ¡una serpiente!, acurrucada y aparentemente lista para atacar. La reacción de miedo crea cascadas químicas inmediatas en su fisiología, la adrenalina inunda su torrente sanguíneo, su presión arterial aumenta y su corazón se acelera bombeando más sangre, y así sucesivamente.

Esta reacción en cadena se ha estudiado a fondo y ahora se conoce por el término descriptivo, bastante desalentador, de "reacción del sistema psico-neuro-inmuno-endocrinológico", lo que significa que su percepción desencadenó un cambio a gran escala en el funcionamiento corporal. Y la cosa es: ¡no era una serpiente en absoluto, solo era un trozo de cuerda! Fue el pensamiento el que creó la reacción física.

Pero continuemos nuestra exploración de cómo y en qué medida nuestras ciencias físicas y computacionales modernas han llegado a expandir nuestra comprensión de la Conciencia, y en particular las diversas formas o "estados" psicofisiológicos que la Conciencia parece tomar.

Si bien la vigilia, el estado de sueño y el de ensoñación son lo que generalmente se consideran "estados normales" de Conciencia, también parece haber numerosos estados de Conciencia deteriorados o inducidos. Un ejemplo es la condición inducida por la anestesia, en la cual un paciente recibe ciertas sustancias químicas y es como si el cerebro se durmiera, cerrando temporalmente la Conciencia.

Este estado inducido químicamente tiene enormes beneficios, facilitando cirugías que salvan vidas y permitiendo a los pacientes evitar grandes cantidades de dolor: piense solo por un segundo en todos los soldados heridos del pasado que tuvieron extremidades destrozadas, desgarradas o infectadas severamente, aserradas solo con el beneficio de *whiskey and biting the bullet*[9]. Pero a pesar de que se ha convertido en una parte familiar de la vida moderna, la anestesia no puede ser llamada un estado normal de Conciencia.

Y, de hecho, hay una especie de "familia" de estados de Conciencia deteriorados, típicamente causados por lesión cerebral y que se parecen entre sí, aunque investigaciones recientes han demostrado que son bastante distintos:

- **Síndrome de enclaustramiento**: En este estado bastante horrible, la persona está consciente, pero todos los músculos voluntarios del cuerpo están paralizados. La persona no puede moverse en absoluto y, por lo tanto, no puede comunicarse. (Una excepción frecuente es que los ojos pueden cambiar y parpadear, lo que se convierte en el único medio de comunicación posible).

  El síndrome de enclaustramiento es causado por daños en el tronco encefálico y partes del cerebro inferior, pero el funcionamiento del cerebro superior (corteza) permanece en gran parte o completamente intacto. Por lo tanto, la persona mantiene la conciencia e incluso puede pensar de manera normal, pero no tiene forma de comunicarse. Entonces uno está encarcelado en el propio cuerpo.

- **Estado vegetativo**: Esta es una condición similar, pero en cierto sentido opuesta, en la cual las porciones superiores del cerebro (hemisferios cerebrales) están dañadas mientras que las porciones inferiores están ilesas. Una persona en este estado símil al coma parecerá pasar por ciclos normales de sueño y vigilia, y mostrará movimientos oculares y algunos reflejos motores, pero no tendrá una conciencia aparente de sí mismo o de las personas y los eventos en el medio ambiente.

---

9. *N. del T.*: La expresión "whiskcy and biting the bullet" podría traducirse como "hacer de tripas corazón".

- **Estado mínimamente consciente**: Como su nombre lo indica, una persona mínimamente consciente tiene un cierre severo, pero no completo de la conciencia y la capacidad de respuesta. Cuando se monitorean las ondas cerebrales de la persona y diversas funciones fisiológicas, parece que está pasando por ciclos de vigilia, ensoñación y sueño, sin embargo, esta es una persona que apenas responde a ningún estímulo.

  Este estado es similar al estado vegetativo, pero no tan extremo. No fue sino hasta hace muy poco que los neurofisiólogos pudieron distinguir entre ellos, y es una distinción importante, ya que una persona mínimamente consciente tiene un mejor pronóstico que una en estado vegetativo para una recuperación al menos parcial.

- **Coma**: Este es el ejemplo extremo de conciencia alterada, en el que una persona no pasa por los ciclos de vigilia, ensoñación y sueño, no tiene respuesta alguna a estímulos y parece no estar en lo más mínimo consciente. Sin embargo, se han informado numerosos casos clínicos en los que una persona en coma describió más tarde, con gran precisión, conversaciones y eventos que tuvieron lugar en su entorno cuando se pensaba que estaba inconsciente y su cerebro apenas funcional. Estos casos desafían la comprensión predominante de que la Conciencia es causada o creada por el cerebro.

- Una categoría que casi todos han experimentado en un momento u otro es una forma de "estado alterado", que implica cambios en la conciencia, el estado de ánimo o la percepción que pueden precipitarse involuntariamente, por factores como fiebre alta, falta de sueño o psicosis, o intencionalmente a través del ayuno, prácticas mentales como la meditación, o el uso de drogas psicotrópicas (que alteran la mente) que incluyen marihuana y alucinógenos como el LSD, el "éxtasis" y la mescalina. A veces aterrado-

res, a veces extáticos, generalmente en algún punto intermedio, los estados alterados tienen, por regla general, un
tiempo limitado a unas pocas horas antes de desvanecerse.

- Algunas personas tienen **sueños lúcidos**. Esta es una variedad fascinante de experiencia consciente en la que realmente se está soñando, se sabe que se está soñando y se puede
controlar el sueño. Se es el director: se puede controlar la
historia, cambiar el resultado si no parece demasiado favorable, agregar o quitar personajes, cambiar ubicaciones…
casi todo vale. Si se encuentra volando durante un sueño y
le gusta, puede decidir volar un poco más. Si se despierta
de un sueño lúcido debido a alguna perturbación, como
un ruido, puede decidir volver a dormir y retomar el hilo
y continuar el mismo sueño.

- El **sonambulismo** es otro estado de Conciencia bastante
paradójico y alterado. La persona que camina sonámbula
generalmente se levanta de la cama en el primer tercio de
la noche, durante la etapa de "ondas lentas" de la actividad
cerebral, hacia el final del ciclo normal de sueño. Sus ojos
están abiertos, pero está completamente dormido y no tiene autopercepción de lo que está haciendo.
En los episodios de sonambulismo, que duran entre
treinta segundos y media hora, se pueden realizar una
serie de actividades, desde simplemente ir al baño hasta limpiar, cocinar o incluso conducir, pero rara vez se
recuerda algo por la mañana. El sonambulismo es más
común en niños que en adultos y, por lo general, los
adolescentes lo superan.

- La **hipnosis** es otro estado en el que los individuos están
despiertos, pero inusualmente abiertos a sugerencias, por
lo que su toma de decisiones está de alguna manera bajo el
control del hipnotizador. Según lo definido por la Clínica
Mayo, es un "estado similar al trance en el que se ha inten-
sificado el enfoque y la concentración". La hipnosis se usa

a menudo para promover la relajación y la calma; puede ser autoinducida o ayudada por un terapeuta.

En todo momento, su cerebro está ocupado haciendo cientos, sino miles, de tareas simultáneamente. Mientras lee estas páginas con su atención consciente, su cerebro está monitoreando y regulando docenas de procesos corporales internos, decidiendo entre cuáles de las actividades en las que está involucrado necesita ser consciente para que se actúe, "etiquetando" alguna nueva información para almacenamiento como memoria y al tiempo descartando otros datos entrantes. Todo esto, y mucho más, sucede fuera de su conocimiento. De hecho, la gran mayoría de cosas que hace el cerebro nunca alcanza la Conciencia.

Existe cierto debate sobre qué aspectos de esta actividad no consciente deberían etiquetarse como "inconscientes" y cuáles son "subconscientes", aunque creo que la mayoría estaría de acuerdo en que es principalmente una diferencia de grado. Los datos que están subconscientes están cerca de la superficie de la Conciencia, como las instrucciones para llegar a esa tienda al otro lado de la ciudad, los números de teléfono y los nombres de los hijos de familiares, cosas que sabes pero que no siempre usas y que se pueden elevar con relativa facilidad a la conciencia.

El inconsciente, por otro lado, alberga recuerdos, miedos y otros sentimientos que hemos olvidado, tal vez porque fueron dolorosos, y a los que no podemos acceder fácilmente. De acuerdo con esta comprensión, que ha sido prominente en la cultura occidental desde la época de Freud, gran parte de nuestra vida mental tiene lugar en la oscuridad, por así decirlo, debajo o fuera de nuestra conciencia, pero tiene un poderoso efecto en nuestra vida en el momento presente.

Este dominio también incluye factores tales como nuestras creencias, que dictan lo que creemos que es correcto o incorrecto, posible o imposible. Sartre al principio se negó a creer que había un inconsciente porque quería enfatizar la libertad y la responsabilidad, y la capacidad de tomar decisiones y trazar el propio destino.

Basados en la Teoría del Inconsciente, los psicólogos hablan de "aprendizaje implícito", una forma muy común de procesamiento de información que no es totalmente consciente o intencional. Aprendemos nuestro idioma nativo de esta manera, y muchos de los patrones de comportamiento que asimilamos en nuestros entornos familiares y culturales se aprenden implícitamente, por el ejemplo y una especie de "ósmosis", en oposición a la forma intencional en que podríamos aprender geometría, programación de computación o neuroanatomía.

Un fenómeno relacionado se llama "memoria implícita". Aprendemos ciertas habilidades, nos olvidamos de ellas y, cuando es necesario, podemos recurrir a ellas fácilmente. Andar en bicicleta, cortar en cubitos las verduras, conducir un automóvil, cepillarse los dientes, son habilidades de este tipo. Aprenderlos requiere intención y atención activas, pero una vez que se aprenden, se vuelven automáticas.

Esto es interesante desde una perspectiva neurológica, ya que la fase de aprendizaje activo requiere una producción sustancial de energía en el cerebro, por lo que aumenta el metabolismo cerebral —la utilización de oxígeno. Una vez aprendida la información o el comportamiento, la activación de energía disminuye a medida que la información se almacena en la memoria. Luego, acceder a ella y utilizarla es fácil, no tenemos que pensarlo.

Muchos de nosotros hemos tenido la experiencia de conducir un automóvil como si estuviéramos en "piloto automático", de alguna manera pudiendo conducir bastantes millas mientras pensamos en otra cosa, estando nuestras mentes conscientes dedicadas a resolver problemas o a soñar despiertos mientras nuestro inconsciente maneja el automóvil. Esta es otra variación más del juego de la Conciencia.

También podemos diferenciar entre la Conciencia "de fondo" y la Conciencia de "primer plano" o real Conciencia del presente.

La Conciencia de fondo es nuestro sentido del Ser: quienes sentimos que somos, nuestra identidad humana y personal; aunque no lo pensamos activamente durante el día, todos tenemos un sentido general de quiénes somos, nuestro nombre, nuestra profesión, nuestros roles y relaciones con respecto a los demás. Todo esto pasa inadvertido en el fondo de nuestra Conciencia. En primer plano están los detalles de la experiencia actual, en lo que pensamos y ponemos nuestra atención, nuestras percepciones, pensamientos, intenciones, deseos y las acciones que emprendemos.

El cuarto estado de Conciencia

En lo anterior, esbocé brevemente lo que podría describirse colectivamente como los estados anómalos conocidos de la conciencia neurológica, que parecen apoyar y socavar la teoría de que la Conciencia se origina en la materia, es decir, en la materia orgánica física del cerebro y sistema nervioso. Sin embargo, además de los tres modos de Conciencia que todos experimentamos comúnmente, la investigación desde la década de 1970 ha identificado un cuarto estado crucialmente importante de Conciencia Pura.

Alcanzado durante la meditación profunda y caracterizado por una combinación paradójica de una mente despierta, alerta (pero quieta, incluso silenciosa), junto con un cuerpo relajado y tranquilo, este estado era conocido y descrito en textos antiguos de Yoga como *Turiya*, "el Cuarto".

Esta no es la conciencia de vigilia ordinaria, en la cual está el observador (el Ser de uno mismo) junto con un objeto de percepción; no es sueño profundo sin ensoñación; y no es soñar. Es un cuarto estado natural de la Conciencia humana. Al igual que cualquier estado de Conciencia, el cuarto estado se caracteriza por un componente mental subjetivo y un conjunto de correlatos fisiológicos.

Muchas personas, en la actualidad y a lo largo de los siglos, dieron testimonio de haber experimentado este estado de silencio interno, conocido en la tradición del Yoga como Samadhi, aunque me referiré a él como "Conciencia Trascendental" o "trascendencia".

Involucra una quietud de la mente y trascendencia final, o ir más allá de estados mentales activos o excitados a una Conciencia silenciosa, pacífica, interior, a menudo luminosa. En este estado, el individuo no experimenta ningún pensamiento particular u objeto de percepción, sino solo la Conciencia misma: la Conciencia está despierta y abierta a sí misma.

En el budismo es el Nirvana. En todas las tradiciones espirituales, esta es una experiencia de algo más allá de los sentidos, la mente y el intelecto. Siendo tan única, tan abarcadora y satisfactoria, ha llevado a las personas a una búsqueda espiritual y a rendirse a algo más alto y más grande que cualquier cosa que la mente y el intelecto puedan concebir. La verdad última está en el Ser. No solo en los sentidos, no solo en la mente o el intelecto y ni siquiera en el ego sino en el gran Ser, en el Ser.

En contextos religiosos o espirituales, a veces se caracteriza como la comunión con lo divino, o lo que la Biblia llama "la paz que sobrepasa el entendimiento". Algunos encuentran que trae una percatación que se desarrolla y madura en la evolución de la Conciencia más allá del estado trascendental interno a un sentido de unidad o totalidad de la vida.

Muchos de los famosos santos de la historia han descrito este tipo de experiencias, pero para aquellos de nosotros que nunca hemos tenido tales experiencias es difícil apreciar que la Conciencia es posible sin un objeto fuera de sí misma. Brentano, Husserl y Sartre, por ejemplo, quienes probablemente nunca habían tenido tal experiencia, no pudieron concluir que la Conciencia pudiera existir sin un objeto y, por lo tanto, el proceso de autoconciencia en su visión requirió primero un objeto de percepción.

De lo que ellos y otros no se dieron cuenta es que el objeto de la Conciencia puede ser (y de hecho siempre lo es) la Conciencia misma en un proceso de autorreferencia. Sus conclusiones se basaron en el razonamiento filosófico, la lógica y su experiencia de la realidad. Al no haber experimentado la Conciencia Trascendental donde la Conciencia se observa a sí misma, no tenían forma de apreciar esta posibilidad. Sin embargo, Husserl hacia el final de su vida postuló la existencia de un ego interno como un posible objeto primario de Conciencia.

Resolviendo el problema "duro" de la Conciencia

Más adelante en este libro tendré mucho que decir sobre este crucial "cuarto estado de Conciencia" y el potencial que ofrece a la calidad de vida. Pero primero deseo dejar en claro que estoy presentando la teoría "de que la Conciencia es fundamental, y que el cerebro no es la fuente de nuestra Conciencia". Sin embargo, como hemos visto, cuando el cerebro está dañado o afectado, a menudo ocurre que la Conciencia de la víctima disminuye o parece desaparecer por completo. Si la Conciencia se altera cuando el cerebro no funciona normalmente, algunos podrían ver eso como evidencia de que el cerebro sí produce Conciencia.

La mejor manera de intentar responder eso es con una analogía. Una radio está posada sobre una mesa. Hasta que la enciendas, no hace nada. Enciéndela y oirás música. Si preguntamos: "¿La radio misma produce la música?", por supuesto, la respuesta es no. La radio es un transductor. Toma las ondas que vienen a través de la frecuencia de radio y las transforma en ondas de sonido y escuchas la música. Entonces puedes decir que la radio produce la música porque si la rompes no obtienes música. Pero la radio no es la fuente de la música. La fuente son las ondas.

El cerebro es un transductor de Conciencia. Puede experimentar la Conciencia. Si lo dañas, perderás la Conciencia y no escucharás la música. ¿Pero es el cerebro mismo el creador de la Conciencia? No lo es.

La Conciencia en su naturaleza esencial está más allá del cerebro y más allá de la individualidad. Es Ser puro ilimitado, el Ser de todo y de todos, el Campo Unificado. Además, si la Conciencia es todo lo que hay, las neuronas, con sus redes, son en sí mismas patrones de Conciencia dentro de la Conciencia. En este caso, la modificación de esos patrones de Conciencia (descritos físicamente como daño o alteración de la actividad neuronal) conduce a una experiencia diferente en la conciencia del individuo. Esto sería entonces casi evidente o incluso una verdad obvia.

La Conciencia en su naturaleza esencial está más allá del cerebro y más allá de la individualidad. Es Ser puro ilimitado, el Ser de todo y de todos, el Campo Unificado.

Nuestra fisiología humana es una máquina increíble, un instrumento sensible que puede experimentar diferentes aspectos de la Conciencia e incluso vivirla en su totalidad. Pero no es el generador, el creador de la Conciencia. Como veremos más adelante, nuestro cuerpo es un instrumento, en sí mismo hecho de patrones y redes de Conciencia que aparecen como la estructura que llamamos "nosotros mismos". Esta estructura permite que se expresen aspectos específicos de la Conciencia y que se desarrollen hacia estados superiores.

¿Hasta dónde llega la Conciencia?

Esto naturalmente lleva a la pregunta: ¿Quién más posee Conciencia? El homo sapiens es consciente, pero ¿qué pasa con los monos? ¿Los perros? ¿Qué es la conciencia de un árbol? ¿Es la Conciencia únicamente una característica humana?

No hace mucho tiempo, muchos científicos creían que los humanos éramos únicos en nuestra capacidad de ser conscientes. Esa visión ha sido desacreditada ya que una gran cantidad de investigaciones ha revelado ejemplos a veces asombrosos de inteligencia animal.

En su libro de 2016, *Are We Smart Enough to Know How Smart Animals Are?* ("¿Somos lo suficientemente inteligentes como para saber qué tan inteligentes son los animales?"), el destacado primatólogo Frans de Waal comentó: "Casi todas las semanas hay un nuevo hallazgo con respecto a la cognición animal sofisticada (…) Escuchamos que las ratas pueden arrepentirse de sus propias decisiones, que los cuervos fabrican herramientas, que los pulpos reconocen los rostros humanos y que las neuronas especiales permiten a los monos aprender de los errores de los demás. Hablamos abiertamente sobre la cultura en los animales y sobre su empatía y amistad. Ya nada está fuera de los límites, ni siquiera la racionalidad que alguna vez fue considerada la marca registrada de la humanidad". (14)

Los elefantes, por ejemplo, que el filósofo griego Aristóteles llamó "el animal que supera a todos los demás en ingenio y mente", tienen una memoria a largo plazo que a veces se remonta a décadas, y se ha observado que llora la muerte de un compañero caído. Un artículo reciente en *Scientific American* (15) observó que los elefantes "son usuarios expertos de herramientas y solucionadores de problemas cooperativos; son muy empáticos, se consuelan mutuamente cuando están molestos; y probablemente tengan un sentido de sí mismos".

Los orangutanes, los chimpancés y otros primates no humanos han desarrollado vocabularios de hasta doscientas palabras y pueden construir oraciones simples, usando signos, símbolos, tarjetas flash e incluso un teclado de computadora simplificado.

La mayoría de las personas pueden aceptar que algunos de los mamíferos "superiores" parecen tener Conciencia. Pero ¿qué tan "abajo" en la escala evolutiva llega la Conciencia? La inteligencia y el uso de herramientas de los cuervos se están volviendo legendarias, y la destreza de navegación de las aves y mariposas migratorias es increíble. Y, por supuesto, todas las criaturas grandes y pequeñas buscan seguridad y alimento. Buscan comida, reconocen lo que es apropiado para ellos y pasan por otras opciones. ¿Alguna vez has visto una mosca evadir ingeniosamente los intentos de aplastarla, o una araña escabulléndose por seguridad?

Es posible que estos pequeños seres no sean (seguramente no lo son) conscientes de la manera en que lo somos nosotros, pero reconocen el peligro y la seguridad. Claramente, tienen conciencia de su entorno. Incluso las criaturas unicelulares tienen un mínimo de Conciencia, ya que se mueven hacia la comida y lejos del peligro y el dolor, lo que significa que son "conscientes" de la diferencia.

Pasando ahora del medio terrestre y aéreo al mundo acuático, en *What a Fish Knows: The Inner Lives of Our Underwater Cousins* ("Lo que sabe un pez: las vidas interiores de nuestros primos submarinos"), Jonathan Balcombe (16), director de Sensibilidad Animal del Instituto de Ciencia y Política de la Sociedad Humana, elimina hábilmente muchos conceptos erróneos comunes sobre los peces y demuestra su comportamiento asombrosamente consciente.

Resulta que los peces pueden usar herramientas: los miembros de una especie, por ejemplo, excavan la arena en busca de almejas y llevan a sus presas en la boca durante una larga distancia hasta encontrar una roca adecuada donde golpear la almeja repetidamente para abrir la concha.

Muchas especies de peces despliegan elaborados rituales de cortejo y desarrollan lazos de por vida con sus parejas. Otros cazan cooperativamente, "castigan a los malhechores, se congracian y se engañan unos a otros", escribe Balcombe. "Los peces poseen sentidos sofisticados que rivalizan con los nuestros", continúa;

muchos pueden identificar peces individuales por patrones faciales y comunicarse entre ellos "usando señales eléctricas".

"Los peces", escribe Balcombe, "no son instintivos ni como máquinas. Sus mentes responden con flexibilidad a diferentes situaciones". Con la pasión de un científico que ha pasado muchos años aprendiendo sobre sus temas, quiere que sepamos que "no son solo cosas; son seres sensibles con vidas que les importan. Un pez tiene una biografía, no solo una biología".

¿Qué pasa con las plantas, que generalmente no se consideran seres conscientes a pesar de un libro popular en la década de 1960, *The Secret Life of Plants* ("La vida secreta de las plantas") (17), que afirmaba que las plantas pueden sentir emociones, tener preferencias musicales definidas (clásica por sobre el rock and roll) y responder a los pensamientos de personas cercanas e incluso lejanas? Las plantas se inclinan hacia la luz y extienden sus raíces hacia el agua, por lo que claramente son conscientes de su entorno. Pero su conciencia, según han demostrado estudios recientes, va mucho más allá de esas respuestas simples.

Según Michael Pollan, autor de libros de divulgación científica como *The Omnivore's Dilemma* (*El dilema del omnívoro*) (18), las plantas exhiben numerosos "comportamientos sofisticados". Son capaces de detectar y responder adecuadamente a tantas variables ambientales, incluyendo "luz, agua, gravedad, temperatura, estructura del suelo, nutrientes, toxinas, microbios, herbívoros, señales químicas de otras plantas" que parece que pueden tener "un sistema de procesamiento de información tipo cerebro para integrar los datos" y dar una respuesta conductual.

Tienen, informa Pollan, "entre quince y veinte sentidos distintos, incluidos los análogos de nuestros cinco: olfato y gusto (perciben y responden a los químicos en el aire o en sus cuerpos); vista (reaccionan de manera diferente a varias longitudes de onda de luz, así como a la sombra); tacto (una vid o una raíz 'sabe' cuando encuentra un objeto sólido); y, se ha descubierto, audición".

¿Cómo puede ser esto, en seres que no tienen cerebro ni

sistema nervioso que se parezcan al nuestro? Pollan cita estudios que han encontrado sistemas de señalización química y eléctrica en plantas, análogos a los del sistema nervioso de los animales, y la presencia de neurotransmisores como serotonina, dopamina y glutamato.

Estos hallazgos sugieren que, lejos de ser una característica humana única como se creía durante mucho tiempo, la Conciencia y la inteligencia impregnan toda la gama de la vida. Si, como creo que es el caso, Conciencia es todo lo que hay, que es la base, el fundamento, la fuente y el contenido exclusivo de todo lo que existe, entonces no debería sorprendernos descubrir que se encuentre que todos los seres vivos "poseen" y expresan Conciencia. Esta idea, que habría sido considerada bastante absurda hace solo unos años, está comenzando a ganar fuerza entre algunos científicos.

Ahora, si podemos atribuir razonablemente cierto grado de Conciencia a las plantas e incluso a las formas de vida unicelulares, ¿qué hay de extender la discusión un paso más allá, a las entidades no vivas? Creo que cualquier consideración de la Conciencia en nuestro tiempo, y en el futuro debe tener en cuenta las nuevas formas de "vida" que son producto de la tecnología: máquinas con inteligencia artificial (IA).

¿Son conscientes las computadoras, los robots y otras máquinas controladas por IA? Los filósofos y los científicos cognitivos están ocupados elaborando criterios indicativos de la Conciencia, como la Conciencia del entorno y la capacidad de responder a él de manera adecuada, y luego intentan ver si la inteligencia artificial puede estar a la altura.

Un ejemplo ultrasimple: ¿son conscientes los termostatos porque pueden detectar cambios de temperatura y hacer las modificaciones apropiadas en un sistema de calefacción y refrigeración? ¿La capacidad de acumular y almacenar información y usarla para responder consultas, jugar al ajedrez, hacer cálculos o predecir y monitorear la ruta de un cohete indica Conciencia? ¿Siri es consciente o simplemente es un buen programa creado

LA EMERGENTE CIENCIA DE LA CONCIENCIA

por seres conscientes? ¿Pueden las entidades de inteligencia artificial rivalizar con la inteligencia compleja de los humanos, o están destinadas a ser siempre, aparte de historias de ciencia ficción, servidores útiles para la humanidad?

El antiguo juego de Go, jugado continuamente por decenas de millones en todo el este de Asia durante más de 2.500 años, requiere no solo pensamiento estratégico, sino también creatividad e intuición, y se considera "exponencialmente más complejo" y difícil que el ajedrez.

En 1997, la supercomputadora IBM Deep Blue ganó el primer torneo contra el campeón mundial de ajedrez Garry Kasparov, en un partido considerado un punto de inflexión en la efectividad de la IA. Le tomó casi veinte años más a una computadora para ser campeón internacional de Go, pero en marzo de 2016, el programa DeepMind AlphaGo de Google derrotó al campeón profesional de Go más alto, Lee Sedol, en un partido de cinco juegos. Y ganó nuevamente contra el campeón mundial de Go, Ke Jie, en mayo de 2017.

Según un extenso artículo en Wikipedia, "AlphaGo es significativamente diferente de los esfuerzos anteriores de IA, en que aplica redes neuronales en las cuales las heurísticas de evaluación no están codificadas por los seres humanos. En su mayor parte las aprende el programa mismo, a través de decenas de millones de partidos Go anteriores, así como sus propios partidos consigo mismo".

En otras palabras, es autodidacta en gran medida y de forma continua, hasta tal punto que incluso el equipo de desarrollo de AlphaGo no puede explicar "cómo AlphaGo evalúa la posición del juego y elige su próximo movimiento". Esto hace que sea aún más difícil determinar si las máquinas de IA pueden considerarse conscientes.

Hay otra pregunta más amplia: ¿podría ser que la Conciencia no sea solo un fenómeno individual, el producto de la organización y activación de un solo sistema nervioso, sino más bien una característica universal de la vida? Si esto fuera así, entonces la naturaleza de su expresión, lo que "parecía" o "sentía" en cada caso individual dependería de la calidad y el carácter del sistema nervioso y la estructura fisiológica que lo refleja, así como la luz blanca es una cualidad universal "pura" que se viste con un atuendo diferente de acuerdo con la naturaleza del medio reflectante.

El hecho de que la Conciencia esté presente al menos en el reino humano y en el de los primates, y casi con seguridad existe entre perros, gatos, elefantes, delfines, arañas, abejas, amebas y plantas, plantea la pregunta: ¿hay grados o niveles de Conciencia? Seguramente no supondríamos que la hormiga que se escapa del peligro, o incluso el perro que mira con su mejor actitud de mendicidad tratando de enternecer para recibir un bocado de alimento, es tan consciente de la misma manera que nosotros. Entonces, ¿es justo (o preciso) preguntar qué tan consciente es cualquier entidad en particular?

Podemos observar esta pregunta desde dos perspectivas muy diferentes. Desde el punto de vista puramente fisiológico, el término "nivel de Conciencia" se refiere al grado de estado de alerta y excitación de una persona, y su capacidad para responder a los estímulos del entorno. Sin duda podemos estar más despiertos y alerta, o menos. La mayoría de nosotros hemos experimentado claramente que cuando no dormimos lo suficiente y nuestros cuerpos están cansados, nuestros sentidos no son tan agudos y nuestras mentes no están tan afiladas como cuando descansamos. Con menos fatiga, somos más conscientes de nuestro entorno, como un conductor cercano que cambia de carril en el borde de nuestro campo visual.

El mecanismo que modula el nivel de Conciencia en el sistema nervioso humano es la formación reticular en el tronco encefálico. Es como un termostato que sube o baja nuestro grado de conciencia. Cuando se está somnoliento o con sueño, es la formación reticular la que entra en acción, bajando el termostato para llevarlo hacia el descanso. Cuando es hora de despertarse, la formación reticular es responsable de catalizar el sistema nervioso autónomo y el sistema endocrino, acelerando la frecuencia cardíaca, aumentando la presión arterial y promoviendo el estado de alerta sensorial.

Pero hay otra forma de pensar sobre los niveles de Conciencia, y esto tiene que ver con el desarrollo psicológico y espiritual. Esto no es tanto una cuestión de alerta sensorial y excitación, sino una visión amplia y abierta de la vida versus una aprensión estrecha y restringida de otras personas y las posibilidades de percepción, comportamiento, crecimiento y satisfacción humana.

Alguien que disfruta de un mayor nivel de Conciencia comprende más, no está sujeto a patrones pasados de pensamiento y comportamiento, y por lo tanto tiene más libertad de elección y acción. Además de una experiencia más rica de los estratos superficiales, físicos de la vida, se está despierto a la unidad subyacente que nos conecta a todos en un nivel profundo de Conciencia silenciosa.

En una conferencia de 1994, *Toward A Scientific Basis for Consciousness* ("Hacia una base científica para la Conciencia"), el filósofo australiano David Chalmers (19) realizó una distinción que se ha hecho ampliamente conocida, entre lo que llamó los problemas "fáciles" y el problema "duro" de la investigación en la Conciencia. Los problemas fáciles implican descubrir la base neuronal o correlatos para las funciones mentales, como la memoria y el olvido, mientras que el problema difícil es comprender y explicar por qué y cómo estas funciones resultan en una experiencia subjetiva.

Los problemas fáciles implican desentrañar el equivalente de preguntas como cuántas galaxias hay en el Universo (y quizás, cuántos universos hay en lo que puede ser un multiverso), ¿qué es el Bosón de Higgs y cuál es su importancia? ¿Qué son la energía oscura y la materia oscura, y cuántas dimensiones hay? ¿No es fácil, dice usted? Por supuesto que no, pero el punto es que todas son preguntas que los físicos y cosmólogos creen que, con el tiempo, podremos responder. Se consideran fáciles porque son como otras preguntas que han sido respondidas. Implican objetos que se pueden medir y cuantificar: ¿Cuántos? ¿Cuánto? ¿Cuán grande? ¿Cuán rápido?

Los problemas fáciles en el campo de la Conciencia también son problemas que los científicos confían en que algún día podrán resolver, que involucran procesos neuronales que se pueden medir y, con el tiempo suficiente, comprender y explicar. Cómo el sentido de la vista opera para cumplir su función es un ejemplo de un "problema fácil" que ya está resuelto en gran medida, aunque, desde la perspectiva de la neurociencia, puedo decirle que es muy complejo.

Aquí está el esquema básico, dejando de lado detalles técnicos específicos: cuando mira una rosa roja, los fotones de varias frecuencias ingresan al ojo y viajan a través de la córnea, la lente y el cuerpo vítreo en el medio del globo ocular. Llegan a la retina, un tejido extraordinariamente sensible que se entiende mejor como una extensión del cerebro, donde ocurren una serie de eventos neuronales complejos.

Aquí la luz excita algunas neuronas e inhibe otras. (Para las células receptoras individuales en la retina, no existe tal cosa como una "flor" o cualquier otro objeto: en un proceso similar al código binario que ejecuta su computadora, las células son esencialmente unos o ceros biológicos, es decir, están activadas o desactivadas). Estas neuronas liberan químicos específicos que catalizan la actividad eléctrica que va primero al tálamo, luego a la corteza visual primaria en el lóbulo occipital (la parte posterior del cerebro), y luego al área de asociación visual. Esta información después se combina con su memoria, y usted siente: "Esta es una rosa roja".

Delinear tales procesos neurológicos es la tarea fácil. La pregunta difícil es: ¿cómo da lugar el cerebro físico a la experiencia subjetiva de la Conciencia? ¿Cómo sucede que se experimente subjetivamente el enrojecimiento del rojo? ¿Cómo es esto posible? Es un fenómeno universal que todos aceptamos sin crítica, pero en realidad es sorprendente: ¿cómo se puede traducir, transmutar o manifestar una masa de neuronas dentro de nuestros cráneos, como la experiencia de amor, o el color verde, o el adormecimiento, o el entusiasmo?

La ciencia no conoce la respuesta, y algunos se refieren a esto como "la brecha explicativa". El hecho de que una parte específica del cerebro se ilumine en un escáner PET cuando experimentamos algo en realidad no responde la pregunta; es la respuesta mecánica, pero no toda la verdad. Dice que existe una correlación entre la experiencia y el cerebro, pero no revela cómo esta realidad abstracta, mi percepción, mi experiencia interna y subjetiva y mi reacción a ella, a lo que la ciencia ahora se refiere como *Qualia*, puede venir de esta actividad meramente física del sistema nervioso. La pregunta sigue siendo: ¿cómo los eventos objetivos de la mecánica física de la percepción saltan el abismo para convertirse en experiencias subjetivas?

Hay, por supuesto, muchos problemas "fáciles" para los que aún no tenemos una respuesta completa, o en muchos casos ni siquiera una pista, pero los investigadores creen que no hay ningún obstáculo para algún día alcanzar esa meta. Con la Conciencia no tienen tanta confianza.

En su libro *Consciousness Explained* ("La conciencia explicada"), el filósofo Daniel Dennett (20) admite: "Todavía no tenemos las respuestas finales a muchas de las preguntas de cosmología y física de partículas, genética molecular y teoría evolutiva, pero sí sabemos cómo pensar en ellas. (…) Con la Conciencia, sin embargo, todavía estamos en un lío terrible". La Conciencia queda sola hoy como un tema que a menudo deja a los pensadores más sofisticados sin habla y confundidos.

Una de las características más notables de la búsqueda humana por comprender la naturaleza y el Universo es la extraordinaria correspondencia entre nuestras formulaciones conceptuales de las leyes de la naturaleza, especialmente sus formulaciones matemáticas, y la "forma en que son las cosas" en el Universo físico. Esta correspondencia ha asombrado a los científicos durante siglos y conmovió a muchos, especialmente en épocas anteriores, al ver las matemáticas como una ventana a la "mente divina", esa inteligencia o Conciencia, como sea que las concibamos, que subyace al funcionamiento tanto de los fenómenos naturales como la mente humana.

La correspondencia entre las matemáticas y la naturaleza es una herramienta principal, quizás la herramienta por excelencia, del método científico moderno. Descubrimientos como la complementariedad y la no localidad, en la teoría cuántica desafían nuestra confianza en que cualquier teoría física descrita matemáticamente pudiera corresponder perfectamente a la realidad física; no obstante, desarrollos en física matemática nos han permitido comprender la naturaleza con mucha mayor precisión que la disponible en los siglos pasados y, sobre esa base, desarrollar tecnologías poderosamente efectivas para mejorar nuestra calidad de vida.

Aunque ahora sabemos mucho más de las conexiones específicas entre las matemáticas y la Ley Natural, el principio básico de su correspondencia fue propuesto hace más de dos mil quinientos años por el matemático y filósofo griego Pitágoras.

Su afirmación de que "todo es número" se ha mantenido fundamental para el progreso de la ciencia durante veinticinco siglos. Fue enseñado por Aristóteles, quien dijo que "los principios de las matemáticas son los principios de todas las cosas" en la era clásica; repetido por Galileo en los albores de la era científica: "El libro de la naturaleza está escrito en el lenguaje de las matemáticas"; y tiene su expresión moderna en las palabras de Einstein: "¿Cómo puede ser que las matemáticas, siendo después de todo un producto del pensamiento humano, sean tan admirablemente apropiadas para los objetos de la realidad?".

En su artículo "The Unreasonable Effectiveness of Mathematics in the Physical Sciences" ("La efectividad irrazonable de las matemáticas en las ciencias físicas") (21), de gran influencia en el ámbito científico, el premio Nobel en física, Eugene Wigner, expresó su asombro ante el hecho de que las formulaciones matemáticas de los físicos "conduzcan en una cantidad asombrosa de casos a una descripción increíblemente precisa de una gran clase de fenómenos".

En el espíritu de los grandes filósofos/científicos griegos, hombres como Tales, Anaximandro, Anaxímenes y Heráclito, que tenían la intención de descubrir las verdades de la naturaleza, Pitágoras buscó un principio unificador para conectar todos los fenómenos de la naturaleza en una teoría integral. La diferencia fue que, para los demás, ese factor unificador se concibió como una sustancia, un elemento físico como el agua o el fuego, mientras que para Pitágoras el tema unificador se encontraba en el ámbito puramente abstracto del número.

Como lo explica el astrofísico contemporáneo Marcelo Gleiser, "si todas las cosas tienen forma, y las formas se pueden describir con números, entonces el número se convierte en la esencia del conocimiento, la puerta de entrada a la sabiduría superior". Y, además, "si el conocimiento es el camino para aprehender lo divino, los números se convierten en el puente entre la razón humana y la Mente divina".

Lo expresaría de manera algo diferente a la luz de nuestra teoría de trabajo de que la Conciencia es todo lo que existe: porque todo lo que existe no es en esencia nada más que Conciencia, y todo lo "demás", ya sean pensamientos, árboles, planetas o universos, son patrones y modos de Conciencia (el juego dinámico de la Conciencia dentro de sí mismo), esos patrones y modos de ser e interactuar operan tanto en el ámbito "externo" de los "objetos" como en el ámbito subjetivo "interno" de la conceptualización. Así encontramos esos patrones, o modos de ser, tanto en el mundo como en nuestras mentes.

Estos patrones de Conciencia construyen nuestras mentes, nuestros sistemas nerviosos y nuestro Universo; todos son juegos dentro de la única Conciencia. Por lo tanto, lo que tiene sentido para nuestras mentes internamente también se aplica externamente. Las matemáticas reflejan el Universo porque las complejidades de nuestras mentes, nuestras fisiologías y el Universo ocurren dentro de esa única Conciencia.

Esta correspondencia no se limita a las matemáticas. Cada rama de las ciencias, las artes y las humanidades, en resumen, cada campo de conocimiento y actividad humana, refleja la dinámica de las leyes de la naturaleza. Las diversas estructuras de los idiomas humanos, las narraciones que nos contamos y nuestras prácticas culturales tradicionales muestran los mismos patrones de Conciencia expresados en nuestros sistemas nerviosos y nuestro Universo.

Capítulo 6

¿Qué es la Conciencia?

Antes de entrar en detalles, debemos plantearnos una serie de preguntas esenciales: ¿qué es esto que llamamos Conciencia? ¿Y de dónde viene? ¿Es la Conciencia una cosa en sí misma, autoexistente de alguna manera, o es un producto del cerebro, que surge y se transforma debido a las interminables modulaciones de la actividad cerebral?

Debido a que todos los modos de Conciencia que los científicos cognitivos, psicólogos, psiquiatras y otros investigadores han estado observando durante muchas décadas están asociados con diferentes estilos de funcionamiento fisiológico, y porque los cambios en la fisiología, y en particular en el cerebro, se ha demostrado inequívocamente que inducen cambios en la Conciencia y en la percatación, se ha asumido que la Conciencia es un producto de la neurofisiología, de la bioelectroquímica del cerebro material.

Esta es una hipótesis sensata y es ampliamente considerada como una verdad y no como una teoría, pero mis estudios con Maharishi me han llevado a una forma completamente diferente de entender la Conciencia, una que se sustenta en principios de física establecidos desde hace mucho tiempo, así como incluso principios más antiguos de culturas antiguas cuya especialidad era la Conciencia.

Estas tradiciones, especialmente la civilización védica de la India que gracias a Maharishi conozco tan bien, estudiaron no solo la naturaleza y el origen de la Conciencia, sino también cómo facilitar su desarrollo más allá de los estados habituales conocidos por la ciencia contemporánea.

Todo lo que hemos estado hablando hasta ahora se ha basado en la visión predominante, la perspectiva o el paradigma de la ciencia moderna y, de hecho, de la cultura moderna en general, que lo que es real es el mundo material tal como aparece para nuestros sentidos y, por supuesto, las extensiones tecnológicas de nuestros sentidos, como los microscopios electrónicos, la resonancia magnética (MRI), así como los telescopios de radio y ópticos.

Esto es lo que podemos tocar, pesar, medir, desarmar y analizar; es el material tangible, físico y concreto de la vida cotidiana. Todo esto es real, y la Conciencia, que es intangible y no medible, es un fenómeno derivado que sabemos que existe subjetivamente, aunque realmente no sabemos qué es, mucho menos dónde se localiza exactamente.

Este paradigma materialista domina tanto nuestro pensamiento que cuando consideramos que alguna idea o factor es irrelevante o sin importancia, decimos que es "inmaterial" o "insustancial". Argumentos que deseamos criticar o desacreditar los podemos llamar "tenue", "liviano" o "aéreo".

Si un producto, como un electrodoméstico de cocina, por ejemplo, no se considera sólido y sustancial, no lo compraremos. Sin embargo, creo que la Conciencia no solo es real, y no solo es primaria, sino que es la única realidad. Todo lo demás, todo lo que vemos, oímos, tocamos, olemos o medimos, es, por lo tanto, un juego o manifestación de esa Conciencia.

Mencioné anteriormente que la teoría científica, y la teoría matemática en particular, avanza por medio de axiomas, que luego se prueban lógicamente y por la efectividad de su aplicación. He aquí lo que puede considerarse como el axioma primario fundacional de la teoría que propongo: "La Conciencia existe, la Conciencia es todo lo que hay y la Conciencia es consciente".

**La Conciencia existe,
la Conciencia es todo lo que hay,
y la Conciencia es consciente.**

La idea de que la Conciencia es todo lo que hay puede parecer bastante escandalosa al principio, pero desde la perspectiva de lo que se sabe hoy sobre la naturaleza del Universo, es una evaluación mucho más razonable y justificable de cómo son las cosas que la perspectiva que considera la materia como la realidad fundamental.

Sé que esto es contra intuitivo. ¿Cómo podemos dudar de la realidad de la materia que nos rodea y de la que incluso nosotros los seres humanos parecemos estar hechos? Sin embargo, este parece ser exactamente el desafío al que se enfrentaron las personas cuando se les pidió que entendieran que el Sol no había salido por el este en la mañana y viajado por arriba para luego ponerse en el oeste.

Que el mundo en que vivían no era plano, con el Sol, la Luna y los planetas dando vueltas a su alrededor, sino que era un globo que giraba sobre su eje cada veinticuatro horas (¡a mil millas por hora!), creando la ilusión de que el Sol estaba saliendo y poniéndose. ¿Cómo podría alguien creer una historia tan extraña cuando todos podían ver con sus propios ojos que no era verdad? Así que sabemos que nuestra percepción sensorial intuitiva a veces es engañosa, y en muchos casos totalmente errónea, sobre la realidad de las cosas.

La física, en su búsqueda constante de cuál es la sustancia última o la fuente consistente que da origen al mundo material, ha profundizado cada vez más en la estructura de la realidad y ha descubierto el hecho bastante sorprendente (que, incluso si estamos familiarizados con él, sigue siendo bastante sorprendente) que las cosas básicas de la naturaleza no son físicas en absoluto.

Los llamados "bloques de construcción" del Universo material no están hechos de materia. De hecho, ¡ni siquiera lo que llamamos materia está hecho de materia! Debajo de la superficie vive un reino estupendamente dinámico de energía ilimitada y zumbante que, como energía, no es material, pero aún pertenece al reino físico.

Aún más fundamental que eso, en lo más profundo del corazón creativo de las cosas, está lo que muchos científicos ahora creen que es un campo completamente unificado, fuente de toda la creación física con sus campos de energía y materia.

Los físicos sugieren que es el lugar de nacimiento constante no solo de nuestro mundo, nuestro planeta, sino del Universo entero, siempre burbujeando e hirviendo en las partículas finas del reino cuántico. Esta singularidad, un campo ininterrumpido de pura existencia no expresada, es lo que podría llamarse "la verdad", al menos la verdad de lo que está hecho nuestro Universo: y estamos diciendo que es completamente no físico.

Como comentó el físico danés Niels Bohr, "todo lo que llamamos real está hecho de cosas que no pueden considerarse reales". Esto es, si "real" equivale a "materia" física o concreta. Entonces, ¿qué es, si no es ni materia ni energía? El trabajo del astrofísico británico Sir Arthur Eddington lo persuadió de que "las cosas del mundo son cosas de la mente", es decir, de la Conciencia. (22)

Esa es mi tesis: "Que la Singularidad en el corazón de la naturaleza y del Universo es la Conciencia". Mientras que los mortales experimentamos la Conciencia como un fenómeno personal y subjetivo, propongo "que hay una Conciencia que existe en sí misma y por sí, independiente de cualquier 'dueño' personal de esa Conciencia. Y que esta Conciencia es todo lo que hay".

La Singularidad en el corazón de la naturaleza y del Universo es la Conciencia.

Esta idea no es nueva. Sus defensores más antiguos fueron los sabios y maestros de la tradición védica del conocimiento en la India, particularmente Vedanta, una rama del conocimiento védico que significa "fin del Veda", como en "finalización" o "meta". Este es el nivel más alto de conocimiento, que Maharishi trajo a la luz y expuso.

De este postulado se deriva el corolario de que todo lo que parece estar separado de esta Conciencia no está, de hecho, separado de ella. Eso es porque no es una dualidad, no es una multiplicidad, sino que es una realidad. Y esa única realidad, la única realidad unificada, es la Conciencia, que escribo con una C mayúscula cuando no me refiero a mi conciencia, su conciencia, o cualquier forma de conciencia individualizada, localizada, sino a la Singularidad que es la Conciencia misma.

Conciencia: la Singularidad última

Para ser claros: al proponer que la Conciencia es primaria, quiero decir que hay una Conciencia Primordial, una realidad no material, no física, que no es clásica ni mecánico-cuántica, ni un fenómeno ni un epifenómeno, que existe completamente por sí misma. Es autosuficiente, absoluta y no depende de nada más para su existencia.

También me referiré a ella como Conciencia Pura para enfatizar que no está mezclada y no está unida a nada más que a sí misma. Por lo tanto, la Conciencia es la Singularidad última, conociéndose a sí misma por medio de sí misma, sin ninguna agencia o medio externo como un sistema nervioso humano.

Mientras permanece como una Singularidad (Unidad), debido a que la Conciencia es consciente, tiene dentro de su naturaleza los tres roles: de Observador, Observación y Observado. ¿Por qué es esto posible? Simplemente porque estamos hablando de la Conciencia y esta no puede ser consciente sin tener los siguientes tres valores:

1. Alguien (o algo) que es el sujeto: el Observador consciente.
2. Un Objeto de Conciencia: la entidad de la cual uno es consciente (o la cosa que se está observando).
3. Un proceso que vincula al Observador con lo Observado.

Y debido a que la Conciencia es Singularidad, no hay nada más que ella misma viéndose a sí misma. Así, el Observador es el proceso de Observación y también es lo Observado.

Debido a que es primaria, no tenemos que preocuparnos por resolver el "problema duro" de cómo el sistema nervioso físico crea Conciencia, porque no lo hace; ni cómo, por otro lado, la Conciencia crea algo físico fuera de sí misma.

Voy a sugerir que no crea nada físico ni ninguna entidad que esté fuera de sí misma. Más bien, todos los aspectos físicos y materiales del Universo manifiesto son modos de Conciencia. Son expresiones o aspectos de la Conciencia misma, apariencias dentro de la Conciencia.

En otras palabras, estoy considerando a "la Conciencia como el material a partir del cual todo está concebido para existir". De manera similar a decir que una silla de madera, una mesa de madera y una casa de madera son todas diferentes, pero todas están constituidas de madera.

Estamos diciendo aquí que todos los objetos, sujetos y procesos en el Universo son diferentes en su apariencia externa, dinámica, y capacidades en sus niveles superficiales de realidad, pero todos están concebidos de una sola cosa, y esa cosa es la Conciencia.

La solución dura

Se podría argumentar que hemos cambiado un "problema duro" por otro. ¿Cómo surge el Universo concreto, palpable y sólido que experimentamos con nuestros sentidos, que obedece las leyes que estudiamos (incluso si solo las entendemos parcialmente), a partir de una Conciencia abstracta que, en términos materiales, es la Nada?

Propongo llamar a la respuesta a esta pregunta una "solución dura"; dura porque es difícil para nosotros los humanos aceptar que nuestros sentidos, es decir aquello en lo que tendemos a confiar más ("ver para creer", decimos), son engañosos. De hecho, esta solución destaca la naturaleza a menudo engañosa y siempre cambiante de la percepción sensorial humana.

Reconoce que lo que parece más abstracto (Conciencia), es lo más real y que lo que parece más palpable (el material del mundo físico), es lo más ilusorio. Es solo un paso más allá de lo que entendemos universalmente de la física sobre la estructura de la naturaleza. Tan concreta y localizada en la superficie, pero construida de abstracciones y ondas de probabilidad.

No estoy planteando una noción metafísica sobre una hipotética realidad anterior al *Big Bang*, donde, antes de que hubiera planetas, galaxias y la abundancia de formas de vida que nos rodean, la Conciencia existía sola y todo lo que podía hacer era observarse a sí misma. Esa es una idea interesante y bien puede ser verdadera, pero no es el punto importante. Lo que sugiero es que, en este momento, lo que implica cualquier momento y lugar, la Conciencia es todo lo que hay, y todo lo que parece existir y suceder es únicamente y siempre un juego de esa Conciencia.

Esto no quiere decir que los objetos no existan e interactúen de todas las formas bellas y fascinantes que hacen posible la vida. Lo que sugiero es que todas esas "cosas" no existen de manera independiente y por derecho propio, porque el Observador, en cualquier momento dado, siempre está inextricablemente conectado, no simplemente a lo Observado, sino a los medios o al proceso de Observación.

Pero ¿cómo podemos entender que al mismo tiempo que no hay nada más que Conciencia, también hay mesas y sillas de madera, hay personas, hay planetas, hay universos? Ellos son reales. Si me caigo me lastimo. Si digo algo mal, la gente me critica. Si hago algo mal que daña la propiedad o daña a los demás, la reacción vuelve a mí y siento el dolor. Estas son cosas absolutamente reales. ¿Podemos encontrar una manera lógica de entender cómo es posible que la realidad ilimitada de la Conciencia Pura —el Ser Puro— juegue este juego de aparecer tal como experimentamos la realidad?

> Aun cuando, desde el estado de vigilia, no hay materialidad en los objetos vistos en un sueño (aunque mientras se sueña los objetos parecen ser sólidos), este mundo parece ser material, pero en realidad es pura conciencia. (*Yoga Vasishtha*)

Para volver nuevamente a la estructura de la naturaleza definida por la física: todos los objetos que conocemos están formados por entidades más finas, más sutiles, menos concretas, más abstractas (células, moléculas, átomos, quarks, etc.), siendo cada nivel una expresión del nivel subyacente, "debajo" de él. El nivel más sutil (más pequeño) que conocemos, conocido como la Escala de Planck, es inimaginablemente pequeño, las entidades allí apenas merecen la etiqueta de "cosas".

Un par de presunciones en la Escala de Planck, para aquellos que no están familiarizados con los reinos cuánticos: se necesitan 10 billones de longitudes de Planck para igualar la longitud de un solo átomo de hidrógeno; la "partícula" real más pequeña, el electrón, es aproximadamente 1.020 veces más grande que la escala de Planck, equivalente a la diferencia entre un solo cabello y una galaxia grande. La Conciencia es más sutil que eso.

La Conciencia es el hecho más íntimo de nuestra existencia; de hecho, lo único que sabemos con certeza es que somos conscientes. Esto apunta de nuevo al experimento mental de Descartes, que lo llevó a concluir: "Pienso, luego existo".

Del mismo modo, nuestra propia conciencia, nuestra certeza de Ser y de ser conscientes, es lo único que podemos saber absolutamente y de lo que podemos estar seguros. Sin embargo, es importante entender que Descartes sostuvo que su axioma, ahora famoso, afirma lo único que podemos saber con respecto al "Yo Soy", o la existencia del Yo o espíritu consciente. Mientras que lo que propongo es una perspectiva monista basada únicamente en la Conciencia.

Por lo tanto, la parte "dura" de esta teoría es que mientras propongo que "la Conciencia es Singularidad", nuestros sentidos perciben la multiplicidad. Vemos personas, escuchamos el canto de los pájaros, olemos y probamos diferentes comidas, y sentimos el calor del sol.

Lo que no vemos, oímos, sentimos, saboreamos, olemos o detectamos de ninguna manera sensorial es la Conciencia misma, si bien es la realidad subyacente de nuestras vidas, de manera similar a como una pantalla de cine es la "subyacente realidad" del espectáculo pasajero de colores y formas proyectadas en esa pantalla. (Esta analogía aparentemente útil en realidad falla enormemente, porque la Conciencia también es el proyector y el contenido de lo que se está proyectando).

Entonces, si la Conciencia es la realidad fundamental, ¿puede ser que nuestra percepción sensorial sea realmente engañosa o, en el mejor de los casos, una herramienta lamentablemente inadecuada? Este ciertamente parece ser el caso y, de hecho, nuestros sentidos nos dan solo una visión parcial de esa realidad fundamental. Sin duda los descubrimientos de la ciencia moderna nos han dado modelos del Universo que a menudo contradicen nuestra experiencia sensorial, pero que proporcionan imágenes más precisas que han sido confirmadas repetidamente por la observación experimental.

Quizás el ejemplo más notable fue el cambio de una vista del cosmos centrada en la Tierra (geocéntrica) a una centrada en el Sol (heliocéntrica) como resultado del trabajo de Copérnico, Kepler y Galileo. Luchar con el modelo copernicano heliocéntrico fue un "problema duro" y desafiante para la gente de los siglos XVI y XVII, ya que iba en contra de su experiencia diaria y de lo que les habían enseñado: que la Tierra era el centro del Universo.

Si se cree que esos científicos valientes e innovadores no sabían el alboroto que estaban causando, y el peligro en el que se estaban colocando al adoptar estas ideas radicales, lea estas palabras de Copérnico del Prefacio a su libro de 1543, *De Revolutionibus Orbium Coelestium* ("Sobre el movimiento de los planetas"): "Asignar movimiento a la Tierra debe de hecho parecer una acción absurda de mi parte para aquellos que saben que muchos siglos han consentido el establecimiento del juicio contrario, a saber, que la Tierra está colocada de manera inamovible como el punto central en el medio del Universo".

Suponiendo que cuando la gente escuchó que él abogó por "tales puntos de vista, inmediatamente yo debería haber sido echado fuera del escenario con silbidos", aun así, Copérnico procedió a presentar su investigación, porque su objetivo, dijo, era "buscar la verdad en todas las cosas en la medida en que Dios ha permitido que la razón humana lo haga".

Algunos defensores de las nuevas ideas simplemente tuvieron que enfrentar argumentos o burlas; por otro lado, como se mencionó anteriormente, el brillante astrónomo y filósofo Giordano Bruno fue ejecutado por abrazar el modelo copernicano, y un anciano Galileo fue llevado ante la Inquisición y, como era amigo del Papa, se salvó de ser sometido a muerte, pero fue sentenciado a arresto domiciliario por la década restante de su vida.

Tales historias trágicas no son infrecuentes en la historia de la ciencia. Avanzar en la causa del conocimiento nunca es fácil. Al igual que el modelo copernicano, otras revelaciones científicas han sido contraintuitivas y difíciles de digerir o aceptar para las personas.

En los últimos cien años, las investigaciones sobre escalas de tiempo y distancia muy pequeñas y muy grandes en la teoría de la relatividad, la mecánica cuántica, la teoría del campo cuántico y la cosmología han cambiado radicalmente nuestras creencias sobre la naturaleza de la materia y los fenómenos físicos, a medida que nuestros sentidos perciben y nuestros intelectos los comprenden.

Einstein comenzó diciendo algo que parecía inconcebible:

que espacio y tiempo están relacionados y que ambos son relativos. Según esta teoría, las cosas en las que más se confía y de las que más se depende —que se está parado en este terreno sólido, que el tiempo pasa como marca el reloj, que la vida es X años— no son fijas ni absolutas, sino relativas. Si se viajara a la velocidad de la luz o cerca de ella, el tiempo se detendría y no se envejecería. El espacio también cambiaría por completo: se dilataría o se contraería. Entonces, ¿cuál es la realidad "verdadera"?

Ciertamente, no es el mundo familiar, sólido, tangible y cotidiano en el que todos crecemos creyendo. Los análisis de la función de onda y otros hallazgos de la mecánica cuántica nos dicen que los sentidos transmiten una idea muy vaga e incluso ilusoria de la realidad. Según las teorías más ampliamente aceptadas en la física cuántica, hay un aspecto fundamental de la naturaleza en el que las partículas no están localizadas. Es decir, no existen en un solo lugar, como la mayoría de las cosas en nuestra realidad perceptiva "ordinaria". Por el contrario, tienen una probabilidad de estar en cualquier lugar.

Un electrón, por ejemplo, tiene una probabilidad de estar en una gran cantidad de lugares, de hecho, casi en cualquier lugar del espacio, y es solo cuando se lo observa o mide que colapsa en un punto relativamente preciso en el tiempo y el espacio y, por lo tanto, puede teóricamente interpretarse como que está definitivamente "aquí". Dado que todos estamos hechos de partículas, ¿significa que nosotros también estamos potencialmente en cada parte del espacio y que colapsamos en algún lugar y solo cuando somos "observados"?

Existe una creencia generalizada de "sentido común" de que "si no se puede medir, no es real". Pero tenemos que preguntar: ¿real de qué manera? ¿Y qué aparato de medición y criterio se utilizan? ¿Es real el amor que usted siente por su compañero de vida o por sus hijos o su fiel perro o su canción favorita? Seguramente que estos son reales; simplemente no son físicos ni materiales ni mensurables con una balanza de medición. Y, sin embargo, la noción de que no es real aquello que no sea físico; esta creencia o dogma ha coloreado (o quizás nublado) nuestra comprensión y disminuido nuestra apreciación de la vida, substrayendo tanto de lo que más apreciamos; belleza, amor, justicia, sabiduría... que son completamente no físicos y tienen lugar solo dentro de la Conciencia. Estos son conceptos que han guiado e inspirado a la humanidad durante siglos y, sin embargo, algunos científicos nos dirían que son irreales porque no podemos tocarlos ni cuantificarlos, ¡ni siquiera explicarlos! (Este punto de vista pertenece a lo que algunos pensadores llaman "cientificismo", un sistema de fe o creencias bastante opuesto al espíritu abierto y no dogmático de la investigación científica auténtica).

Observación y suposición

Cuando algo se describe como ilógico, entonces se duda automáticamente. Sin embargo, en muchos casos, podría ser que los supuestos originales sean los que estén mal. ¿Es lógico, por ejemplo, que una cosa pueda estar presente en varios lugares al mismo tiempo? ¿Es lógico que el mismo evento específico exacto sucediera ayer para Mary, pero solo mañana para su vecino John, que vive en la misma calle?

La respuesta que emana de lo que parece ser sentido común es No. Estas no son posibilidades lógicas cuando se basan en el supuesto común de que los objetos y eventos están localizados en el tiempo y el espacio. Con el tiempo y el espacio como referencias absolutas. Ahora bien, todos los cálculos cuánticos demostrados teóricamente y confirmados prácticamente, indican que las partículas no están localizadas hasta que son observadas y, por lo tanto, pueden estar en diferentes lugares al mismo tiempo. El tiempo y el espacio son relativos.

Realicemos un ejercicio que demuestre cómo los principios de la relatividad einsteiniana del tiempo y el espacio, interpretados de manera literal y precisa, pueden conducir a preguntas serias y desafiantes:

92

Imagine que John, Mary y Jane están en Nueva York y desean abordar el mismo autobús en el mismo lugar al mediodía de un lunes. Mary llega temprano y ya está de pie en la parada del autobús. John llega tarde, viniendo del lado este. Jane está en la misma calle que John y también llega tarde, pero viene del lado oeste. Es casi mediodía cuando John y Jane se mueven constantemente hacia la parada de autobús. En el momento en que ambos John y Jane casi llegan a la estación de autobuses, suena la campana de una iglesia local. Es exactamente el mediodía.

En un planeta muy remoto, a tres millones de años luz de distancia, los habitantes (o "extraterrestres" para John, Mary y Jane) tienen una jornada electoral.

> Mary dice: "Las encuestas acaban de cerrarse. Los alienígenas esperan los resultados de las elecciones".
> John dice: "Los extraterrestres ni siquiera han comenzado a votar, esto sucederá en dos días".
> Jane dice: "La elección terminó hace dos días y el nuevo presidente ya ha emitido varias órdenes ejecutivas".

La teoría de la relatividad de Einstein, las ecuaciones confirmadas experimentalmente y los cálculos matemáticos precisos indican que Mary, John y Jane están los tres en lo correcto. La relatividad dice que no estarían de acuerdo sobre lo que está sucediendo en este momento a 3.000.000 de años luz de distancia y, sin embargo, los tres están en lo correcto en sus pronunciamientos.

Tenemos la tendencia a pensar que en cualquier momento los eventos que suceden en el Universo son los mismos para todos los observadores en cualquier parte de ese Universo, incluso para todos los individuos en el planeta Tierra. Sin embargo, dependiendo del marco de referencia, qué tan rápido nos estemos moviendo y en qué dirección, los eventos que tienen lugar en este momento pueden ser eventos que ya han sucedido en el pasado para otra persona, u ocurrirán en el futuro cercano o lejano para incluso otra persona. Y esto no tiene que ser solo para aquellos que se mueven a altas velocidades.

Como muestra el ejemplo anterior, incluso una diferencia en la orientación, a la velocidad de la marcha a pie, contribuye en la no tan lejana escala cósmica (3.000.000 de años luz es una distancia minúscula en el Universo en expansión) a varios días de diferencia en el tiempo de los eventos. Esto se multiplica por muchos factores a medida que las velocidades se hacen más y más altas y las distancias se hacen cada vez más grandes.

Hay condiciones en algún lugar del Universo, a miles de millones de años luz lejos de nosotros, donde todavía es el siglo XIX en la Tierra y otros lugares donde ya es el siglo XXII. Entonces, para algunos, nuestros bisabuelos aún no han nacido; para otros, nuestros bisnietos se van a casar.

Si bien esto no es importante para nuestra vida cotidiana en el planeta Tierra, plantea preguntas serias y profundas sobre el tiempo, el presente, el pasado, el futuro, el espacio, la libertad, el determinismo y la estructura de la realidad tal como creemos que la conocemos a través de nuestros sentidos.

La primera reacción a tal rareza es decir que es una locura y dudarlo. Lo dudamos porque creemos que sabemos cómo funcionan el tiempo y el espacio, en función de nuestras experiencias sensoriales diarias. Al sentirnos tan seguros de que el tiempo y el espacio son fijos, rechazamos las conclusiones a las que nos llevan inexorablemente la lógica y los cálculos matemáticos.

Olvidamos que no es la lógica la que falla, sino nuestras suposiciones originales. Me imagino que, de manera similar, los contemporáneos de Copérnico y Galileo simplemente no podían concebir que la Tierra girara alrededor del Sol. Sus sentidos mostraban y confirmaban lo contrario todos los días y sus creencias pusieron nuestra existencia en el centro de todo, incluido el sistema solar.

Apariencia *versus* realidad

Las personas reflexivas siempre han notado que hay más en la vida de lo que aparece en la superficie: "Más de lo que los ojos ven". Todos nos han aconsejado que no "juzguemos un libro por su portada" porque "las apariencias engañan". Esto no es solo sentido común. Es también la necesidad en la ciencia y la filosofía de mirar más profundo que en la superficie en la búsqueda de la "verdad". En el sentido de que la "verdad" constituye lo que es conocimiento real y completo en lugar de impresiones y teorías ilusorias o parciales.

En cualquier consideración de la naturaleza de la experiencia humana, surge inevitablemente la pregunta sobre la relación entre lo que percibimos y lo que realmente es, o cómo está enmarcado en algunos libros de texto de filosofía la cuestión de "apariencia *versus* realidad". ¿Es el mundo que percibimos realmente el mundo tal como es?

Ya hemos explorado algunos ejemplos de formas comunes en que nuestros sentidos nos engañan, como la percepción de que el Sol gira alrededor de la Tierra o que la Tierra misma es plana. Hay muchos otros ejemplos, por supuesto. El mundo que generalmente consideramos real es solo una versión del mundo: la que nuestros sentidos y nuestras mentes únicamente nos permiten experimentar, y esa experiencia es diferente para cada ser humano. "La imagen del mundo de cada hombre es y sigue siendo una construcción de su mente, y no se puede demostrar que tenga otra existencia", dijo Erwin Schrödinger. (23)

Estamos atrapados dentro de las limitaciones de nuestros sentidos, que solo pueden entregar impresiones dentro del rango para el que fueron diseñados para reconocer. Como escribió el autor estadounidense Robert Anton Wilson: "Las únicas realidades que conocemos son las que fabrica nuestro cerebro. Un cerebro recibe millones de señales cada minuto. Y los organizamos en hologramas que proyectamos fuera de nosotros mismos y llamamos Realidad".

Para llevar esto un poco más lejos, consideremos el hecho de que nuestros ojos pueden percibir, solo en el rango de frecuencia bastante estrecho, aproximadamente entre 430.000 y 770.000 gigahertz. Sin embargo, por encima y por debajo de esos límites están las longitudes de onda ultravioleta e infrarroja que nunca nos es posible percibir directamente. Del mismo modo, sabemos que los perros pueden escuchar frecuencias mucho más altas que cualquier cosa que nosotros podamos oír, y se estima que su sentido del olfato es aproximadamente un millón de veces más sensible y agudo que el nuestro.

¿Qué pasaría si nuestro sistema nervioso funcionara de tal manera que pudiéramos ver todo el espectro del campo electromagnético? Entonces, todo el espacio a nuestro alrededor que ahora parece vacío estaría realmente lleno. Podría volverse opaco, debido a todas las ondas, incluidas las ondas de radio, microondas, infrarrojos, ultravioleta, etc. Si pudiéramos ver todas estas ondas, nuestro sentido de la vista se inundaría. Si nuestros oídos pudieran escuchar frecuencias de radio y sintonizar, no necesitaríamos radios para escuchar la transmisión de música.

Estos ejemplos hacen bastante evidente que existen mundos y niveles de realidad más allá de nuestra zona habitual y bien acostumbrada de confort debido directamente a las limitaciones inherentes de nuestros mecanismos sensoriales. ¿Es esto tan extraño?

"Así como los cerebros de los animales tienen sus limitaciones, nosotros tenemos las nuestras", escribió el psicólogo de la Universidad de Harvard, Steven Pinker. "Nuestros cerebros no pueden contener cien números en la memoria, no pueden visualizar el espacio de siete dimensiones y tal vez no pueden comprender intuitivamente por qué el procesamiento de información neuronal observado desde el exterior debería dar lugar a una experiencia subjetiva en el interior". (24)

Al igual que nuestro aparato sensorial, nuestras mentes están circunscritas de manera similar por una serie de factores que incluyen, sin quedar limitadas a, entre otros:

- Las categorías de Kant: tiempo y espacio, existencia e inexistencia, posibilidad, necesidad, cantidad (incluida la unidad, pluralidad, totalidad) y varias otras, a través de las cuales, o en términos de las cuales, percibimos y evaluamos el mundo. Estos son factores universales que se aplican a todos.

- Nuestra educación y agudeza intelectual nativa, lo que hemos estudiado, lo que creemos que sabemos, lo que entendemos. Un matemático que mira una ecuación ve algo completamente diferente de lo que veía un no matemático; un artista que ve una pintura ve el color, la composición y la técnica de una manera que las personas no entrenadas en el arte ni podrían comenzar a comprender.

- Estrechamente relacionado con esto están nuestro nivel de Conciencia, que va desde fatiga sorda a través de varios tonos de vigilia hasta una visión unificada, y nuestras creencias, como lo que creemos posible o imposible. Estas son consideraciones individuales que varían de persona a persona.

- Nuestro paradigma cultural, qué "anteojos" tenemos, tales como un modelo materialista, físico o religioso. Este es un factor social y cultural.

Todos estos son aspectos de la Conciencia que determinan en gran medida en qué realidad habitamos y plantean la pregunta: ¿qué es realmente real? ¿De quién es la realidad real? En el mundo físico, todo siempre está cambiando y estamos restringidos por nuestros limitados mecanismos de percepción. Si no podemos tener confianza en nuestras percepciones, y la "captación" del mundo por parte de todos es individual, ¿en qué podemos confiar? Y lo más próximo a nosotros: ¿quiénes somos y quién soy yo?, en consideración general.

Visto desde adentro, en términos de nuestra conciencia, parece obvio: yo soy yo. Lo mismo que siempre he sido. Al menos, así es como se siente. Pero nuestros cuerpos han cambiado enormemente desde que éramos niños, y están cambiando todo el tiempo. Alguna vez fuimos una niña, o un niño, y luego crecimos. Es un cuerpo diferente ahora, con una estructura diferente. Y nuestro papel en la vida ha cambiado a medida que nuestro cuerpo ha cambiado. Hubo un tiempo en que nuestro trabajo era jugar y ser felices; luego llegaron los años escolares, luego tomar un trabajo o una carrera profesional, enamorarnos y formar una familia, o tal vez no, si decidimos algún otro modo de vida menos tradicional.

Nuestros intereses también han evolucionado, así como nuestras ideas y la forma en que elegimos pasar nuestro tiempo y centrar nuestra atención. Las preocupaciones de estudiante o de niño en el juego pueden haberse deslizado perfectamente hacia las preocupaciones de un padre o un empleador. Entonces, ¿cuál de estas realidades somos?

Este análisis se vuelve más interesante si se considera el cuerpo desde el punto de vista de la física. Existe la forma externamente visible y todos los órganos y funciones fisiológicas asociadas, pero un momento de reflexión revela que todo está hecho de átomos, "partículas" subatómicas y de lo que parece ser mucho espacio. ¿Dónde está el "Tú" en todo eso?

Y, sin embargo, a pesar de todo, aunque puede que no haya ahora siquiera un átomo en nuestro cuerpo que haya estado allí hace una o dos décadas, todavía tenemos esa sensación de Ser, ese "Yo Soy". Parece que la Conciencia es el único aspecto que permanece con nosotros, que tiene alguna medida de permanencia: ese es usted, ese es el Ser. ¿Cómo es que mantenemos ese sentido del Ser y nos referimos a él durante toda la vida y lo reconocemos como uno, mientras que lo físico cambia por completo y tantos puntos de referencia internos, nuestras amistades y amores, nuestras ganancias y pérdidas, también han sufrido cambios incesantes?

Espero que ahora puedan ver que, desde nuestro simple punto de vista humano, lo que es más cercano a nosotros, lo que conocemos mejor y en lo que más podemos confiar, es nuestra conciencia. Sin embargo, desde las perspectivas material y física, experimentamos que el Universo manifiesto está hecho de objetos: casas, árboles, animales, personas, planetas… ¿Qué son? ¿De dónde vienen? La ciencia moderna se ha esforzado por responder estas preguntas y descubrir cuáles son los componentes básicos de todos los objetos. ¿Qué los hace reunirse para formar entidades complejas e inteligentes como los humanos y las sociedades?

En el capítulo 7 examinamos algunos de los descubrimientos científicos que arrojan luz sobre los componentes básicos del Universo manifiesto: energía y materia. Por lo tanto, nos llevará a la perspectiva de ciencia dura de la física, la disciplina que la mayoría de las personas probablemente consideraría como la ciencia fundamental dedicada a la medición y cuantificación del Universo físico.

Los temas tratados en el capítulo 7 no son esenciales para seguir los pensamientos presentados en este libro. Sin embargo, para los de "mentalidad científica", destaco los descubrimientos que no solo están en sintonía, sino que respaldan firmemente el modelo que ofrezco en este libro. La mente y la materia finalmente convergen.

CAPÍTULO 7

La ciencia moderna y las perspectivas fisicalistas sobre el Universo

Antes de avanzar en mi propuesta de una solución para conciliar lo que generalmente percibimos como el Universo físico con la realidad no física o, dicho de otra manera, para conciliar la materia perceptible con la Conciencia, lo Manifiesto con lo no manifiesto, es necesario revisar de manera concisa lo que la ciencia moderna dice acerca de la materia y los aspectos físicos de la realidad.

Esto ayudará a tener una visión general de los hallazgos de la ciencia que brindan apoyo al modelo que se discute en este libro y resaltar otras áreas de la ciencia a las que el modelo en sí puede ofrecer soluciones. Tratamos brevemente la naturaleza y los componentes de lo físico y lo material, y las leyes y fuerzas que gobiernan las interacciones físicas y materiales desde una perspectiva de la ciencia moderna.

REALIDAD CLÁSICA

Si tomamos un objeto y lo dividimos en piezas cada vez más pequeñas, se pensará que eventualmente llegará un punto en el que ya no se pueda dividir.

- El filósofo griego Demócrito, hace 2.500 años, tuvo la misma idea y concibió los componentes básicos más pequeños de la materia, llamándolos "átomos". El prefijo "a" es para negación y la palabra "tomos" se refiere a dividir o cortar. Átomos o átomo significaba, por lo tanto, lo indivisible.

- Otros filósofos griegos en ese momento pensaban que la realidad era una y era indivisible. Todo lo demás era una ilusión y, en consecuencia, otros filósofos se burlaron de Demócrito. Si hubiera componentes básicos de la materia, ¿qué habría entre esos componentes? ¿Espacio vacío, por lo tanto, nada? Pero ¿cómo puede existir nada realmente? Para ellos, esto era evidentemente obvio, ¡porque nada no puede existir ya que, de lo contrario, sería algo!

Al final resultó que llegó un momento en que la idea atómica o el concepto de partículas elementales se convirtió en una referencia inmutable en la ciencia. Sin embargo, más recientemente, ¡se podría decir que los oponentes de Demócrito han ganado potencialmente cierta validez en su punto de vista!

- No fue sino hasta hace unos doscientos años que John Dalton revivió la idea de los átomos en su teoría atómica, afirmando, entre otras cosas, que la materia está hecha de pequeñas partículas indivisibles llamadas átomos.
- Cien años más tarde, J. J. Thomson, un físico que trabajaba con rayos catódicos, llegó a sospechar que incluso partículas más pequeñas forman átomos. La primera partícula (subatómica) que se descubrió fue el electrón, seguido más tarde por protones y neutrones que también estarían compuestos de partículas elementales aún más pequeñas.
- Un hito en la comprensión humana de cómo los objetos interactúan entre sí tuvo lugar a fines del siglo XVII, cuando Isaac Newton formuló las leyes del movimiento y mostró que la gravedad actuaba a distancia, explicando por qué las manzanas caen al suelo y definiendo matemáticamente la atracción entre diferentes masas, incluidos planetas y estrellas. Este fue el comienzo de la mecánica clásica.

Fue medible, confiable y revolucionario, ¡pero al mismo tiempo muy desconcertante! ¿Qué conecta la manzana con el suelo y la Luna con la Tierra? ¿Por qué estas fuerzas se comportan como si hubiera alguna acción a distancia?

- Aproximadamente cien años después de Newton, Pierre-Simon Laplace postuló que "debe haber campos de gravedad en el espacio que tengan valores diferentes dependiendo de las masas y sus posiciones dentro de esos campos". ¡Sugirió que en realidad había una especie de "cosa" llamada campo de gravedad!

Campos de energía

Fue a través del trabajo de Faraday (físico y químico británico) y Maxwell (científico escocés) a principios y mediados del siglo XIX que se formuló la idea moderna del "campo". Esto llevó a comprender la verdadera naturaleza física de los fenómenos eléctricos y magnéticos en términos de una sola entidad, el campo electromagnético.

Para tener una idea de cómo es un campo, piense en un mapa topográfico que muestre las diferentes altitudes del terreno. Hay áreas altas, colinas y montañas, así como áreas bajas como gargantas y valles. O, para emplear un modelo más tridimensional, imagine que deseara hacer un gráfico de la temperatura en cada punto de una habitación con una estufa caliente en una esquina.

Cada punto de la habitación tendrá su temperatura específica y única, con la temperatura más cercana a la estufa más alta que otros lugares de la habitación (al menos en teoría, ya que las corrientes de aire también tendrían algún efecto en esta dinámica). Podríamos llamar a esto un campo de temperatura, si bien es solo una analogía y, técnicamente hablando, no es un campo típico. Los campos típicos son, por ejemplo, el campo de gravedad y el electromagnético. En diferentes lugares de estos campos habrá variaciones en la gravedad, la electricidad y el magnetismo.

Campos cuánticos

(véase el pliego de láminas, pág. 1)

Con más exploración, la equivalencia entre la materia y la energía se hizo evidente y los físicos descubrieron que la naturaleza usaba pequeñas cantidades discretas (o cuantos) de energía en lugar de un espectro continuo. Descubrieron que la mayoría de las partículas elementales no obedecían estrictamente las leyes de la física clásica y, por lo tanto, su comportamiento (mecanismos) necesitaba nuevas ecuaciones para explicar cómo funcionaba la naturaleza en estas escalas muy pequeñas. La mecánica newtoniana clásica condujo así a la mecánica cuántica.

Con una comprensión cada vez mayor, las partículas elementales resultaron no ser partículas clásicas puntuales. La peculiaridad de su naturaleza era que estaban dispersas. Esto es similar al mapa topográfico o a los ejemplos de mapas de temperatura que usamos anteriormente.

Si está buscando altitud o altura (generalmente medida por encima o por debajo del nivel del mar), se puede mirar el mapa topográfico y saber que hay lugares donde esperar una gran altitud. Si está buscando calor en la habitación, el mapa de temperatura lo llevará a la estufa caliente. Esto nos lleva a lo que se conoce como la función de onda de una partícula. Dicha función es como el mapa topográfico o el mapa de temperatura, excepto que, en lugar de representar la altitud o la temperatura, representa la partícula misma. Entonces, es un diagrama que muestra dónde puede estar la partícula.

Debido a que estamos acostumbrados a pensar que una partícula está localizada aquí o allí en el tiempo y el espacio, se necesita algo de imaginación para aceptar que la partícula se extiende más como una nube o una gelatina fluida que como una bola de billar.

Las observaciones y los cálculos muestran que el campo de la partícula puede extenderse sobre un espacio muy grande y, de hecho, teóricamente sobre todo el espacio.

Sin embargo, no se extiende por igual en todo el espacio. Como en el ejemplo de la temperatura, hay áreas donde es más probable que haya más calor (o frío) que otras. Del mismo modo, la función de onda muestra la probabilidad de dónde se puede encontrar la partícula.

Volviendo a nuestro ejemplo de temperatura ambiente, supongamos hipotéticamente que haya una criatura que solo puede detectar temperaturas tan altas como las de la estufa caliente. Cuando esté en la habitación, esta criatura en busca de calor concluirá que la temperatura solo está presente en (o dentro) de la estufa. La criatura no puede darse cuenta de que existen diferentes grados de temperatura en toda la habitación porque simplemente no está hecha para poder detectar temperaturas más bajas que las de la estufa caliente.

La condición humana, nuestro sentido del tacto, la vista y el oído, así como nuestro sentido del tiempo y el espacio solo nos permiten detectar cosas dentro de ciertos rangos. Además, nuestro sistema nervioso solo puede tener una experiencia cuando está estimulado de una manera específica en un lugar específico, por lo tanto, la partícula o cualquier objeto de experiencia tiene que estar localizado.

Como resulta que las llamadas partículas elementales se extienden de una manera similar a como en nuestro ejemplo se extiende la temperatura, y debido a nuestras limitaciones y las condiciones en las que existimos, solo podemos percibir partículas y objetos como entidades localizadas en el tiempo y el espacio.

Los físicos suponen que esto se debe a lo que llaman "el colapso de la función de onda". Esto significa que, debido a nuestra observación, la partícula se confina repentinamente en un lugar en el tiempo y el espacio y la probabilidad de encontrarla en un lugar diferente ahora se convierte en cero. La partícula está ahora aquí y no en ningún otro lado.

En el modelo único que presento en este libro, como veremos más adelante, no hay colapso de la función de onda. La partícula permanece virtual y la probabilidad de encontrarla en diferentes lugares sigue siendo la misma que la descrita por su función de onda. Pero al igual que la criatura que solo puede detectar una cierta temperatura, decidimos que la partícula está solo donde nuestras limitaciones humanas y las circunstancias nos permiten verla en un momento dado. La realidad fundamental de una partícula elemental (y para el caso, la de cualquier objeto) permanece extendida, pero nosotros "calculamos" y declaramos: ¡está aquí ahora! Como dice la criatura en nuestro ejemplo: ¡la temperatura solo está en la estufa!

Unificación de campos

Las fuerzas de la naturaleza y los diversos componentes de la materia, las partículas elementales, son ahora entendidas en términos de campos cuánticos subyacentes y, por lo tanto, podrían tratarse mediante un formalismo matemático análogo. Esto permitió unificar gradualmente estos diferentes campos gracias al trabajo de muchos científicos que merecidamente recibieron el premio Nobel.

Esto llevó a los físicos de la mecánica cuántica a la teoría cuántica de campos y, más fundamentalmente, a las Teorías de Campo Unificado. Además, en base a rigurosas observaciones y cálculos, la mayoría de los físicos creen que todo en nuestro Universo está interconectado. Usan el término "entrelazado". Extender el concepto de la función de onda hasta el límite último en cosmología cuántica da lugar a la función de onda del Universo destacando la interconexión y la interdependencia de todo con todo.

Nuestro Universo

¿Cómo ha brotado todo esto? Se supone que nuestro Universo surgió hace unos 14 mil millones de años en el llamado *Big Bang*, cuando un estado de materia comprimida casi infinitamente, con una densidad de energía casi infinita y una temperatura correspondiente extremadamente alta, se expandió muy rápidamente en el "momento" de la creación del Universo. Desde la perspectiva clásica, el estado inicial del Universo podría concebirse como una singularidad "puntual" con energía infinita.

Sin embargo, los avances en cosmología cuántica y Teorías de Campo Cuántico Unificadas, en particular la Teoría de la Súper Cuerda y la Teoría M, apuntan a una comprensión más detallada y algo diferente de los primeros momentos de la creación del Universo. En particular, la gravedad cuántica implica que el concepto clásico de espacio-tiempo se desglosa en la escala de Planck de 10-33 cm y 10-43 segundos (10-33 es equivalente a 0,000 … 0001 con 32 ceros después del punto decimal y antes del "1").

Esto significa en términos prácticos, que nuestro Universo no puede haber surgido de un punto real y que uno no puede hablar de un punto exacto y bien definido en el tiempo en que se creó el Universo, asumiendo que haya tenido un comienzo. Lo que podría haber sido "antes" del *Big Bang*, suponiendo que hubiera algo antes, es pura conjetura.

Los físicos habían estudiado una gran variedad de posibles escenarios sobre cómo podría haberse creado el Universo. Hoy, dos categorías fundamentales de modelos para la cosmogénesis son las más ampliamente aceptadas. En la primera categoría están los Modelos Inflacionarios que asumen que hubo una fase en la que el Universo básicamente explotó en un período de tiempo extremadamente pequeño. La segunda categoría supone que había un Universo "anterior", antes de que comenzara nuestro Universo "actual". Esta segunda categoría se conoce como el Modelo

Ecpirótico/Cíclico, pero no será un tema de discusión para los propósitos de este libro.

La pregunta acerca de cuál de las dos categorías de modelos cosmológicos es la correcta tiene implicaciones (filosóficas) de gran alcance. Una de las características de los modelos Inflacionarios es que el tiempo surgió con la creación del Universo y que toda la materia actualmente observada se creó solo después de que el Universo se expandiera al menos en un factor de 1.030. Por otro lado, la segunda categoría requiere que el tiempo existiera también antes de la creación del Universo "actual", mientras que la materia se creó al comienzo de este.

Además, los muchos modelos cosmológicos inflacionarios ahora suponen la existencia de un multiverso con separación espacial de regiones dentro del Universo original. Cada una de estas regiones explota en una fase inflacionaria para formar un "Universo" que no puede ser alcanzado por los universos "vecinos".

Hay otra idea de multiverso proporcionada por la interpretación de la Teoría Cuántica de Muchos Mundos. En este caso, cada Universo del multiverso se origina a través de innumerables ramificaciones sucesivas que ocurren en los procesos de medición cuántica. En ambos casos, el multiverso se origina en un solo Universo "original". Finalmente, uno puede concebir un tipo más abstracto de multiverso en el que una realidad cuántica indiferenciada se expresa de manera infinita y, por lo tanto, da lugar a universos infinitos.

A partir de cierto punto, la evolución del Universo es básicamente la misma para estas diferentes categorías de escenario cosmológico. A medida que pasa el tiempo y el Universo se enfría más y más, la mayoría de las partículas de materia y antimateria, así como las partículas asociadas con los campos de fuerza, desaparecen en un proceso de aniquilación. Lo que queda es una pequeña fracción de partículas de materia y una radiación cósmica de fondo de los fotones supervivientes.

Evolución, ley y la mente humana

A medida que la temperatura del Universo se redujo aún más, las partículas elementales se ensamblaron en átomos más complejos, luego moléculas, materia orgánica, formas primitivas de vida, células, tejidos, órganos y organismos, que gradualmente condujeron a los humanos. Se supone que la mente y la conciencia humanas han surgido de esta complejidad ordenada y presumiblemente física.

En este punto de vista puramente materialista, por lo tanto, se supone que la mente es una propiedad emergente que está determinada por el sistema nervioso. Procesos complejos en el cerebro y toda la fisiología humana conducen y motivan el pensamiento y el comportamiento. Estos motivadores están determinados por lo que se almacena en la memoria, por las necesidades individuales y por factores ambientales, entre otras cosas. Por lo tanto, es lógico que la psicología deba explicarse estrictamente en términos de la biología de nuestros cuerpos.

La biología a su vez sería explicada por todas las interacciones y reacciones químicas que subyacen a las células, tejidos y órganos. La química en sí misma se explica fundamentalmente por cómo los átomos y las moléculas se comportan de acuerdo con estrictas leyes físicas. Por extrapolación, por lo tanto, la física, la química, la biología, la psicología e incluso la sociología deben seguir estrictas leyes físicas.

En términos lógicos, todo comportamiento individual y social parecería estar estrictamente determinado. Piénselo: si se establecen las condiciones originales y todo sigue una causa y efecto precisos, entonces todos los resultados deben ser predecibles con precisión. Parece que no hay lugar para ninguna acción que no esté en sintonía con las leyes inmutables de la naturaleza. Desde una perspectiva puramente materialista, por lo tanto, el determinismo es difícil de descartar. No habría lugar para la libertad dentro del reino físico, pero tampoco en medio de los reinos psicológicos y sociológicos que se derivan directamente de lo físico.

Sin embargo, cuando los sistemas complejos emergen a través del proceso de evolución; como las células o moléculas que emergen de colecciones complejas de componentes minerales y orgánicos simples, o los humanos que emergen de colecciones complejas de células, resulta que estas entidades emergentes son más que solo las sumas mecanicistas de sus partes. En este paradigma, se considera que los sistemas complejos pueden evolucionar, desarrollar nuevas características y tener propiedades que no pueden expresarse ni cuantificarse en términos de sus partes y componentes subyacentes.

En última instancia, los sistemas complejos pueden exhibir propiedades emergentes que no pueden explicarse en absoluto a partir de las propiedades o la dinámica de sus componentes. Los humanos, por ejemplo, son más que colecciones de órganos y tejidos, y se supone que las células han desarrollado así la conciencia como un fenómeno o característica novedosa e incluso incomparable. Esta clase de propiedades novedosas que emergen de la complejidad podría estar sujeta a leyes diferentes a las leyes físicas básicas como se considera en el paradigma actual de la ciencia moderna.

Sin embargo, mientras existan leyes de la naturaleza, los argumentos para apoyar la libertad siguen siendo difíciles de formular. Para mantener el concepto de libertad, se debe suponer que las propiedades emergentes incluyen la capacidad de escapar de la ley. De lo contrario, en un Universo ordenado, ya sea que las leyes sean simples o complejas, la regla de "causa y efecto" se aplica de manera estricta e inmutable, y el determinismo sería inevitable.

Para ser verdaderamente libre, uno debe ser capaz de escapar de la causa y el efecto mecanicista y tomar decisiones que, de alguna manera, surjan de la nada o se deriven de un capricho "antojadizo". Esto es desconcertante para la ciencia y no tiene sentido en el contexto de un Universo clásico y ordenado.

Pero hay una trampa en este análisis. Las leyes con las que contamos que sean estrictas y bien definidas son las leyes mecanicistas descubiertas por Newton y otros físicos y científicos clásicos.

Se aplican a todos los objetos con los que normalmente tratamos a diario e incluso a grandes formaciones de moléculas y células. Y son perfectamente confiables en estos niveles. Esta es la física clásica.

Orden y aleatoriedad

Sin embargo, como se discutió, los científicos no se detuvieron en los niveles molecular y atómico. Los físicos profundizaron en la dinámica fundamental de los componentes más básicos de los átomos y las moléculas.

En este nivel más fundamental de la materia, se reveló una realidad diferente a la física clásica. La más pequeña de las partículas elementales muestra aleatoriedad y muestra incertidumbre o imprevisibilidad en su comportamiento. Cuando se dejan solas, en realidad no se comportan como se esperaba a partir de las teorías clásicas con respecto a las partículas. De ninguna manera están comprometidas o predeterminadas.

El fenómeno de que una partícula cuántica se puede deslocalizar, lo que significa que puede existir simultáneamente en un número infinito de puntos del espacio, es un caso especial del fenómeno por el cual una partícula cuántica puede existir simultáneamente en varios o un número infinito de estados. Este es el principio de superposición. Sin embargo, cualquier posibilidad podría manifestarse y podría no haber forma de predecir cuál de las posibilidades se manifestaría realmente. Esto sucede al azar.

Aleatoriedad, sin embargo, también podría significar caos. Si todo fuera completamente al azar, no habría lógica o sentido en nada. No habría evolución, ni árboles, ni animales, ni humanos, ni sociedades… Si los componentes más básicos y elementales del Universo muestran un comportamiento aleatorio, ¿cómo es que tenemos estrictas leyes de la naturaleza en los niveles más generales de átomos, moléculas, células, órganos y especies vivientes?

Para comprender cómo, a pesar de la aparición de la aleatoriedad en el nivel cuántico, observamos un comportamiento muy ordenado y virtualmente determinista en el nivel clásico regido por las respectivas leyes de la naturaleza, veremos ahora que la dinámica en el nivel cuántico, a pesar de exhibir un elemento de aleatoriedad, muestra distintos patrones de comportamiento ordenado que se expresan en el nivel clásico de una manera correspondiente. Ilustraremos esto a través de algunos ejemplos.

Cuando se dispara una gran cantidad de electrones de aproximadamente la misma velocidad a través de una ranura estrecha, que subsecuentemente golpean una pantalla fotosensible al otro lado de la ranura, se observará un patrón ordenado ondulado de rayas claras y oscuras en la pantalla.

Este llamado Patrón de Difracción (a veces también llamado Patrón de Interferencia) es causado por franjas alternativas de mayor y menor concentración de electrones que inciden en la pantalla y es claramente predecible por la Teoría Cuántica, si se conoce la velocidad de los electrones y el tamaño de la ranura.

Este patrón aparece independientemente de si uno dispara una gran cantidad de electrones casi simultáneamente a través de la ranura o solo un electrón a la vez, con un intervalo de quizás un segundo entre electrones consecutivos (de modo que tomaría aproximadamente cuatro meses tener 10 millones de electrones entrando en la pantalla). Es completamente impredecible dónde impactaría en la pantalla cada electrón individual, y solo se puede asignar probabilidades sobre dónde es más probable o menos probable que incida cada electrón.

Esto significa que la Teoría Cuántica da una ley clara para el comportamiento colectivo de partículas cuánticas, pero permite un alto grado de aleatoriedad para una partícula cuántica individual. Debido a que en el nivel macroscópico clásico se trata con colecciones de partículas, esto nos da una primera idea de por qué en el nivel clásico la naturaleza parece ser determinista. Sin embargo, esta no es toda la historia.

Cabe señalar que una vez que se ha observado la posición de

una partícula para que se localice en un lugar específico, le lleva algún tiempo deslocalizarse y el tiempo que lleva la deslocalización aumenta significativamente con su masa. Por lo tanto, un electrón se deslocaliza más rápidamente que una partícula de polvo, y una partícula de polvo se deslocaliza mucho más rápido que una naranja. En segundo lugar, cualquier partícula que interactúa con otra partícula crea una situación de medición, que localiza las partículas en cierta medida.

Los objetos grandes como una naranja tienen una tasa de interacción mucho más alta con, por ejemplo, moléculas de aire o fotones del Sol que las pequeñas partículas elementales, y por lo tanto cualquier tendencia a la deslocalización de objetos clásicos, como una naranja, se contrarresta inmediatamente por su interacción con miríadas de otras partículas como moléculas de aire, fotones del Sol, etc.

Es por eso que se puede predecir con bastante precisión la posición de una naranja real en una mesa. Una naranja real o una pelota de baloncesto siguen la mecánica clásica descrita por Newton: son las leyes del movimiento; y si los lanzas al aire, su trayectoria puede ser definida con precisión. Sin embargo, todos los objetos están hechos de partículas elementales. Cada partícula puede asociarse con una función de onda correspondiente, o un estado cuántico mixto más generalizado, con un número mucho mayor de posibilidades.

ENTRELAZAMIENTO[10]

Una de las características más notables de la Teoría Cuántica es que dos, o varias, o incluso muchas partículas cuánticas a veces

---

10. **Entrelazamiento**. *N. del T.*: Es un fenómeno cuántico, sin equivalente clásico, en el cual los estados cuánticos de dos o más objetos se deben describir mediante un estado único que involucra a todos los objetos del sistema, aun cuando los objetos estén separados espacialmente.

pueden estar en un estado cuántico holístico donde las partículas están correlacionadas de manera que no es posible asignar estados cuánticos separados individualmente a cada partícula independientemente del estado de la(s) otra(s) partícula(s). Esto puede ser cierto incluso cuando las partículas se han separado y no interactúan más.

En particular, esto significa que las partículas cuánticas que se han conectado o que interactúan pueden permanecer conectadas de la manera más inesperada. Esta correlación entre partículas que pueden estar separadas espacialmente se llama "entrelazamiento".

Este entrelazamiento no está mediado por las fuerzas físicas y los enlaces químicos que conectan partículas, átomos y moléculas entre sí. En el modelo y paradigma presentado en este libro, todo está conectado e influye en todo. El entrelazamiento, por lo tanto, se usa de una manera más expandida para significar la conexión de cada aspecto de manifestación.

Los efectos cuánticos tienen aplicaciones prácticas

Es importante tener en cuenta que los efectos cuánticos son muy reales y no son solo algunas matemáticas teóricas imaginarias. Los efectos cuánticos encuentran su aplicación en láseres, transistores y circuitos integrados, y en imágenes médicas avanzadas, por nombrar solo algunos.

Las computadoras cuánticas que utilizan el principio de superposición y entrelazamiento cuántico ya están muy avanzadas en desarrollo y pueden abrir perspectivas completamente nuevas en tecnología informática e inteligencia artificial. Estas aplicaciones ya han cambiado la forma en que vivimos de manera profunda. Piense en lo que han hecho las computadoras e Internet. Sin transistores y circuitos integrados no habría computadoras personales.

El entrelazamiento se ha demostrado una y otra vez en el

laboratorio y se ha utilizado para teletransportar átomos cuánticos a grandes distancias. El túnel cuántico opera en la fusión nuclear en el sol y en desintegración radiactiva, pero también en biología.

La tunelización electrónica es un factor clave en la fotosíntesis y la respiración celular, así como en muchas reacciones de reducción/oxidación bioquímica y en la catálisis enzimática. La tunelización de protones es instrumental en la mutación espontánea del ADN.

Dos aspectos de la realidad

Por lo tanto, tenemos dos aspectos de la realidad que son bastante diferentes:

1. El clásico.
2. El mecánico cuántico.

El aspecto clásico (y el más experimentable u observable) de la realidad está bien definido, sigue leyes estrictas, es precisamente predecible en nuestra escala de tiempo y espacio, y es continuo; "continuo" en contraste con discreto o cuantificado.

Es como subir una colina en una rampa lisa y continua en comparación con el uso de escalones en una escalera. En la pendiente se puede estar en cualquier nivel, desde el más bajo hasta el más alto. En la escalera (suponiendo que los escalones tengan una altura por la que no pueda uno colgarse entre ellos) solo se puede estar a niveles discretos de altura y nunca entre esos niveles. En la mecánica cuántica hay fenómenos en los que la naturaleza muestra discreción o una continuidad que se interrumpe esencialmente, y su naturaleza es muy diferente.

Las teorías de la relatividad de Einstein fueron esencialmente descubiertas y descritas dentro del contexto de la física clásica. La relatividad es inusual, por decir lo menos, en que no es intuitiva de inmediato, y sin embargo explica cómo el tiempo y el espacio están interrelacionados. Por ejemplo, el tiempo se dilata y el espacio se contrae con el aumento de la velocidad.

Esto significa que cuando un observador, llamémosle John, mira un reloj y un instrumento de medición conectado a una nave espacial que vuela a una velocidad extremadamente alta, entonces John percibirá que el reloj corre más lento que su propio reloj y también percibirá que la medición es más corta que la suya. Por el contrario, un astronauta viajando en esa nave espacial a alta velocidad observaría que el reloj de John funciona más lento que el reloj de la nave espacial y que la medición de John es más corta que la de la nave espacial.

Aun así, se puede considerar que estos fenómenos relativistas algo inusuales y contraintuitivos funcionan razonablemente bien dentro del ámbito de la física clásica en comparación con la mecánica cuántica, ¡lo cual es mucho más extraño!

Esto se debe a que el aspecto mecánico-cuántico de la realidad es un campo de incertidumbre, aleatoriedad y mera probabilidad que en algunos de sus aspectos va más allá de las limitaciones de tiempo y espacio, y está cuantificado.

Einstein creía firmemente en una realidad clásica determinista con una evolución continua en el tiempo en un espacio-tiempo clásico, cuya geometría obedece a las leyes de la relatividad general. Los experimentos que se llevaron a cabo basados en su teoría demostraron que sus cálculos eran precisos.

Más tarde, la mecánica cuántica también demostró ser práctica y describir con precisión los fenómenos cuánticos y clásicos, pero se necesitaba una interpretación de sus fórmulas matemáticas para realmente "comprender" los principios fundamentales expresados por ellas.

¡Realismo local, decoherencia, la función de onda y su colapso!

Un contemporáneo de Einstein, Niels Bohr, un eminente físico de Copenhague, fue uno de los padres fundadores (junto con Heisenberg y Born) de la llamada "Interpretación de Copenhague de la Mecánica Cuántica", que es uno de los enfoques destacados para comprender los principios del mundo cuántico inusual. En particular para describir cómo una observación, o medida, resulta en el colapso de la función de onda.

Otra interpretación de la mecánica cuántica, llamada "Interpretación de Von Neumann-Wigner", originalmente formulada por el destacado matemático John von Neumann en 1932, va un paso más allá y considera "la conciencia del observador como el elemento que hace que la función de onda colapse".

La pregunta era si, como creía Einstein, "la realidad objetiva es independiente del observador" (realismo) o, como sugirieron John von Neumann y Eugene Wigner, "la conciencia del observador provoca el colapso de la función de onda, creando así su propia realidad".

En cualquier caso, no importa si uno favorece la "Interpretación de Copenhague", la "Interpretación de Von Neumann-Wigner" o incluso alguna otra interpretación como lo que se conoce como "Interpretación de Muchos Mundos"; está claro que, si la mecánica cuántica es correcta, y por todo lo que sabemos este parece ser el caso, entonces una observación o, en términos técnicos, el proceso de medición hace algo al objeto de observación. Esencialmente, colapsa la función de onda y, por lo tanto, lo que era incierto debido a la probabilidad se vuelve más localizado en el espacio-tiempo.

Einstein buscó hasta el final de su vida una teoría determinista que pudiera explicar los fenómenos cuánticos y aun así cumplir con su relatividad especial y general. Luchó con los hallazgos que sugerían que no existe una realidad física objetiva (ausencia de realismo) que no sea la que se revela a través de la medición. Y nunca fue capaz de reconciliarse con la idea de entrelazamiento que él llamó "acción misteriosa a distancia" (no localidad). Desde la muerte de Einstein, muchos experimentos indican claramente que el concepto de realismo local es falso y respaldan la visión de los físicos cuánticos.

Esto significa que, siempre que el principio de localidad sea cierto para las leyes de la física (que es la opinión comúnmente aceptada por los físicos), entonces el realismo no puede ser cierto. Es importante enfatizar que la violación del realismo en el sentido utilizado en la física cuántica significa que las propiedades definidas reales de un sistema físico "no existen" antes de la medición, o expresado de manera diferente, el resultado de una posible medición "no existe" antes del acto de medirlo.

Si, en una escala mayor, el Universo sigue reglas estrictas o no, uno encuentra que, a nivel cuántico, hay eventos aleatorios e impredecibles. Estos podrían influir teóricamente en el proceso de causa y efecto y, desde una perspectiva estrecha de partículas individuales, podría parecer que hubiera aleatoriedad en lugar de ley u orden.

El Universo podría parecer construido sobre una indeterminación fundamental en medio del potencial siempre presente para el caos. Sin embargo, es importante volver a enfatizar que la imagen cambia cuando se ve desde la perspectiva de grandes colectivos de partículas en lugar de desde átomos individuales y moléculas pequeñas, o desde la perspectiva de toda una historia de eventos a lo largo de la línea de tiempo de toda la existencia. Es decir, mientras que las partículas individuales pueden comportarse aleatoriamente, como grupo, su comportamiento general tiende más fuertemente hacia la previsibilidad.

Incluso si se las considerara entidades individuales relativamente independientes, cuando están en un grupo, las partículas se comportan dentro de límites y reglas específicas, como las distribuciones de probabilidad, y siguen estas probabilidades con mucha precisión. Por ejemplo:

- Un isótopo radiactivo individual tiene una probabilidad de descomposición o no en una ventana de tiempo muy específica.
- Tomemos Uranio-238. Tiene una vida media de 4.47 mil millones de años. Lo que significa que, de un grupo de tales átomos, dentro de 4.47 mil millones de años, la mitad de esos átomos se habrá descompuesto, liberando así la radiactividad.
- Durante este tiempo, cualquiera de estos átomos tiene un 50% de probabilidad de descomponerse y liberar radiación dañina. Si la vida dependiera de si un átomo en particular se desintegrara o no, ¡uno podría estar esperando ansioso e interminablemente con una probabilidad de supervivencia de 50/50!
- El átomo podría descomponerse en el próximo segundo, al día siguiente, el próximo año, o no durante miles de millones de años, pero no hay forma de predecir cuál de ellos o cuándo se descompondrá cada átomo individual. Sin embargo, podemos decir con relativa certeza que la mitad de los átomos habrá decaído en 4.47 mil millones de años.

Dicho de manera más concreta, estos números muestran que en un kilogramo de Uranio-238, se puede contar con que aproximadamente 12.4 millones de átomos se descomponen cada segundo. No se puede saber cuáles se descompondrán, pero se puede saber cuántos lo harán; una yuxtaposición de previsibilidad "medible" y aleatoriedad impredecible.

La evolución, la vida, la ley y el orden no dependen de átomos individuales aislados, sino de un gran número de entidades, fuerzas y procesos que se entremezclan, y estos son en gran medida predecibles según la ciencia actual. Cuando sabemos que de un kilogramo de uranio más de 10 millones de átomos se descomponen por segundo, esto es generalmente lo suficientemente preciso en términos prácticos, y puede considerarse esencialmente determi-

118

nista en lo que respecta a la vida y el vivir. No importa en absoluto qué átomos específicos realmente se descomponen ahora y cuáles lo harán en 10 mil millones de años.

Del mismo modo, podemos entender los procesos neuronales en nuestro cerebro humano, que incluyen la liberación de neurotransmisores y la activación neuronal. Estos tienen un nivel elemental cuántico aleatorio subyacente con un nivel clásico potencialmente ordenado. Están íntimamente relacionados con nuestros procesos de pensamiento cognitivo y sentimientos basados en emociones.

Por lo tanto, en los niveles más fundamentales de nuestro sistema nervioso, tenemos la dinámica interactiva y predecible de partículas elementales, átomos, iones y moléculas pequeñas cuya dinámica individual, sin embargo, incluye un componente aleatorio. Mientras los componentes aleatorios de velocidad, giro (*spin*), posición y otras características de las partículas individuales pueden o no importar, lo que cuenta es si en su unión conducen a una dinámica colectiva intencional (y predecible).

Un análisis cuidadoso de los diferentes escenarios cosmológicos muestra que las correlaciones mecánico-cuánticas o los entrelazamientos que ocurren en la dinámica fluctuante primordial del Universo inicial son lo que conduce a estructuras jerárquicamente ordenadas en nuestro Universo a partir del comportamiento básicamente aleatorio de partículas elementales individuales. Sin embargo, esta no es la historia completa para comprender cómo la dinámica aleatoria en el nivel cuántico es compatible o consistente con la evolución ordenada del Universo con todas sus estructuras complejas.

Para comprender la relación entre la dinámica cuántica y la dinámica clásica en el contexto de la evolución temporal de todo el Universo, desde su comienzo hasta el presente y hacia el futuro, se necesita una interpretación más extensa de la Teoría Cuántica que vaya más allá de la "Interpretación de Copenhague". En una perspectiva fisicalista y materialista, la "Interpretación de Copenhague" no es adecuada para esto debido a varias razones.

En el temprano Universo, así como en regiones intergalácticas remotas, no hay observadores clásicos (¡que sepamos!), pero la "Interpretación de Copenhague" requiere un aparato de medición, u observador, como lo describen las leyes clásicas. Además, describir todo el Universo como un sistema cuántico no permite que un observador "fuera" del Universo observe el Universo; en términos técnicos, el Universo en su conjunto es un sistema cerrado. Por lo tanto, se necesita una interpretación de la mecánica cuántica que permita "situaciones de medición" más generalizadas; en otras palabras, se necesita generalizar el concepto de observación.

Además, cuando se trata con el Universo como un todo, esto tiene que estar de acuerdo con el principio de relatividad de Einstein, lo que significa que no se puede usar el concepto de tiempo absoluto de Newton; sin embargo, en la "Interpretación de Copenhague", las probabilidades de interpretación se predicen para observaciones "en un momento dado". También el enfoque de la "Interpretación de Copenhague" está en los "experimentos de laboratorio" en los que se realiza solo uno, o un número limitado, de experimentos consecutivos.

Actualmente, la única interpretación concebible y ampliamente explorada de la Teoría Cuántica que trata holísticamente con el número infinito de eventos cuánticos que ocurren en todo el Universo durante los miles de millones de años de evolución cosmológica, es proporcionada por la "Interpretación de Historias Decoherentes" (también llamada Interpretación de Historias Consistentes) introducida por los físicos Griffiths, Gell-Mann y Hartle. (25)

La "Interpretación de las Historias Decoherentes" se centra en las probabilidades de secuencias de eventos, donde cada evento representa una medición cuántica o una situación de medición más generalizada. En la mecánica cuántica ordinaria, un proceso de medición cuántica se caracteriza por el hecho de que el objeto de observación y el aparato de medición, u observador, entran brevemente en un estado de correlación mecánico-cuántica o entrelazamiento.

Debido a la interacción con el entorno, este estado de correlación mecánico-cuántica se diferencia en diferentes resultados potenciales para la observación: en el lenguaje técnico de la física cuántica, uno dice que el estado temporal de correlación mecánico-cuántica se decodifica en una mezcla estadística de posibles resultados. Debido a esta diferenciación (o decoherencia), los estados potenciales del objeto de observación se correlacionan con los estados potenciales del aparato de medición u observador.

Se supone que no hay colapso de la función de onda sino una ramificación del Universo en varios universos. A partir de las probabilidades relativas para diferentes historias, se pueden inferir correlaciones entre observadores y eventos, o propiedades de objetos, que se observan.

Muchos mundos, multiverso

La interpretación de la Teoría Cuántica de Muchos Mundos dice que "si se realiza una observación (o medición) con respecto a la ubicación de un objeto cuántico, entonces la partícula u objeto realmente se manifestará en muchos lugares diferentes, posiblemente al mismo tiempo, pero en diferentes universos paralelos".

Entonces, considerando una analogía con una naranja en lugar de una partícula cuántica, habrá un Universo donde se observa una naranja en su mesa; en otro Universo estará en la casa de tu vecino, pero en otro aparece, por ejemplo, en algún estacionamiento de la ciudad. Con cada nueva posibilidad, los universos se ramificarían en infinitos números y formas.

Cuando te sientas en uno de estos universos y observas la aparición de partículas elementales, ves que se manifiestan al azar. Según la "Interpretación de Muchos Mundos", en cada caso solo estás viendo una posibilidad entre muchas posibilidades. Tan descabellada como suena esta idea, hoy es una de las interpretaciones preferidas por un buen número de físicos. Esta interpretación reemplaza la llamada "Interpretación de Copenhague" o la "Interpretación Von Neumann-Wigner", cada una de las cuales dice "que la conciencia del observador en realidad colapsa la función de onda de una manera específica".

Lo más importante, la hipótesis de Muchos Mundos puede acomodar el enigma de cómo la aleatoriedad podría conducir al orden. La aleatoriedad conduce a todo tipo de posibilidades con todo tipo de probabilidades, algunas de las cuales pueden ser ordenadas y una de las cuales creó nuestro propio Universo. Al igual que las burbujas del agua con gas, los universos pueden emerger de una realidad cuántica atemporal. En teoría, pueden surgir todas las posibilidades con todo tipo de universos que tienen todo tipo de leyes y constantes físicas.

Al final del día, sin embargo, vivimos en uno de estos universos y no tenemos que preocuparnos de cómo son otros universos o si existen en absoluto (a menos que, por supuesto, tengamos curiosidad científica, como tenemos). También se puede considerar irrelevante si las leyes que tenemos en nuestro Universo fueron preconcebidas específicamente por un creador o si son solo un conjunto aleatorio de leyes que se unieron a partir de múltiples y quizás infinitas posibilidades. Sin embargo, nuestro Universo en el nivel bruto de su manifestación (incluidos átomos, moléculas, minerales, materia orgánica y todas las entidades vivientes) tiene leyes estrictas y constantes inmutables.

Normalmente uno debería concluir que todo obedece a estas leyes. Dado un conjunto de condiciones originales, una causa conduce a un efecto y todo estaría predeterminado. No habría lugar para la libertad. Sin embargo, la mayoría, si no todos, nuestros sistemas legales, sociales y religiosos funcionan bajo el supuesto de que los individuos actúan sobre la base de sus propias elecciones libres.

La mayoría de las personas creen que tienen libre albedrío y todas las personas valoran mucho su libertad. Poner cualquier limitación a la libertad de uno, como el encarcelamiento o el confinamiento, está diseñado y experimentado como castigo. Incluso aquellos que creen en el determinismo terminan pensando y comportándose como si fueran libres. Con la libertad viene la responsabilidad. Esa es una de las razones principales por las cuales las personas esperan recompensa por una buena acción y están dispuestas (o creen en el derecho) a castigar a otros por acciones contra la ley.

Al cerrar este capítulo, vale la pena señalar que los sistemas legales, políticos y sociales también luchan poderosamente para declarar la libertad personal y una sociedad con libre elección; a través de formas democráticas y de otro tipo de gobierno, las leyes se escriben, modifican, revisan, revierten y anulan continuamente a medida que surgen circunstancias previamente no pensadas o imprevistas, o se presentan casos únicos ante los tribunales. De hecho, ¡a veces la corte en un nivel no está de acuerdo con la corte en otro nivel!

Incluso se podría decir que la ley humana en sí misma es inherentemente indeterminada, o que no existe una necesidad de causa-efecto directamente "determinista" o una lógica subyacente "inmutable" que obligue a una, y solo una conclusión predeterminada. Por ejemplo, ¿fue asesinato, defensa propia o simplemente un horrible accidente? Por lo tanto, el "libre albedrío" en el sistema legal parece requerir un pensamiento libre, creativo y no determinista entre legisladores, jueces, abogados e incluso jurados. Implica una revisión constante del cambio, y así sucesivamente, y en realidad, no hay ningún elemento de "certeza" determinada en absoluto.

Capítulo 8

Nada, Conciencia, uno y muchos

El capítulo 7 trató sobre hallazgos y conclusiones científicas basados en la suposición no comprobada de que todo lo que hay en el Universo proviene de algún tipo de energía, fuerzas físicas y objetos materiales.

Sin embargo, en este libro propongo que hay una Singularidad que es la Conciencia, que es todo lo que hay. Esta singularidad es no física y no material. No es una "cosa" ni está compuesta de cosas, por lo tanto, cuando se considera desde el punto de vista material, es la Nada. Ahora bien, como Conciencia, es una existencia autoconsciente y autorreferente. No está limitada por ningún concepto de espacio o tiempo; no puede ir a ninguna parte; ni puede ser la fuente de nada fuera de sí misma, porque no hay nada fuera de ella.

Esta Conciencia es absoluta, no cambia, es sin principio ni fin. Si se la considera en términos de espacio y tiempo, es ilimitada en el espacio e infinita en el tiempo, eterna. En virtud de su naturaleza como Nada, está más allá de la calificación, medición y cuantificación. Está más allá del comienzo y el final.

Ahora desempaquemos y expandamos esa definición. Primero, como ya hemos visto anteriormente, la Conciencia requiere tres elementos. Debe haber un Observador, un objeto siendo Observado y un proceso de Observación que conecte al Observador con el objeto. Sin estos tres no se puede tener Conciencia debido a la naturaleza de la Conciencia. Es consciente. Es la naturaleza de la Conciencia estar consciente, alerta, no dormida o ajena.

Cuando decimos: "Estoy consciente", ¿qué se quiere decir? ¿Consciente de qué? En virtud de ser conscientes, nos daremos cuenta de algo, ya sea de un objeto externo percibido por los sentidos, como de un automóvil, un libro, un árbol o de un objeto interno, como un pensamiento, sentimiento o sensación. Incluso podemos ser conscientes de ser conscientes, en cuyo caso la Conciencia es a la vez el observador y lo observado, el conocedor y lo conocido.

En todos los casos, existe el **Observador** y algo **Observado**. Y si ese es el caso, debe haber algún proceso, algún mecanismo por el cual tenga lugar esta **Observación**, alguna mecánica de la experiencia, algo que vincule al Observador con lo Observado. Entonces, esta estructura de tres en uno es inherente a la naturaleza de la Conciencia. Esto es válido independientemente de la calidad, el nivel o el estado de la Conciencia. Decir que uno es consciente es reconocer la presencia simultánea de estos tres roles; de lo contrario, no habría experiencia consciente.

Una suposición común es que, en nuestra experiencia diaria de ser un individuo consciente, es el sujeto (el Observador) el que tiene conciencia. Y que es en la "pantalla" de esta conciencia donde tiene lugar la experiencia. Como si el funcionamiento de nuestro sistema nervioso creara una pantalla interior y los objetos se proyectasen en esta pantalla de conciencia a través de mecanismos cognitivos. La analogía es con una pantalla de cine en la que se proyectan imágenes.

En esta vista, las imágenes serían análogas a los objetos, que podrían ser cosas materiales, sentimientos o pensamientos; lo que sea que como sujetos estamos entreteniendo en nuestra conciencia.

Como destacaré más adelante, esta no es una descripción precisa de lo que es la Conciencia o lo que sucede durante un momento consciente. La Conciencia no es una pantalla plana en la que se proyectan los objetos. Ser consciente es un proceso resultante de la unión de tres aspectos. Para poder explicar esta teoría sobre la Conciencia y aclarar algunos de sus conceptos fundamentales, tengo que diseccionarla y aislar algunos de sus componentes inseparables antes de volver a armar todo.

Experiencia de la Nada

Para comenzar, imagine por un momento, ahora mismo, que todo lo que sabe o no sabe desaparece. No hay tú, ni yo, ni nada: no hay materia, no hay energía, no hay partículas o fuerzas, y por supuesto no hay Universo físico, ni física, química o biología, solo un estado de vacío primordial previo al *Big Bang*, nada. No hay tiempo, ni espacio, ni dualidad, ni dos, ni tres o ningún concepto de diferencia porque no hay absolutamente nada.

Se preguntará de dónde viene esta Nada, pero no podemos hacer esta pregunta ya que no hay nada y, por lo tanto, no hay un lugar desde donde pueda venir. No puede preguntar cuándo comienza o cuándo termina porque el tiempo y el espacio son conceptos relacionados con objetos y no hay objetos. No hay nada.

Por lo tanto, esta Nada no tiene límite en el tiempo o el espacio porque el tiempo y el espacio de todos modos no existían. ¿Podría pensar quién lo creó? Pero no hay nada que crear; es la Nada. Ni siquiera se podría hablar de existencia o no existencia, o de vida, de muerte o inmortalidad.

Es de esta Nada que tenemos que derivar todo el campo de la realidad, así como el de la imaginación y los sueños, incluidos iPhones, naves espaciales, cedros, ballenas, usted, yo, Newton, Napoleón, unicornios, extraterrestres, Thor y Afrodita.

Antes de hacerlo, veamos si podemos vislumbrar la Nada como una experiencia más que como un concepto mental. Haremos un pequeño experimento en el que queremos experimentar la Nada. Lo haremos con los ojos cerrados, pero primero tenemos que saber qué hacer:

- Queremos experimentar cómo es la Nada. Es silencio en el nivel del sonido y la audición, y oscuridad en el nivel de la luz y la vista. No es una experiencia sensorial de ningún tipo; sin pensamiento, sin sentimiento, sin imaginación de nada.

- Queremos experimentar la Nada, aunque sea solo por un momento fugaz; tener una idea de lo que absolutamente nada puede ser.

- De ser conveniente, sería mejor sentarse cómodamente. Sin mucho análisis, sin intentar nada, pero con la simple intención de experimentar silencio; no experimente nada mientras cierra los ojos y ábralos luego de unos segundos. Sin prisa; tómese su tiempo, ahora deje de leer o ponga el audio en pausa y cierre los ojos.

- Cuando los ojos estaban cerrados, quizás algunos puedan haber sentido un momento más corto o más largo de nada. Otros habrán tenido pensamientos o su atención atrapada por algún ruido externo, o su propia respiración, o sensación en el cuerpo intercalada con el silencio. Otros quizás puedan haber sentido que su mente estuvo diciendo: "No tengo silencio porque tengo pensamientos y los pensamientos no son silencio". Sin embargo, entre dos pensamientos o dos sentimientos hubo silencio.

- Quienes practican la Meditación Trascendental™ quizás puedan haber trascendido porque tienen el hábito y hayan experimentado períodos más largos de profundo silencio interno. La experiencia puede ser cualquier combinación de lo anterior. Pero el silencio y la Nada estaban allí, ya sea que se sintiera clara o vagamente, por un corto o largo tiempo.

- Incluso si cree que no estaba allí, cuando su mente se movía de un pensamiento a otro, la brecha entre los dos pensamientos era la Nada. Puede intentarlo de nuevo y ver cómo se siente. No tratamos de crear un vacío o la Nada, solo tenga la idea antes de cerrar los ojos de que quiere ver cómo se puede sentir la Nada; por lo tanto, no tenga anticipación ni expectativa sobre lo que estará pensando cuando cierre los ojos.

- Justo después de cerrar los ojos, el silencio puede venir

y luego los pensamientos o los sentimientos invadirán el silencio.

- Es posible que se esté diciendo de vez en cuando: "Tengo un pensamiento, así que esto no es silencio" o "Siento mi respiración y esto no es silencio". En este caso, usted está analizando intelectualmente el silencio como la negación de cualquier pensamiento o sentimiento; y esto también es correcto.

Tengo que advertirle que este pequeño ejercicio no es una técnica de autodesarrollo y ciertamente no es Meditación Trascendental™. Simplemente lo hicimos porque creo que la experiencia directa ayuda a la comprensión. Como estamos hablando de la Nada, esto podría familiarizarnos un poco con ella en lugar de seguir siendo un concepto extraño y abstracto, a pesar del hecho de que algunos puedan no haber tenido una experiencia clara de la Nada.

Teoría de conjuntos: la Nada en matemáticas

Una de las teorías más exitosas y útiles en las matemáticas modernas es la teoría de conjuntos basada en conjuntos vacíos. Esta teoría comienza con el vacío y define un conjunto primario que no contiene nada. Para mostrar que se trata de un conjunto vacío, las llaves se utilizan de la siguiente manera: {}.

Obviamente entre las dos llaves no hay nada y ese es el conjunto vacío. Ahora, si coloca este conjunto vacío entre llaves, crea un nuevo conjunto que contiene el conjunto vacío original como este: {{}}. Este nuevo conjunto no se considera vacío porque contiene el conjunto vacío definido originalmente.

Por lo tanto, un conjunto que contiene este conjunto vacío no es un conjunto vacío porque contiene una cosa: el conjunto vacío.

Y esto continúa con el vacío dentro del vacío. Tan descabellado y extraño como pueda parecer, es una de las teorías más exitosas, prácticas y útiles en matemáticas. En el nivel físico no hay nada. El conjunto está vacío. Pero a nivel conceptual estamos postulando un conjunto. Entonces, lo que hay es el concepto.

El concepto es un trabajo de Conciencia. Refleja "Conciencia puesta a trabajar". Si eliminas la Conciencia de la ecuación, no puedes hacer nada ni construir nada. Sin embargo, la teoría matemática más exitosa requiere el vacío como punto de partida. Incluso la geometría se basa en nada material.

La Nada en geometría se llama punto. Por definición, un punto no tiene dimensiones. No tener dimensión significa literalmente no tener existencia física. Sin embargo, es un concepto en la Conciencia y, basándose en este concepto, construyes una línea, que tiene una sola dimensión; un avión que tiene dos dimensiones; y todo el espacio, que tiene tres dimensiones.

En estos ejemplos, tenemos una "nada" desde un punto de vista material que no contiene nada físico o material. Sin embargo, nos damos cuenta de que la Nada es un concepto que requiere conciencia.

LA CONCIENCIA NO ES UNA COSA: SIN EMBARGO, LO ES TODO

Ahora viene el segundo paso en nuestra Teoría. Ponemos la Conciencia en la Nada y decimos que la Nada tiene una cualidad y que la cualidad es la Conciencia. Tener una cualidad no significa que se haya convertido en una especie de cosa en términos materiales o físicos. Es solo que la naturaleza de esta Nada es la Conciencia. No es una cosa. Sin embargo, postularemos, como se describe más adelante, que es a partir de esta nada que emerge todo.

La Nada, como fuente de Todo, es un tema expuesto en Vedanta y los *Upanishads*, dos aspectos importantes de la literatura védica. Como ilustración, en los *Upanishads*, un niño le pregunta a su padre de dónde viene toda esta creación. El padre le pide al niño que abra la semilla de un árbol de *Banyan* y que mire dentro. El niño abre las pequeñas semillas y dice que no ve nada. El padre explica a su hijo que el enorme árbol de *Banyan* proviene de lo que él no puede ver con los ojos.

Este es un tema que se repite en la tradición Vedanta de la literatura védica. La analogía fue para explicar que todo el Universo proviene de la Nada. El origen de todo lo que podemos experimentar no es nada que pueda apreciarse en términos físicos o materiales.

Este postulado es una posibilidad, una teoría. Incluso si decidimos creer firmemente que tiene sentido y que así son las cosas, aún no está probado. Pero dado que esta teoría podrá explicar muchas cosas "misteriosas", estamos seguros de que es un modelo de trabajo sólido.

Al postular que "el origen de todo es la Conciencia", que no es nada físico, ya resolvemos el problema y las preguntas sobre su origen. No se puede preguntar quién creó la Conciencia, o dónde y cuándo comienza o termina. Puesto que no es nada, no hay nada que crear y nada que esté limitado en el espacio o el tiempo.

Entonces, al dar vueltas y vueltas, ¿volvimos a dos naturalezas de existencia separadas, una no física, eterna, absoluta y otra física, cambiante y relativa como postula Descartes? La respuesta corta es no. Sin embargo, es necesario aclarar más sobre nuestra teoría antes de que la respuesta a esta pregunta tenga sentido. Digamos por ahora que la Conciencia no crea una realidad física separada fuera de sí misma.

¿Cómo es posible? ¿Estamos diciendo que nuestro Universo y todas las cosas que amamos, imaginamos, esperamos, etc., son una ilusión y no son reales? Esto tampoco es cierto. Y esto nos lleva al tercer y fundamental nuevo paso de nuestra teoría, que ahora elaboraremos.

En el desarrollo de la misma, hasta ahora hemos resaltado que la Conciencia no es nada material. La naturaleza de esta Con-

ciencia dijimos que es "ser consciente". Y como se dijo anteriormente "ser consciente" requiere un Observador, un proceso y un
Observado.

Para ser consciente, la Conciencia Pura asume tres roles diferentes. Estos tres roles son inherentes a la Conciencia y no están
separados de ella. Cada rol es un punto de vista diferente sobre
la Conciencia. Por lo tanto, existe una Conciencia absoluta que
asume tres roles en virtud de su naturaleza de ser consciente. La
Conciencia Pura se ve a sí misma desde diferentes perspectivas.

Es como un hombre que dice: "Soy John, el observador y
pensador consciente. Soy consciente de mí mismo. También soy
médico. Y soy este cuerpo y mi fisiología". El mismo John puede
verse a sí mismo desde estas perspectivas diferentes. Sin embargo,
él es la misma persona.

Exactamente de la misma manera, aunque en un nivel mucho más sutil, la Conciencia Pura puede verse a sí misma desde
estas tres perspectivas diferentes. Se puede considerar que estas
perspectivas en sí mismas existen en un nivel conceptual, como
aspectos separados de la misma Conciencia, teniendo cada una de
ellas su propio sabor diferente. Para ilustrar esto, podemos usar
otra analogía, aunque las analogías tienen sus limitaciones. En la
Teoría del Conjunto Vacío, los matemáticos dirían que el conjunto
vacío es una entidad escrita entre dos llaves que no contienen nada
en medio, como esto: {}.

Obviamente no puedes simplemente poner o "dejar" un espacio vacío. Nadie familiarizado con la notación matemática confun-
diría el espacio vacío con un error tipográfico. Hay una necesidad
de representar, dentro de las limitaciones del medio impreso, la
convención de un conjunto mediante una notación, aunque representa el vacío total, la Nada. No obstante, la idea sigue siendo
que se trata solo de esa entidad: un conjunto vacío. Sin embargo,
mirando el conjunto vacío como un objeto, sentado como si estuviera fuera de la Conciencia, uno no comprende realmente su
significado completo.

De hecho, el conjunto vacío es un concepto en la Conciencia. Podemos decir legítimamente que el conjunto vacío tiene tres aspectos y, de hecho, hay tres componentes que constituyen el conjunto vacío:

1. El vacío.
2. El concepto de un conjunto.
3. Poner el vacío en el conjunto.

El tercer aspecto a veces puede pasarse por alto porque es una especie de aspecto "no manifiesto". Sin embargo, el vacío y el conjunto considerados por separado no constituyen un conjunto vacío. Necesitas poner los dos juntos. Y "vincular o conectar los dos" es un proceso.

Del mismo modo, un Observador y un Objeto no pueden constituir una Observación a menos que estén conectados. Si tanto John como la flor están en la habitación, pero John realmente no ve la flor, entonces no hay Observación; no hay percatación consciente de la flor. El enlace de conexión es esencial para cualquier proceso de Observación o experiencia consciente. Los científicos han intentado durante mucho tiempo separar el proceso de la experiencia consciente del objeto de Observación. Se sintió que esto era necesario para tener una evaluación objetiva de la realidad.

Esta lógica fue desarrollada para evitar que el sujeto (Observador) interfiera con el proceso de Observación y, como resultado, nos permita ver los objetos tal como son en su esencia. De lo contrario, el Objeto solo se vería desde un punto de vista personal: el del sujeto específico que hace la Observación, en lugar de ver el Objeto tal como es en sí mismo.

Durante mucho tiempo en la ciencia moderna, solo lo físico y lo material se consideraron como referencias confiables. Incluso en los últimos años, cuando los científicos comenzaron a investigar la mente, el comportamiento y la conciencia, hubo una creencia casi unánime de que todos los procesos mentales, incluida la conciencia, son el producto de una organización compleja de la materia, así como se ve en el sistema nervioso humano. Esto es a pesar del hecho de que ninguna teoría ni siquiera se acerca a mostrar una pista de cómo la Conciencia puede emerger de los fenómenos físicos.

En nuestra teoría hemos comenzado con la Conciencia. Postulamos que la Conciencia es Singularidad, el Campo Unificado Último. La Unidad no manifiesta de la existencia pura.

Aun cuando podemos prever un punto de vista reduccionista, donde la psicología pueda explicarse algún día por la biología; la biología explicada por la química, la química explicada por la física clásica, la física clásica explicada por las teorías cuánticas de campo y, en última instancia, una Teoría de Campo Unificado que explique todo, doy un paso significativo más allá y digo que "la Conciencia es todo lo que hay" y que la Teoría de Campo Unificado definitiva será una Teoría de una Conciencia Autointeractiva.

UNO Y MUCHOS

La Conciencia Pura es Singularidad, el Campo Unificado último, la Unidad no manifiesta de la existencia pura. La Conciencia no es solo como una pantalla en la que se proyectan objetos o pensamientos. Esta es una distinción fundamental en contra de la suposición habitual. Por lo tanto, es importante tener claro que la Conciencia Pura que estamos tratando no es solo la capacidad de observar o lo que podríamos llamar la cualidad de "sujeto de observación" (*Observerhood*)[11].

---

11. **Observerhood, Observinghood** y **Observedhood**. *N. del T.*: Estos tres conceptos no tienen un equivalente en el idioma castellano (todos se traducen como "observación"), por lo que usamos las paráfrasis "Sujeto de Observación", "Acción de Observar" y "Objeto de Observación" para cada una de ellas respectivamente, intentando transmitir el significado original del autor.

Podemos definir al Sujeto de Observación como la capacidad de percibir, detectar, sentir, presenciar, en resumen, experimentar, cualquier cosa. Es una potencialidad. Ser consciente, por otro lado, implica y exige la percatación de un objeto de esa sensación, sentimiento o percepción, y algún medio de conectar el sujeto con el objeto, el conocedor con lo conocido.

El aspecto del Observador no es más que uno de los rasgos de la Conciencia. Esta característica se puede cuantificar en términos de ser Sujeto de Observación. Podemos darle una representación simbólica como *Or* para **Observador**. (En un momento veremos *Odo* para el **Objeto Observado**, y *On* para **Observación**, el Proceso de Observación).

Otro aspecto muy importante y fundamental para destacar es que el Observador, lo Observado y el Proceso no existen como entidades separadas. Lo que propongo, es que los tres roles que asume la Conciencia Pura son interdependientes y no existen como entidades separadas una de la otra o de la Conciencia Pura misma.

Para usar una analogía, imagine una obra ficticia que normalmente requeriría tres actores. Digamos que es la historia de un fiscal y un abogado defensor discutiendo frente a un juez. Supongamos que solo hay un actor que interpreta estos tres roles diferentes. De la misma manera que el mismo actor desempeña tres roles diferentes, la Conciencia Pura (Singularidad) asume los tres roles de Observador, lo Observado y el Proceso de Observación.

La diferencia con la analogía de la obra es que la Conciencia asume estos tres roles simultáneamente y no secuencialmente. Esto es lo que llamaremos la Dinámica Autointeractuante de la Conciencia. La Conciencia se curva sobre sí misma. Interactúa consigo misma en el proceso de hacerse consciente. Así es como la Conciencia puede ser consciente de sí misma.

En la obra ficticia, el actor interactúa consigo mismo mientras asume diferentes roles. El actor es uno. Los roles son muchos y son diferentes uno del otro. La disponibilidad de diferentes roles es lo que permite interacciones dinámicas incluso cuando el actor es la misma persona. Si no hubiera diferencias, ni multiplicidad, entonces no habría interacciones, ni procesos ni dinamismo. Sería solo Unidad, quietud y silencio.

En nuestro caso, la Unidad absoluta de la Conciencia Pura tiene dinamismo en virtud de su capacidad de desempeñar tres roles diferentes. ¿Cómo es que puede jugar tres roles? Es por su naturaleza, que es Conciencia. La naturaleza de la Conciencia es ser consciente. Ser consciente requiere el triplete Observador, Observado y Proceso de Observación que podemos escribir: (Observador, Proceso, Observado) o (Sujeto, Proceso, Objeto).

Las cualidades de la Conciencia Primordial son sin fronteras ilimitadas, más allá del tiempo y el espacio, porque está fuera de cualquier otro punto de referencia. En este modelo que estamos considerando, esta singularidad primordial de la Conciencia en la que no existe nada más que Conciencia, es ella misma el Observador.

La gama de posibilidades de ser un Observador, el Proceso de Observación o el Objeto de Observación, se encuentra entre dos extremos. El primer extremo es la Nada, lo que significa que no habría capacidad de Observación, ni poder para participar en un Proceso de Observación, ni capacidad de ser percibido o visto como un Objeto de ninguna manera.

El extremo opuesto es la habilidad máxima, lo que significa que el valor infinito ilimitado de la Singularidad misma participe como Observador, Proceso de Observación y Objeto de Observación. Por lo tanto:

- el nivel supremo o máximo, el más alto, de **Sujeto de Observación** (*Observerhood*), es la Singularidad en el papel de Observador;
- el nivel supremo de la **Acción de Observar** (*Observinghood*) es la Singularidad en el contexto del Proceso de Observación; y
- el estado supremo de **Objeto de Observación** (*Observedhood*)

es la Singularidad que se expresa como un Objeto de Percepción u Observación.

Volvamos a nuestra analogía de la obra con tres roles interpretados por un actor. Las escenas son ficticias. El juez, el fiscal y el abogado defensor realmente no existen como personas reales. Sin embargo, también es cierto que el actor puede encarnar completamente el papel que desempeña y, mientras actúa, sentirse completamente inmerso, involucrado y comprometido en el papel.

En este caso, el actor tiene una nueva perspectiva cada vez que cambia el papel. Existe la perspectiva del juez, la perspectiva del fiscal y la perspectiva del abogado defensor. Estas tres perspectivas parecen reales cuando el actor se sumerge en ellas. De manera similar la Singularidad, la Unidad de la Conciencia, juega los tres roles interdependientes de Observador, el Proceso de Observación y lo Observado. Esto genera tres "nuevas" y diferentes perspectivas.

Como todo es Conciencia, no hay un objeto independiente, ni un observador independiente o proceso como tal. Las perspectivas están en la Conciencia y son acerca de ella. Sin embargo, al ser diferentes, crean multiplicidad, el triplete (Observador, Proceso y Observado) fuera y dentro de la Unidad. Este surgimiento de la multiplicidad desde la Unidad está en el nivel de la perspectiva. Las perspectivas o puntos de vista son diferentes.

Tener nuevas perspectivas genera "nuevas" formas de ser consciente. La forma primordial de ser consciente es la de la Conciencia Pura. Ahora vemos que es posible ser consciente desde perspectivas más limitadas: las de Observador, Proceso y Observado.

Es como si la Conciencia Pura misma, al ser consciente de su realidad de tres en uno, se pusiera en el lugar de uno de los roles que está desempeñando y, por lo tanto, viera las cosas desde esta perspectiva particular. También podría ponerse en el otro rol y ahora ver las cosas desde la perspectiva de ese otro rol.

Esto es como el actor en nuestra analogía que está tan inmerso que ve las cosas completa y totalmente desde la perspectiva del fiscal, luego del juez y luego del abogado defensor. Es como si el actor se dejara eclipsar en esos momentos y se involucrara completamente en los diferentes roles a medida que los interpreta.

Por lo tanto, también surgirán nuevos sabores de percepción; los del fiscal mirándose a sí mismo, evaluando al juez y luego sopesando el impacto del abogado; y lo mismo ocurrirá cuando interprete el rol de juez o el del abogado. De manera similar, pero no necesariamente de la misma manera, la Conciencia cae en cascada de perspectiva en perspectiva hasta el infinito, abarcando desde la perspectiva infinita e ilimitada de la Conciencia Pura hasta las perspectivas más y más pequeñas.

EL SER, EL INTELECTO, LA MENTE, EL ESPACIO Y EL TIEMPO

En la obra, está el "Yo" del actor, que podemos escribir con una "Y" mayúscula. El actor también puede estar completamente involucrado en el papel que desempeña. Cuando asume el papel de un fiscal, por ejemplo, podría decirse a sí mismo que este es el yo del fiscal. El yo del fiscal no es el mismo que el del actor. Es un papel que interpreta. Podemos escribir esto con "y" minúscula.

Obviamente, nos damos cuenta de que, en esencia, el fiscal es el actor. De la misma manera, tenemos el yo de un juez y el de un abogado, quienes son el mismo actor que desempeña estos diferentes roles. Por lo tanto, hay un gran "Yo" que desempeña el papel de tres "yoes".

La Conciencia es igualmente consciente de su Unidad y multiplicidad. Ve que cada aspecto de sí misma tiene su propio sabor o punto de vista. Estos sabores o puntos de vista individuales tienen su propia identidad.

Hay un término en sánscrito para indicar una identidad individual separada o Ego, y ese término es *Ahamkar*. Para diferenciar la Singularidad de la Conciencia Pura de los múltiples roles que puede desempeñar, se usa en sánscrito el término *Atma*.

Atma también significa Ser. Es el Ser supremo, como el del propio actor en nuestra analogía. *Atma* se utiliza para resaltar Singularidad en el contexto de multiplicidad. Diferencia Singularidad de todos los otros seres individuales posibles o *Ahamkars*.

En nuestra analogía, el Ser del actor sería el *Atma* y los seres de los tres roles serían los *Ahamkars* de los roles. Por lo tanto, solo hay un *Atma* y muchos *Ahamkars*. De la misma manera que todos los papeles son interpretados por el mismo actor, todos los *Ahamkars* son esencialmente *Atma*. El verdadero Ser de cada *Ahamkar* es, de hecho, *Atma*.

El sentido de identidad propia, por ejemplo, del fiscal en contraste con los del juez y el abogado, es lo que llamamos el Ego (*Ahamkar*) del fiscal. El actor obviamente también sabe que los tres roles son diferentes. Este sentido de discriminación es lo que denominamos "intelecto": *Buddhi* en sánscrito. El término *Buddhi* proviene de la raíz *Budh* que significa: estar despierto, saber. Ser consciente de las diferencias, saber qué hay y qué no hay, es la cualidad discriminatoria del intelecto: *Buddhi*.

La capacidad de asumir un rol y luego otro, ida y vuelta, es como la mente con su capacidad de mantener un pensamiento y otro ida y vuelta. Por lo tanto, llamaremos a esta característica la Mente: *Manas* en sánscrito. Así es como la Conciencia única aparece como muchas y espontáneamente ve, inherente dentro de sí misma, la identidad (el Ego) y la capacidad de discriminar (el Intelecto) y asociarse con varios roles (la Mente).

Las nociones de espacio y tiempo también se generan espontáneamente en el proceso de la Conciencia siendo consciente de sí misma o conociéndose a sí misma. Definimos el espacio como una noción que permite que diferentes "objetos" aparezcan simultáneamente, es decir, al mismo tiempo. Si dos objetos ocuparan exactamente el mismo espacio al mismo tiempo, serían el mismo objeto y no dos.

El tiempo, por otro lado, es una noción que permite que diferentes "objetos" ocupen el mismo espacio. Ocuparían este espacio en diferentes tiempos. Sin embargo, es importante tener en cuenta que el espacio y el tiempo reales no aparecen como tales hasta que ocurre la manifestación. En este punto de nuestra discusión, todo es Inmanifiesto y todo sucede instantáneamente. No hay velocidad porque no hay una relación espacio-tiempo, desde que el espacio y el tiempo son solo conceptos.

Obviamente, como se mencionó anteriormente, hay muchas características de la dinámica de la conciencia que no son reveladas por la analogía del actor en la obra. Por ejemplo, los tres aspectos de Observador, Proceso y Observado, así como la cascada de perspectivas, son roles que desempeña la Conciencia simultáneamente más que secuencialmente.

Es como si el actor tuviera la capacidad de aparecer en el escenario en los tres roles diferentes con sus infinitos matices al mismo tiempo. Para tener al mismo tiempo al juez, al fiscal y al abogado, se necesita un espacio para cada uno de ellos. En nuestra teoría de la Conciencia, así es como el espacio se convertirá en realidad. La aparición simultánea de diferentes entidades es lo que genera la noción de espacio. El espacio es un concepto que permite que aparezcan diferentes entidades al mismo tiempo.

Cuando luego tratemos la manifestación, al decir que el Observador, el Proceso y lo Observado son aparentemente diferentes uno del otro, pero existen simultáneamente, estaríamos generando espontáneamente el concepto de espacio. Si analizamos su esencia al decir que todos tienen la misma conciencia, por lo tanto, ocupan el mismo "espacio" pero mantienen sus diferencias de perspectiva o punto de vista, estaríamos generando el concepto de tiempo.

Esto sería más parecido a la situación del mismo actor en la obra que requiere tiempo para poder aparecer en tres roles diferentes. En otras palabras, en un Universo clásico, si solo hubiera un espacio, muchos objetos clásicos pueden estar en ese espacio, pero no al mismo tiempo. Si solo hubiera una silla, pero muchas personas, todos pueden sentarse en la misma silla, pero solo en diferentes momentos.

La multiplicidad, el ego, el intelecto, la mente, el espacio y el tiempo se generan a partir de la misma conciencia, que no es nada material ni física, sino que es de la que fluye toda la diversidad, y, de hecho, toda la existencia. En el próximo capítulo comenzamos a explorar cómo "la Conciencia es todo lo que hay", siendo simultáneamente todo y "No-una-cosa", es decir, plenitud y nada a la vez.

CAPÍTULO 9

Existencia, realidad y Ser

LA NATURALEZA TRES EN UNO DE LA CONCIENCIA

La Conciencia Pura y absoluta es Uno, una realidad eterna de totalidad ininterrumpida. La naturaleza tres en uno de la Conciencia es un concepto; sin embargo, la simetría perfecta de la Singularidad de la Conciencia está "rota" por este concepto. Nada diferente de la Conciencia emerge de ella. Desde un punto de vista, la Conciencia es Singularidad y potencialidad pura.

Desde otro ángulo, la Conciencia es una entidad real y consciente que tiene tres valores dentro de sí misma. Estos tres valores son su propio Ser (Observador), mirando a su propio Ser (Observado), en un Proceso de autorreferencia o de observación por medio de su propio Ser o naturaleza.

Esta ruptura de la simetría no ocurre debido a ningún agente externo, ya que no hay nada fuera de la Singularidad; sucede porque la Singularidad es Conciencia y la Conciencia es consciente, lo que significa que tiene una naturaleza inherentemente de tres en uno.

Además, la ruptura de la simetría no es un proceso secuencial que se desarrolla con el tiempo. No hay tiempo en la Singularidad y, por lo tanto, no hay tiempo cuando los tres y el uno están separados, no hay tiempo cuando hay uno sin los tres. Otra analogía puede ayudar a ilustrar la naturaleza tres en uno de la Conciencia y preparar el escenario para comprender cómo la Conciencia juega un sinfín de roles:

Imagine a un hombre llamado John que podría ser visto fácilmente de muchas maneras. Podría ser el cuidador de un padre enfermo, un voluntario en una organización benéfica local, un guitarrista y un jugador de softball los fines de semana, por nombrar algunos. Sin embargo, en este capítulo y por simplicidad, comenzamos imaginándolo en términos de tres roles fundamentales que desempeña como ingeniero profesional con una esposa e hijos. Él puede decir: "Soy ingeniero", "Soy esposo", "Soy padre". Estos tres roles o funciones residen en él en todo momento. Él es solo un hombre, pero puede ser visto y entendido de tres maneras diferentes. La función que realiza destaca uno u otro de sus diversos aspectos. De manera similar, la Conciencia única, cuando asume su función de ser consciente, ve en sí misma tres roles diferentes: Observador, Observado y el Proceso de Observación.

Veamos ahora en qué se convierte nuestra noción de John como ingeniero, como si estuviera separado de la idea original, holística, de tres en uno de John.

Cuando John usa su sombrero de ingeniero y funciona plena e incondicionalmente como ingeniero, de alguna manera no es esposo ni padre. Por supuesto, él es inherentemente los tres, pero cuando es desarrollada completa e inequívocamente, esta función eclipsa a las demás. Del mismo modo, cuando llega a casa del trabajo y le lee un cuento antes de dormir a su hija, su función de "padre" eclipsa sus otros roles.

Si bien esta analogía tiene sus limitaciones, puede arrojar luz sobre la forma en que se puede concebir la Singularidad, si asumiera sus tres roles por separado.

Esta es solo una noción teórica, ya que no hay un momento en que los tres roles y la Conciencia estén separados, ni ningún momento en que la Conciencia no tenga los tres roles. Sin embargo, para fines de análisis, podemos concebir que la Singularidad asuma cada uno de los tres roles de manera aislada, sin que los otros dos roles estén presentes; es decir, aun permaneciendo como todo lo que hay, la Singularidad asume por separado solo uno de los tres roles.

No es que la Conciencia se divida en tres. Es la misma Conciencia vista desde tres perspectivas diferentes. Es por eso que el término "concepto" se ha enfatizado en las descripciones anteriores. Dado que, según nuestra teoría, la Conciencia es todo lo que hay, la Conciencia debe ser necesariamente Singularidad; cuando asume el papel solo de Observador, entonces el Observador es todo lo que hay; no hay Observación ni Observado.

En este caso, el único concepto es el Observador (el sujeto), representado por un **triplete**[12] en el que la Singularidad se escribe en la primera posición (Singularidad; 0; 0). Esto se aplica de la misma manera para el papel de "observación" (el Proceso de Observación), representado por un triplete en el que la Singularidad se coloca en la segunda posición (0; Singularidad; 0) y el papel de "Observado" (el Objeto), representado por un triplete en el que la Singularidad se coloca en la tercera posición (0; 0; Singularidad).

Existencia: "pedacitos (*bits*) de Conciencia"

Ninguno de los tres conceptos anteriores puede existir por sí mismo. Como todo es Conciencia, cuando cualquier componente de un triplete (Observador, Observación, Observado) tiene el valor de cero, lo que representa la ausencia de un papel específico de

---

12. **Triplete**. *N. del T.*: En matemáticas un "triplete" es una agrupación de 3 elementos donde la posición de cada elemento puede ser definida con una función específica. En este caso el primer elemento es el Observador (sujeto), el segundo es el Proceso que conecta al sujeto con el objeto, y el tercero es lo Observado (objeto).

Conciencia, el triplete es solo un concepto que puede ser considerado pero que realmente no existe.

Esta es la definición de un concepto o una entidad virtual, es decir, un triplete en el que al menos uno de los componentes es igual a cero. Esto está en contraste con lo que se considera real. Lo que se considera real es cuando un sujeto (un Observador) y un objeto (lo Observado) se unen en un Proceso de Observación. Esto es lo que yo llamo un "*bit* de Conciencia". Por lo tanto, un *bit* de Conciencia es lo que es real. Fuera de un *bit* de Conciencia real, todo es virtual.

Cuando Jane ve una flor, este momento es real. La flor por sí sola cuando no es observada, se considera virtual.

El Objeto (lo conocido) es considerado como existente por el sujeto (el conocedor) que lo observa.

Para Jane, la flor existe cuando la ve, la huele o la siente. En su memoria e imaginación, la flor también existe, pero es solo virtual. Pensar en una flor hace que el proceso de pensamiento sea real y el pensamiento existe, pero la flor permanece virtual hasta que es observada directamente.
También para Jane, la flor existe tal como Jane la ve, la huele o la siente específicamente. Otro observador podría potencialmente verla, olerla o sentirla de manera diferente.

La realidad y la existencia son, por lo tanto, relativas y no absolutas. Dependen no solo del Objeto sino también del Observador y del Proceso de Observación.

Cuando la Conciencia Pura, el gran campo de la Conciencia Primordial, se ve a sí misma desde las tres perspectivas primordiales de conocedor, conocer y conocido, ve tres realidades diferentes y nuevas.

Estas realidades generan nuevos modos de percepción. Cada realidad agrega su propio tono, modificando así la percepción a su manera. Estas percepciones modificadas son lo que yo llamo "modos de percepción". Los nuevos modos se miran entre sí de nuevas maneras generando una cascada infinita de *bits* y modos.

En nuestro análisis de la realidad, por lo tanto, encontramos dos tipos de entidades:

1. Entidades existentes (que tienen la estructura tres en uno de la Conciencia).
2. Entidades virtuales o conceptos.

La parte "difícil" de la solución al problema de la Conciencia reside en nuestra propuesta de que lo que prácticamente todos llaman existente y real, es decir, los objetos "concretos" de la vida cotidiana, son conceptos virtuales (cuando son considerados como objetos independientes sin un observador), no tienen una realidad independiente propia.

Son conceptos en la Conciencia. Como decir: pienso en un unicornio o pienso en una flor, una mesa, etc. Durante el proceso de pensamiento, el unicornio, la flor y la mesa no existen como entidades reales. Son pensamientos reales, pero solo objetos virtuales. Son en esencia productos de la imaginación.

Cuando realmente veo una mesa o una flor, entonces la mesa y la flor existen y me parecen reales. Y es la unión de mí mismo, junto con el proceso de ver, y la flor o la mesa que constituyen la realidad en lugar de la flor o la mesa en sí.

Si no veo, o si de hecho nadie ve un unicornio, el unicornio sigue siendo un concepto virtual. Lo que generalmente se considera más abstracto, la Conciencia, es lo que es real. La realidad está hecha de un Observador y lo Observado participando ambos en un Proceso de Conciencia. Sin que los tres se unan para crear una **instanciación**[13] de la Conciencia [es decir, fragmentos (*bits*) de

---

13. **Instanciación.** *N. del T.*: De la Informática: acción y efecto de crear una instancia. Crear en memoria un ejemplar de un conjunto de datos.

Conciencia como se define en lo anterior], no hay existencia, ni realidad.

Realidad

La existencia, la realidad y el Ser han sido objeto de interminables discusiones a lo largo del tiempo. En nuestro modelo, "la Conciencia es todo lo que hay". Esto podría dar la impresión de que estoy diciendo que todo lo que parece real, como mesas, árboles, animales y cosas por el estilo, son solo ilusiones. Como veremos, este no es el caso.

Los textos védicos antiguos, por ejemplo, usan el término *Maya*, que significa "ilusión" para describir la impresión equivocada que los humanos pueden tener sobre la realidad.

Esto a menudo se ha interpretado con el sentido de que nada existe y que vivimos en una ilusión, convenciéndonos de que los objetos son reales. Sin embargo, esta interpretación no es una representación completa de la relación entre lo real y lo irreal, como se expresa de una manera más tradicional en el texto clásico indio *Bhagavad Gita*: "Lo irreal no tiene ser; lo real nunca deja de ser" (II, 16).

Mientras que lo "irreal" es lo que cambia constantemente o lo que llamamos "lo relativo", lo "real" es, por otro lado, lo que nunca cambia, la Conciencia Pura, el Ser, la Singularidad, lo Absoluto. En nuestra definición, hemos considerado como reales todos los *bits* de Conciencia.

> Cuando "Jane ve la flor", tenemos un momento de conciencia, un poco de conciencia representada por el triplete: (Jane, ve, flor).
> Este momento es real incluso si se mantiene real solo por un momento porque Jane y la flor cambian constantemente y, por lo tanto, son entidades individuales, relativas y no absolutas.

Además, la flor existe para Jane y Jane puede verse a sí misma y darse cuenta de que Jane existe. Esto también es real.

Lo que no es real es considerar a Jane y la flor como dos realidades existentes, como entidades que son independientes de la Conciencia, mientras que ella y la flor son solo dos de las infinitas formas en que la Conciencia se mira a sí misma.

Esto se aclarará aún más cuando luego examinemos en detalle cómo la realidad relativa emerge de la Conciencia Pura absoluta. Entonces, en la cascada o flujo de *bits* y modos de Conciencia que se miran desde diferentes perspectivas, la Singularidad de la Conciencia da lugar a la multiplicidad del mundo tal como lo conocemos.

La Unidad del Ser se diferencia y aparece como individuos, como tú y como yo, y como la naturaleza múltiple del Universo. La Unidad es real y la multiplicidad también es real. Lo que es irreal es la opinión de que los muchos están separados del uno, mientras que los muchos son en realidad aspectos intrínsecos del uno.

De tres a muchos

Hay varias maneras en que podemos abordar esta cuestión de cómo los muchos emergen de uno, la multiplicidad de la Unidad. Veamos primero un poco más de cerca las características de los tres aspectos fundamentales de la Conciencia Pura: los tres roles que son inherentes a la naturaleza unificada e indiferenciada de la Conciencia:

1. El **Observador** (Conocedor) es el sujeto no activo (silencioso) no involucrado que es el testigo que tiene el valor total de la conciencia.
2. El **Proceso** (Conocer) es la mecánica de observación que hace que la conciencia se mueva como un proceso involu-

crado, activo y dinámico que "busca" o "permite" la experiencia de tomar conciencia de algo. También tiene el valor total de la conciencia, pero como un proceso dinámico activo.

3. Lo **Observado** (Conocido) es el concepto de un objeto de observación, un objeto de conocimiento. El objeto es lo que existe. La Conciencia Pura sabe que existe por el proceso de verse a sí misma como un objeto. El objeto no es un testigo silencioso ni un proceso dinámico, mientras que al mismo tiempo es Pura Conciencia, ya que en este nivel primordial no existe otra cosa que la Pura Conciencia.

Cuando se experimenta el objeto, domina la conciencia y el sujeto y el proceso pasan a un segundo plano. El objeto oculta tanto el aspecto testigo del sujeto como el aspecto dinámico del proceso. Ocultarse es una característica fundamental en el concepto de cualquier objeto.

Para tener una idea de lo que esto significa, veamos cómo experimentamos los objetos.

En la experiencia cotidiana ordinaria, los objetos parecen existir como cosas porque podemos percibirlos a través de nuestros sentidos. El proceso de percepción involucra muchos aspectos y pasos que pueden incluir: atención, selección, transmisión de información neuronal, procesamiento primario, comparación, interpretación, categorización, organización, acción y reacción.

Sin embargo, tenga en cuenta que cuando se es consciente de (o cuando se "experimenta") un objeto específico, por ejemplo, al mirar una puerta de su habitación u oficina, el objeto (la puerta aquí), domina la conciencia mientras que otros aspectos se desvanecen en el trasfondo.

Durante el momento de percepción de la puerta y posiblemente de su entorno inmediato, no hay percatación de otras experiencias perceptivas o sensoriales. No se siente el peso de la ropa y puede no darse cuenta de algunos sonidos a su alrededor, por ejemplo. Esto se debe a que la atención enfoca la conciencia en un objeto específico. Sin embargo, por sobre todo, el observador, usted, no está en la imagen. No está consciente en ese momento de que usted es el que está siendo consciente del objeto.

Dicho de manera ligeramente diferente, no piensa en usted mismo, en quién es como ser humano, en su edad o su profesión, etc. No es consciente del proceso mediante el cual puede ver la puerta, tal como la fuente o el tipo de luz que la ilumina siendo reflejada por esta para alcanzar la retina de sus ojos, ni analiza cómo la puerta llegó hasta allí en primer lugar.

Esto sucede porque su atención se enfoca en un aspecto específico de la percepción y durante ese momento no piensa en sí mismo (el observador), ni está preocupado por pensar en el proceso por el cual puede observar. Ciertamente podría tomarse (o elegir hacerse) consciente de esos y otros aspectos, pero estas serían experiencias diferentes.

En las antiguas tradiciones de meditación y yoga, como lo reveló Maharishi Mahesh Yogi en su Ciencia Védica, "la ocultación de la verdadera naturaleza del observador, el Ser infinito, por parte de los objetos de percepción se considera que restringe la conciencia individual".

Liberación o *Moksha* significa estar libre de la influencia oculta y vinculante de los objetos. Incluso al mirar a otra persona, su sistema nervioso pasa por un procesamiento lineal y paralelo que captura varios aspectos de la persona. Estos serían objetos individuales de percepción que se unen para hacerle ver primero a la persona como un objeto. Luego usted decide que esto no es algo inerte, sino un ser humano similar a usted que desea ser visto como un sujeto en lugar de un objeto.

Nuestro intelecto puede incluso postular qué tipo de conciencia podría tener el objeto, asumiendo, por ejemplo, que una persona como nosotros tiene una conciencia similar, un perro tiene algo de conciencia, pero menos que nosotros, y una cosa, un árbol, una puerta, todo ello parece no tener conciencia en absoluto.

El análisis intelectual puede realizarse a una velocidad muy alta, pareciendo ser instantáneo, pero, de hecho, se necesita tiempo antes de llegar a una decisión consciente sobre la naturaleza y las cualidades de los objetos que observamos.

Volviendo a la Conciencia Pura Primordial, encontramos, como ya se describió, que cuando la Conciencia se enfoca en su propia existencia como un Objeto, las cualidades del Observador y el Proceso de Observación están ocultos. Llamemos a esto "Conciencia Primordial de Existencia". Sin embargo, la Conciencia Pura también es consciente de las diferencias entre sus tres aspectos. Como hemos descrito anteriormente, la capacidad de ser consciente de las diferencias (discriminar) es lo que llamamos intelecto.

Siendo consciente de las similitudes y diferencias, la Conciencia Pura por lo tanto "tiene" un intelecto que definiremos como "intelecto primordial" que ve las identidades individuales de Observador, Observación y Observado y sus diferencias, al tiempo que reconoce que son fundamentalmente la misma Conciencia Pura. Sin embargo, el intelecto primordial es consciente de que la existencia del Observador puede ser experimentada como diferente de la existencia del Proceso, del Objeto y de la Conciencia Pura. Tienen identidad. Cada identidad representa un ego específico.

La Conciencia puede estar en un aspecto de su existencia u otro. A esto lo llamaremos "mente primordial". La mente primordial es, por lo tanto, la capacidad de la Conciencia Pura de comprender sus diversos aspectos sin necesariamente compararlos uno con el otro o analizar intelectualmente sus características.

Si preguntamos: ¿qué sucede en la mente primordial? La respuesta es: sondea sus diversos aspectos inherentes. ¿Qué sucede en el intelecto primordial? Discrimina entre sus diversos aspectos. Estos diversos aspectos existen; tienen conciencia y una identidad o Ego. Tienen su propio punto de vista. Sin embargo, no se darían cuenta de nada sin, al menos, algunas de las características del otro.

El Observador silencioso, que permanece en su calidad de testigo infinitamente silencioso, no puede ser consciente de nada fuera de sí mismo si permanece indefinidamente basado en su existencia trascendental. Necesita un Proceso que le permita reflexionar activamente sobre sí mismo. El Proceso de Observación infinitamente dinámico no puede ser consciente de nada si no se instala en algo. Debe haber un momento tranquilo, silencioso, para que sea testigo de algo. Por lo tanto, el Proceso necesita una cualidad de Observador. El Objeto es aquello que afirma la existencia y debe ser visto, pero sin el que ve o el Proceso no se puede ver nada.

Sin embargo, el intelecto puede ver a través de cada uno de estos egos individuales y postular varias perspectivas: una con un carácter predominantemente silencioso; otra con un carácter predominantemente dinámico; y otra más con una perspectiva existencial predominantemente objetiva en la que los grados de silencio y dinamismo están ocultos, pero podrían ser de cualquier proporción de silencio y dinamismo, o cualquier proporción de potencial para ser un Observador y un Proceso de Observación.

Los diversos puntos de vista individuales, cada uno con una proporción diferente de silencio, dinamismo y características del objeto, son una perspectiva nueva, más específica y más diferenciada. Esto es lo que lleva a un número infinito de puntos de vista. Así es como emerge la diversidad infinita con un número infinito de perspectivas.

Cuando nuestra conciencia humana piensa en los objetos y sus características, y los compara y clasifica, nuestra atención se dirige a un objeto, una característica, y luego a la otra. Nuestra atención cambia de un aspecto a otro, aunque a veces sea tan rápida o con un procesamiento paralelo tan rápido, como para que podamos asumir que todo está sucediendo a la vez.

Sin embargo, si tuviéramos que considerar que el intelecto primordial también cambia su atención como lo hacemos de un aspecto a otro, este cambio ocurriría a una velocidad infinita. La "mente" del intelecto primordial funciona a una velocidad infinita y esto, como veremos más adelante en detalle, es una diferencia fundamental entre el reino de lo **Inmanifiesto** y el de lo **Manifiesto**.

La capacidad del intelecto primordial de ver simultáneamente la cualidad de testigo silencioso del Observador, el carácter revelador dinámico del Proceso y el aspecto oculto de lo Observado, al mismo tiempo que se da cuenta de que los tres son una Conciencia Pura, es lo que podemos calificar como alerta suprema del intelecto primordial.

Un intelecto menos alerta como el que se encuentra, por ejemplo, en la experiencia humana común, solo sería consciente de un aspecto a la vez. El intelecto supremamente alerta puede ver todos los aspectos, sus identidades, su parecido y sus diferencias a la vez, incluso cuando tienen características mutuamente contradictorias.

Otra forma de ver el surgimiento de la diversidad es decir que cada identidad abre la puerta a un modo diferente de Conciencia, a una forma diferente de ser consciente. Ser consciente con un sabor o filtro de Observador es diferente a ser consciente con un sabor o filtro de Observado o de Proceso. Mirarse el uno al otro a través de los filtros o perspectivas individuales del Observador, el Proceso y lo Observado genera nuevos modos, lo que conduce a cascadas de sujetos, procesos, objetos y, por lo tanto, a infinitos modos nuevos de ser consciente.

La cascada de perspectivas cada vez más específicas y, por lo tanto, más estrechas revela las partes de la totalidad. Así es como la totalidad que cambia su atención a diferentes modos puede experimentar todas sus partes a través de diferentes perspectivas. A este proceso analítico lo llamo el Viaje exterior, hacia adelante o analítico. Del mismo modo, ocurre lo contrario con las partes que se unen para crear "totalidades" cada vez más grandes hasta llegar a la Singularidad última o Totalidad de la Conciencia Pura. Este es el Viaje interior, de regreso o sintético.

Absoluto Inmanifiesto, Personal e Impersonal

A medida que la Conciencia se curva sobre sí misma, se da cuenta de sí misma y se da cuenta de que es simultáneamente una y muchos. El autoanálisis (autoconocimiento) es, por lo tanto, el motor espontáneo inherente que impulsa el proceso de emergencia de la diversidad dentro de la Unidad de la Conciencia Pura.

Como acabamos de comentar, en este ámbito virtual, si el tiempo fuera un factor, el cambio de atención se produciría a una velocidad infinita. Sin embargo, en ese estado primordial, no hay tiempo, ni espacio involucrados. Todo es instantáneo, y los procesos del Viaje analítico hacia afuera y el Viaje sintético hacia adentro se cancelan mutuamente.

Para cada "A" hay una igual pero opuesta "no A", y todas las "A" y "no A" son simultáneas. Todos se cancelan entre sí dando como resultado la Nada. El tiempo y el espacio aún no existen. Todas las posibilidades son virtuales. Nada se ha manifestado. Se puede describir como el reino de lo Inmanifiesto.

Hasta ahora, todo es puramente "mecánico": ¡sin voluntad, sin intención, sin objetivo! Este es el Absoluto Impersonal Inmanifiesto en su máxima singularidad y multiplicidad virtual. Sin embargo, la Conciencia también es consciente de las identidades específicas de cada una de sus infinitas perspectivas o modos de ser consciente y de las diferencias entre ellos. La conciencia de las identidades y de sus diferencias es lo que llamamos intelecto. El intelecto primordial ve simultáneamente todas las diferencias dentro de la singularidad. Esto agrega un aspecto personal al Absoluto Impersonal.

Ya sea Absoluto Impersonal o Absoluto Personal con infinitos aspectos y modos de ser consciente, siendo que la Conciencia única se expresa en diferentes "sabores", estados, niveles, etc., hasta ahora solo estamos considerando una realidad que aún no se ha manifestado. No es física ni es material. No es lo que llamamos nuestro Universo material. Quizás la paradoja de la Conciencia es que, mientras permanece siempre como una en su singularidad inmutable, al mismo tiempo "emerge" de su estado unificado con diversos sabores, estados y expresiones.

Pero de nuevo: en realidad, nada emerge fuera de sí misma, todo es solo un juego dentro de la Conciencia. Son ondas o fluctuaciones dentro de su propia realidad, un océano ilimitado de Conciencia en movimiento. La Conciencia que se mira a sí misma de manera primordial es un ser ilimitado. Pero debido a que la Conciencia es el campo de todas las posibilidades, podría ser menos que el ser ilimitado. Y podría ser cualquier paquete entre cero e infinito.

Todos los paquetes posibles de observadores y objetos de percepción son inherentes a la dinámica interna del campo ilimitado de la Conciencia Pura que interactúa consigo misma. Es un viaje perpetuo desde aquí hasta aquí, un balanceo interminable y sin principio desde el infinito hasta un punto, desde ese punto hasta el infinito, incorporando todo lo que está en el medio. ¿Y qué hay en el medio? Infinitas formas para que la Conciencia se mire a sí misma.

Patrones de Conciencia

Y eso es todo lo que hay. Toda esta creación universal, insondablemente infinita, ya está allí como paquetes no manifiestos de patrones de Conciencia. El término "paquete" o "patrón" de Conciencia se usa aquí para referirse a agrupaciones de *bits* y modos de Conciencia. Para tener una idea de lo que esto significa, comparémoslo con la forma en que los físicos describen todo lo que es físico y material.

Como se trató en el capítulo 7, los físicos ven el Universo como emergente de un Campo Unificado (descrito más completamente en la Teoría M, en las Súper Cuerdas y en la Súper Gravedad Once-Dimensional). En resumen y sin entrar demasiado en detalles, este campo se manifiesta como los cuatro campos subyacentes a la gravedad, fuerzas débiles, fuertes y electromagnéticas y campos de materia.

Las excitaciones de estos campos aparecen como un gran número de pequeñas cantidades de energía llamadas *Quantos* (cuantos). De ahí el nombre de Teoría Cuántica de Campos y mecánica cuántica que describen las escalas casi infinitamente pequeñas subyacentes a la realidad física del Universo material.

Estos cuantos (partículas elementales) parecen reunirse de diferentes maneras y ensamblarse para crear átomos. Los átomos se convierten en las unidades más groseras del mundo mineral y orgánico. Se organizan en moléculas, y las moléculas se organizan en células. Las células se ensamblan en tejidos, órganos, animales y humanos. Todos estos son paquetes y patrones de componentes más elementales.

De la misma manera, *bits* y modos elementales de Conciencia se unen para formar paquetes y patrones de Conciencia más complejos y más sofisticados. Los diferentes patrones son formas en que la Conciencia se ve a sí misma, y son todo lo que hay. Sin embargo, en lo que respecta a nuestra descripción, siguen siendo no materiales, no manifiestos. La razón por la que no son manifiestos es porque en este nivel de realidad todo sucede a una velocidad infinita y para cada aspecto hay un aspecto igual y opuesto que lo aniquila.

En el Universo físico, las partículas y antipartículas, así como la materia y la antimateria, se aniquilan entre sí. Una diferencia clave entre lo **Inmanifiesto** y lo **Manifiesto** es que, en lo Inmanifiesto, lo que serían partículas (de Conciencia) siempre existen simultáneamente con sus antipartículas aniquilándose instantáneamente entre sí. Esto es, una vez más, porque todo sucede a una velocidad infinita. Y, como veremos, la separación entre valores iguales pero opuestos debido a la disminución de la velocidad se convierte en un fenómeno crucial que conduce a la manifestación.

Por lo tanto, usted y yo somos un tipo de patrón de Conciencia mirándose a sí misma o mirando otros patrones dentro de sí misma. Y existe un potencial infinito de posibles patrones entre cero e infinitud. Otros patrones son el planeta Tierra o el planeta Marte. La mesa. Un árbol. Un delfín. Las estrellas y las galaxias de la Osa Mayor. ¿Cuántos patrones hay allí? Un número infinito. Son solo patrones dentro de la Conciencia ilimitada, moviéndose dentro de sí misma. Todo lo que uno podría pensar, imaginar, soñar y postular está allí, virtualmente ensamblándose y desarmándose, en un campo no manifiesto de todas las posibilidades. ¡Nada puede existir que no esté ya allí!

A esta plétora de creatividad se alude en cierta medida en las imágenes budistas conocidas como la Red de Indra, una red tejida infinitamente vasta en la que una joya preciosa se sienta en cada unión de las cuerdas o hilos en la red. La calidad notable de la red es que cada una de las innumerables joyas se refleja entre sí o, en el lenguaje que estamos utilizando, cada una es simultáneamente un Observador y un Observado. Como en un holograma, cada joya individual contiene la esencia de todas las demás de la red infinitamente vasta; el todo está contenido en cada parte. Ahora, ¿cómo surgen estos patrones? ¿Existe una secuencia por la cual surgen, y por lo tanto también lo hacen el tiempo y el espacio?

Analicemos el primer patrón primordial: "Soy existencia pura ilimitada, Ser puro, Conciencia Pura, no hay nada más que yo mismo". Es decir, nada existe excepto una Conciencia Pura. Pero como soy Conciencia, también debo ser tres valores en uno. ¿Significa esto que los tres valores han surgido de alguna manera después de esa primera condición en la que soy ilimitado y no hay nada más que yo? ¿O son coexistentes?

Deben ser coexistentes, o no podría ser Conciencia, lo que automáticamente implica la estructura tres en uno, como hemos visto. Pero si la "división" tres en uno de la totalidad ininterrumpida de la Conciencia Pura es simultánea, entonces todos los demás patrones, que no son más que diversas configuraciones de solo la

Conciencia en su juego infinitamente variado entre cero e infinito, también deben ser simultáneos. Por lo tanto, toda existencia, toda realidad, todos los fenómenos, todos los patrones de Conciencia siempre coexisten dentro de la Conciencia. Este es un punto crucial en nuestra tesis.

La simultaneidad significa que los procesos de transformación, así como la aparición y la inmersión de *bits*, modos, patrones y redes, todos ocurren a una velocidad infinita. Más exactamente, los conceptos de espacio, tiempo y velocidad son inexistentes en este nivel. Sin embargo, la manifestación ocurre a través del tiempo. ¿Pero qué es el tiempo?

Capítulo 10

El tiempo y el eterno ahora

¿Es el tiempo algo constante y absoluto, como generalmente nos parece? Bueno, la Relatividad Especial ha demostrado de manera concluyente que el tiempo, sea lo que sea, pasa más lentamente a una velocidad muy alta (un fenómeno conocido como "dilatación del tiempo"), de modo que si realizara un viaje espacial cerca de la velocidad de la luz, cuando hubiese regresado a la Tierra todos sus conocidos habrían envejecido dramáticamente en comparación con usted. La mayoría de nosotros estaría de acuerdo en que "el tiempo vuela cuando uno se divierte", sin embargo, las mismas horas se prologan terriblemente cuando se tiene dolor.

Los lectores mayores probablemente habrán notado que, a medida que envejecemos, el tiempo parece pasar más rápido; los meses de verano, por ejemplo, que cuando éramos niños contenían una eternidad de nuevas percepciones y eventos emocionantes, ahora parecen desaparecer en un instante.

Algunas culturas tienen una noción cíclica del tiempo, con "recurrencias eternas", como estaciones (un modelo que tiene algunos partidarios de la cosmología científica contemporánea), mientras que el modelo occidental estándar retrata el tiempo como lineal, fluyendo de alguna manera hacia adelante en una dirección de A a B.

Los místicos han hablado durante mucho tiempo de un "Eterno ahora", un estado de Conciencia que es trascendente en el tiempo. Einstein tenía esta idea. Al final de su vida, escribió, en una carta de condolencia a la viuda de su amigo de toda la vida, el ingeniero Michele Besso: "Las personas como nosotros que creemos en la física saben que la distinción entre el pasado, el presente y el futuro es solo una 'ilusión tercamente persistente'".

A pesar de tales ideas, creo que, en el nivel básico de nuestra experiencia, todos sentimos que el tiempo es algo real por lo que atravesamos de alguna manera, y que el flujo de nuestras vidas de un evento o interacción a otro tiene lugar en el tiempo. A menos que seamos filósofos (o expertos en los reinos cuánticos, donde se contemplan seriamente fenómenos tales como las acciones que ocurren justo antes de que decidamos hacerlas), todos tomamos el tiempo y nuestra progresión a través de él totalmente por sentado.

Entonces, en el espíritu de exploración, voy a destacar mi propuesta radical que se deriva de nuestra propuesta fundamental sobre la Conciencia: que todo, incluyendo lo que una persona es y experimenta, ya existe virtualmente (aunque no todos los eventos, situaciones y objetos necesariamente llegan a ser experimentados como reales). Esto es de la misma manera que los tres aspectos de la Conciencia —el Observador, lo Observado y la mecánica de la Observación— existen simultáneamente dentro de la Singularidad de la Conciencia Pura.

Sugiero que, aunque ciertamente experimentamos los eventos de nuestras vidas secuencialmente, son inherentes y siempre existen en la Conciencia. Así como el Uno coexiste con los tres (que, como vimos anteriormente, no es solo tres, sino el dinamismo infinito de *bits*, modos y patrones interactuando) todas las posibilidades coexisten como patrones en la realidad infinita de la Conciencia.

Estos patrones permanecen "virtuales" en el campo de todas las posibilidades de la Conciencia hasta que son observados dentro de una *instanciación* de Conciencia como se describió anteriormente. Cuando forman parte de una observación, parecen reales para el sujeto (el Observador). Una observación tras otra da la sensación de secuencia y tiempo.

Por lo tanto, es en la secuencia de observaciones de un Observador que surge el sentido del tiempo. Al observar e interactuar con padres, amigos, trabajo, libros, viajes, música, y así sucesivamente, va tomando forma el patrón que se convierte en el Ser individual. Se crea una historia. Para un individuo que atraviesa una cosa y luego otra, la secuencia de percepciones y experiencias genera la sensación de un paso del tiempo. Pero no es que esas percepciones, interacciones y experiencias no existieran hasta que el Observador las observó (aunque, obviamente, es la observación, la experiencia o la percepción, lo que los hace conscientes y, en cierto sentido, los hace "reales"); ya existían virtualmente, y de hecho todos los marcadores en la secuencia de la experiencia estaban presentes simultáneamente.

¿Cómo puede ser esto posible? Según la teoría que propongo, es porque estamos insertos en un Universo, y en un cuerpo, que tiene un patrón de Conciencia que nos obliga a observar objetos y eventos de manera secuencial: experimentamos esto y luego esto y luego esto y luego esto.

Entonces, cuando sentimos que el tiempo está pasando y la vida progresa de aquí para aquí para aquí, es porque las leyes de la naturaleza y de nuestra naturaleza humana requieren que experimentemos el proceso de transformación de las ondas y los patrones de Conciencia uno después del otro, porque simplemente no estamos diseñados para asimilar todo de una vez, no somos capaces de percibir simultáneamente todas las facetas infinitas de la vida y la naturaleza, es decir, experimentarlas en el "espacio" de un único instante.

La película de la vida

Considere a una persona que nunca antes haya visto una computadora, y que se siente al teclado decidida a explorar sus misterios. Suponga que la computadora contiene un número prácticamente infinito de imágenes que representan todas las posibilidades almacenadas en el disco duro. Suponga que la persona pueda elegir qué secuencia de imágenes desea visualizar y que la secuencia cree una historia. Cuando las imágenes comiencen a desplazarse, las imágenes aparecerán en la pantalla, creando una secuencia, un historial. Pero todo aquello de lo que está hecha la historia ya está allí; simultáneamente presente en el disco duro en un "no-tiempo".

En un día de vacaciones, esta persona visita un museo. Tal vez es un museo de arte, y ve una secuencia de pinturas mientras se mueve por las habitaciones, o un museo de ciencias donde puede ver huesos de dinosaurios o fragmentos de culturas antiguas recuperadas de excavaciones arqueológicas. Se demora brevemente en una exhibición, luego en una segunda, una tercera, una cuarta, y esto le da la sensación de que el tiempo está pasando, o incluso de que en cierto sentido está viendo o experimentando estas exhibiciones en una "secuencia" significativa.

Cuando llegue a la quinta exhibición, tal vez una pintura de paisaje, si no tuviera un recuerdo, eso sería todo lo que existe para usted, las exhibiciones de la 1 a la 4 no tendrían realidad. Pero, de hecho, todas existen. Y cuando las haya pasado en secuencia, puede recordar que ha estado en la número uno, dos, tres y cuatro, una tras otra, y tiene la sensación del paso del tiempo.

Debido a la estructura y las limitaciones de nuestros cuerpos y cerebros, y las leyes de la naturaleza que operan en nosotros en el planeta Tierra, no podemos visitar todo el museo al mismo tiempo y asimilar todas las exhibiciones a la vez, a pesar de que todas están allí simultáneamente todo el tiempo.

A lo largo de nuestras vidas, pasamos por una secuencia de experiencias que se sienten como una evolución en el tiempo, mientras que todo, todas las potencialidades y realidades de nuestra experiencia, ya coexisten en el reino virtual no manifiesto. Todos son patrones dentro de la Conciencia que tienen una existencia virtual eterna. En este ámbito, todas las leyes de la naturaleza, todo lo que crea manifestación, todas las posibilidades y combinaciones de posibilidades, coexisten completamente. En la Conciencia de Unidad nos damos cuenta, para nuestra sorpresa, de que todo existe todo el tiempo. Todo está aquí, ahora mismo. Este es el "Eterno Ahora", ensalzado por los poetas y pioneros espirituales. Todo existe todo el tiempo, es decir, ahora y ahora y ahora… Lo que estaremos viviendo dentro de una hora ya existe en ese estado dinámico de Conciencia Infinita. Lo que vamos a vivir en un año, en diez años, lo que vivimos hace un año, hace diez años, todo está allí en el museo, listo para ser visto.

Al igual que nuestro sentido del tiempo, el espacio también es una construcción de nuestro intelecto y nuestras habilidades perceptivas. De hecho, todo existe en el mismo lugar, que es un punto e infinitud al mismo tiempo. Si lo miras como un punto, es la Nada; si lo miras como infinito, es plenitud. La plenitud y el vacío son lo mismo. Cada punto contiene plenitud, totalidad.

> Para ver un mundo en un grano de arena
> y un cielo en una flor silvestre.
> Sostén la Infinitud en la palma de tu mano
> y la eternidad en una hora. (William Blake) (26)

Aquí hay otra analogía que puede ser útil. Usted almacena innumerables películas en las unidades de memoria de su computadora, desde donde puede enviarlas a una pantalla de video o reproductor. A medida que se acomoda con sus palomitas y bocadillos, los créditos iniciales aparecen junto con la música; pronto se presentan los personajes, se desarrolla una trama y usted queda atrapado en la historia.

Tal vez ocurre una crisis, el personaje principal tiene que tomar una decisión difícil, o hay algunas persecuciones y explosiones llamativas, el héroe escapa del peligro, llega la resolución… y luego se acabó. Aquí está el punto: todas las imágenes, sonidos, vistas, acciones e interacciones posibles e imaginables están almacenadas simultáneamente en la gran unidad de memoria. Coexisten.

Convencionalmente, ve algunas de ellas en una secuencia específica, presumiblemente ordenadas en el tiempo, pero si lo desea, puede ir a la memoria y retomar cualquier momento de la historia, puede escanear hacia adelante o rebobinar o repetir un momento divertido o conmovedor.

Cuando lo mira, siente que la historia se está desarrollando, pasando del principio a la crisis y al desenlace, y para usted, a medida que presta atención, lo es. Pero todo está en la unidad de memoria o sistema. No solo eso, si tuviera suficiente conocimiento y *know how* (suficiente conciencia) sobre las infinitas posibilidades de ese contenido dentro de la memoria, podría elegir ver esas imágenes que le gustan en las secuencias que le gustan y así cambiar la línea de la historia a voluntad, y en un grado infinito.

La vida, un campo de todas las posibilidades

Estoy sugiriendo que nuestras vidas son así. Todos los momentos posibles e imaginables son coexistentes todo el tiempo, como en un disco de computadora con memoria infinita e infinitas posibilidades, pero lo atravesamos en una secuencia determinada, lo que da la impresión de pasar el tiempo con un resultado más o menos predeterminado.

Esto tiene muchas consecuencias. Por ejemplo, ¿tengo que pasar por la secuencia de eventos de mi vida como lo he estado? Estoy sentado aquí en medio de esta película de mi vida, y si no estoy contento con la forma en que me están yendo las cosas; ¿por qué no podría ir a otro lugar del disco que contenga diferentes opciones y elegir otra cosa? ¿Podría reestructurar la trama, sumar o restar un personaje?

Bueno, es un campo de todas las posibilidades. Las posibilidades son infinitas. Entonces, ¿qué nos obliga a seguir un cierto patrón, un camino específico a través de la vida? ¿O estamos realmente limitados?

La mayoría de nosotros estamos atrapados en un conjunto de creencias sobre lo que podemos y no podemos hacer, lo que es y no es posible, tanto colectivamente, como seres humanos, o para nosotros en particular. Estas limitaciones en la conciencia son parte de nuestro propio paquete de cualidades personales, fortalezas y debilidades, condiciones sociales, expectativas familiares, presiones e imperativos religiosos o culturales, y las ramificaciones de decisiones y comportamientos pasados que dan fruto (o espinas) en el presente.

Además, todos estamos sujetos a las leyes de la naturaleza y a nuestro patrimonio genético personal y específico de la especie. El patrón de nuestra individualidad tiene que evolucionar dentro de esas limitaciones específicas. Cuanto más se libere de esos límites, más se ampliará y fluirá el río de su vida con mayor libertad, y su patrón, usted, podrá trascender los límites percibidos que ahora lo retienen. Las posibilidades están todas ahí.

Imagine que su sistema informático es tan avanzado que su almacenamiento de memoria contiene todas las posibles interacciones entre los actores y una infinidad de formas en que la historia podría evolucionar. En una versión, una persona sufre un accidente y muere, pero en otra versión, logra desviar su automóvil justo a tiempo para evitar la colisión. O la bala disparada por el francotirador simplemente falla. O llega, pero la persona se recupera en lugar de morir. Puede colocar todas estas opciones en la memoria de su computadora y crear su historia de la forma que desee. En cada paso puede elegir, presionar el botón, y la línea de la historia tomará cualquier dirección o giro que usted decida.

El elefante en una caja

Aquí es donde reside su libertad: navegar por las opciones y elegir, dentro de ciertas restricciones, en función de quién es usted y cuál es su capacidad y habilidad para decidir. Y también se basa en el Universo en el que se encuentra y sus propios modos, patrones y

164

redes, que comúnmente se denominan leyes físicas o leyes de la naturaleza. Puesto que, así como hay modos, patrones y redes para cada individuo, también hay modos, patrones y redes para cada mundo y cada Universo.

Algunos de estos universos aparecen y desaparecen en un abrir y cerrar de ojos. Otros duran solo un tiempo y algunos pueden ser relativamente eternos. Forman parte de las infinitas posibilidades de surgimiento o creación, interacciones y sumersión o aniquilación.

Si su patrón no le permite mucha libertad para cambiar y crecer, debido a lo que ha preconcebido y lo que todos juntos hemos decidido que sean las únicas formas en que las cosas pueden suceder en este Universo particular en el que vivimos, entonces usted está confinado dentro de un rango de posibilidades más o menos estrecho y limitado. Usted permanecerá allí, hasta que comience a desarrollar otras posibilidades.

A medida que crece en la conciencia, tiene una libertad cada vez mayor. Pero, por supuesto, el hecho de que haya nacido con una estructura física particular y un patrón específico de cualidades y capacidades, dentro de este Universo nuestro con sus leyes operativas, todos estos factores sirven para limitar su capacidad de tomar ciertas decisiones sustanciales y cambios (siempre puede decidir qué color de camisa usar; no es tan fácil decidir ser un atleta olímpico ganador de una medalla de oro…). Cuanto más restringido esté por sus pensamientos, educación, fisiología, etc., menores serán las opciones que tendrá.

Por otro lado, cuanto más ilimitado sea, más posibilidades se abrirán para usted, lo que finalmente lo llevará a la capacidad de conocer y vivir todas las posibilidades, de ir a donde quiera y experimentar lo que desee. Sin embargo, no necesita ir lejos o probar cada experiencia posible porque está todo aquí, toda la multitud de posibilidades y universos está aquí, ahora mismo. Es decir, cada parte de ella está viva con la totalidad de la Conciencia, así como, en la Singularidad de la Conciencia, cada Observador,

Observación y potencial Observado es un juego del Absoluto, una expresión de esa realidad última que es el real usted último.

Vivimos nuestras vidas como lo hacemos porque somos un patrón específico, un conglomerado de cualidades e influencias que se mueven entre otros patrones en un campo de patrones infinitamente complejo. Algunos de esos patrones son en gran medida estables e inmutables: los llamamos "las leyes de la naturaleza". Otros evolucionan, cambian constantemente.

Probablemente haya escuchado la parábola (si puedo llamarla así) de un grupo aleatorio de personas a las que se les pidió que describieran un elefante escondido en una caja enorme pero relativamente estrecha, con cada observador teniendo solo una pequeña mirilla para mirar, de modo que solo puedan ver una parte discreta del elefante. No es sorprendente que los informes sean bastante variados:

- "Es algo grande, negro y áspero".
- "No, es blanco, brillante y suave".
- "¡Parece una gran serpiente!".

La realidad que percibimos depende de nuestro punto de vista, el ángulo o la perspectiva desde la que vemos las cosas. Lo que hace que nuestro punto de vista sea único y diferente de los demás está imbuido en el patrón de lo que somos, o, podemos decir, la estructura de lo que somos. La estructura con mayor frecuencia se refiere a nuestro cuerpo físico, cómo funciona, qué es capaz de realizar y percibir, etc.

Sin embargo, aun cuando consideramos la estructura como física, en realidad es realmente un patrón de Conciencia, un patrón de formas en que la Conciencia es capaz de ver su propio Ser. Y hay muchas formas de este tipo; de hecho, la Conciencia siempre se está mirando a sí misma, experimentándose a sí misma, en un número infinito de formas, en todo tipo de patrones posibles.

Los seres humanos como especie tenemos un cierto patrón:

una estructura física general, un rango de alturas y pesos, un rango de capacidades perceptivas y funcionales, tanto físicas como psicológicas y, por supuesto, cada mujer y cada hombre tiene un conjunto único de parámetros operativos, podríamos decir, dentro de ese rango general. Algo muy diferente, una jirafa, por ejemplo, comparte muchas de las mismas funciones que los humanos; las jirafas comen y duermen, corren y descansan, se adaptan a sus entornos, etc., pero piensen en cuán diferente debe ser la experiencia de ser una jirafa y vivir en su entorno comparado con el mundo en el que vivimos.

Usted y yo probablemente no cenaríamos las tiernas hojas y flores en la parte alta de ese árbol, pero tampoco la jirafa puede resolver una ecuación cuadrática o recitar líneas de *Hamlet*. Por lo tanto, cada patrón tiene su propio punto de vista sobre la realidad, y ese punto de vista le da su sentido único del tiempo, el espacio, la relación y la posibilidad.

Estos valores, el sentido del tiempo, el espacio y cómo las cosas están y no están relacionadas, provienen de nuestra conciencia individual, lo que hemos absorbido y aprendido de nuestra experiencia y nuestra capacidad innata de experimentar el mundo. Esta capacidad varía según nuestro estado de conciencia, que a su vez está basado en nuestra fisiología.

Debido a que los seres humanos tenemos una amplia variedad de tipos de conciencia, que van desde el coma y otros estados deteriorados, hasta el sueño profundo, el soñar, la vigilia y los estados elevados de conciencia y alerta, nuestra fisiología se construye de manera tal que puede, y lo hace a diario, recorrer diferentes estados de Conciencia y diversas modificaciones de su propia estructura y función interna.

Nos despertamos, nos ocupamos, nuestras ondas cerebrales indican alerta y concentración, nuestro metabolismo arde más que en el sueño; luego dormimos nuevamente, para rejuvenecer y tal vez soñar, y todo cambia una vez más. Nuestra fisiología también tiene el potencial, a través de modificaciones continuas, de evolucionar, de elevarnos a lo que desarrollaremos en los próximos tres capítulos como estados superiores de Conciencia.

Cada estado de percatación consciente (o, por el contrario, de falta de Conciencia) tiene su estilo único de fisiología; estar consciente en este cuerpo físico significa que hay un patrón de funcionamiento fisiológico que es paralelo y lo acompaña. Si se perturba este patrón, ya sea para disminuirlo o mejorarlo, se obtiene una experiencia diferente en términos de Conciencia, y el mundo que se percibe y cómo lo se lo entiende es más rico o más pobre.

La realidad que se ve y se vive depende de lo que se le traiga, de lo que se es. Las posibilidades son potencialmente infinitas, pero en la práctica, a medida que vivimos nuestras vidas e historias, nos movemos a través de un canal finito dentro de este infinito vibrante y turbulento.

El canal no es rígido ni inalterable pero lo que es ahora, en cualquier punto, está determinado por nuestro propio patrón, nuestra capacidad única de observación, por las leyes de la naturaleza que operan dentro y alrededor de nosotros que rigen cómo experimentamos, y por todo objeto o patrón disponible para nosotros. Una persona que se mueve a través de la película de su vida está inevitablemente limitada por sus propios patrones, lo que crea una limitación de perspectivas o posibilidades potenciales.

Un microscopio particular podría proporcionar la capacidad de ver hasta un nivel específico de células o estructura molecular, pero un visor con mayor aumento puede ver más. Los buenos binoculares le darán una visión clara de los objetos, tal vez a unos cientos de metros de distancia, mientras que incluso un telescopio doméstico puede ver montañas y cráteres en la Luna y los anillos alrededor de Saturno, por no hablar de lo que los observatorios gigantes de la cima de la montaña o el visor de espacio del Hubble puede ver de la vida cósmica. Depende de la calidad del instrumento. Así, la calidad de nuestros propios instrumentos vivos, nuestro cerebro y fisiología, los elementos esenciales de nuestro patrón, nos permiten vivir solo dentro de ciertos límites y restricciones, y no más allá.

Karma y elección

Por lo tanto, también es cierto que el flujo de nuestras elecciones de vida en el pasado (también conocido como karma, una palabra que literalmente significa "acción" pero también implica las consecuencias de las acciones) tiende a reforzar, día tras día y año tras año, los mismos patrones de elección y acción que han existido antes, que hemos elegido y promulgado anteriormente. Y las elecciones que hacemos y las acciones que tomamos hoy afectarán todas nuestras decisiones y acciones en el futuro a pesar de las limitaciones "externas" de nuestra educación, cultura, opiniones políticas, etc., que parecen estar fuera de nuestro control.

Un ejemplo muy simple es que tenemos una gran influencia, por ejemplo, en nuestra salud por lo que elegimos comer, si elegimos hacer ejercicio (o no), y así sucesivamente. Lo mismo es cierto en cada área de nuestras vidas. El trabajo que hacemos y qué tan bien elegimos hacerlo. Cómo nos comportamos en nuestras relaciones, así como las personas con las que elegimos relacionarnos o asociarnos.

Todo esto nos afecta directamente y determina si estamos progresando o no, sea estando felices o no tan felices, sea vibrantemente saludable o a un paso de la sala de emergencias, o en algún punto intermedio. Cada experiencia que se tiene, cada instancia de Conciencia que se tiene, crea posibilidades que no estaban disponibles antes de que se tuviera esa experiencia. Cada instanciación de la Conciencia abre una puerta a diversas posibilidades y cada modo de ser lleva esas posibilidades hacia adelante.

La lección en esto es que tenemos una manera, simple, fácilmente disponible prácticamente cada minuto de cada día, de influir en nuestro desarrollo y, por lo tanto, en nuestra felicidad y utilidad para los demás, eligiendo a qué posibilidades prestamos atención, qué potencialidades elegimos actualizar, así como aquello que decidimos rechazar.

Este hecho, que con demasiada frecuencia olvidamos, es a la vez emocionante y llama a cautela: cualquier cosa que decidamos y hagamos tendrá consecuencias que cambiarán nuestras vidas, ya sea de manera pequeña o mayor, ya sea de manera negativa, creando sufrimiento y limitando nuestra libertad, sea en formas positivas, progresivas y evolutivas que expanden nuestra libertad.

Al ser selectivos acerca de las posibilidades que desarrollamos, tenemos una influencia en nuestra propia evolución individual y en el bienestar de toda la vida en este planeta y posiblemente más allá. La elección más grande, de mayor alcance e influencia que podemos hacer para nuestra propia felicidad y nuestro impacto en el mundo es evolucionar a estados superiores de Conciencia, como exploraremos en los próximos tres capítulos.

Capítulo 11

Trascender, Conciencia Pura y el Ser

Si la verdad sobre la vida y la existencia misma es que "Conciencia es todo lo que hay", y tiene sentido apoyar intelectualmente y conceptualmente esta suposición, la siguiente pregunta es: ¿hay alguna forma de confirmar esto de manera directa? Somos seres conscientes, ¿no deberíamos poder confirmar esto desde nuestra propia experiencia? Es decir, no solo comprenderlo intelectualmente y conceptualmente, sino "conocerlo" a través de la percepción directa.

Sin embargo, en los tres estados ordinarios de Conciencia, no parece que tengamos acceso directo a esta verdad, si es realmente la verdad. En el sueño, no somos conscientes de nada. En los sueños, vivimos indirectamente en un mundo de objetos ilusorios y eventos fantásticos, con superpoderes, sin esfuerzo, como volar sobre campos, montañas y mares. Incluso en el estado de vigilia, ¿qué es lo que realmente sabemos? Objetos. Cosas. Vivimos en un mundo de cosas y eventos, pero ¿dónde está la Conciencia?

Somos conscientes de las cosas que percibimos, pero no de la Conciencia misma. De hecho, generalmente, cuando experimentamos un objeto, el objeto domina y el experimentador cae en el trasfondo. Por lo tanto, para la mayoría de las personas, la noción de que "Conciencia es todo lo que hay" es difícil precisamente porque puede parecer contraria a nuestra experiencia vivida.

Sin embargo, muchas tradiciones, especialmente delineadas con claridad como en la tradición védica que trajo a la luz Maharishi, se describen estados de Conciencia que son más elevados que los tres estados "normales" habituales de sueño profundo, soñar y vigilia, y en los que tenemos mayor acceso experiencial a la verdad de cómo son realmente las cosas.

Estados superiores de Conciencia

La idea de que existen estados superiores de Conciencia que pueden ser y que han sido alcanzados por algunos individuos evolucionados a lo largo de la historia, no es nueva ni hipotética, sino más bien un tema antiguo de la cultura global que ahora ha entrado en el canon científico, aunque de una manera aún no completamente explicada.

En este capítulo finalmente entraremos en el área fascinante e inspiradora de los estados superiores de la evolución humana, particularmente como los describe Maharishi, el exponente preeminente del conocimiento védico en nuestra era. Lo notable es cómo tanto el modelo científico de la estructura de la naturaleza basado en la física como la explicación tradicional, especialmente la explicación védica de la naturaleza de la Conciencia y su desarrollo gradual y último en la Unidad, se corresponden tan elegantemente con la proposición de que la Conciencia es todo lo que hay.

A pesar del hecho de que la iluminación, por muy diversamente concebida que fuere, ha sido un tema principal de las enseñanzas espirituales y rumia filosófica durante siglos, no ha sido sino hasta las últimas décadas que la ciencia occidental ha comenzado a considerar que puede haber mucho más en la vida que los diarios ciclos de vigilia, dormir y soñar que son la medida completa de la realidad para la mayoría de las personas: más percepción, creatividad, capacidad y felicidad.

Comenzando con el inconsciente postulado por Freud, Jung y otros pensadores psicológicos de principios del siglo XX, hasta el Movimiento del Potencial Humano de mediados del siglo pasado y su popularización de la experiencia máxima, el rendimiento máximo, el estado de "flujo" y otras nociones de funcionamiento óptimo, la ciencia occidental se ha estado moviendo en la dirección de reconocer las capacidades superiores del ser humano, saber y hacer.

Una razón obvia para esta apertura a nuevos horizontes ha

sido la creciente disponibilidad de sistemas asiáticos de conocimiento, especialmente el Budismo y el Yoga, y las enseñanzas de los Vedas, de los cuales, históricamente hablando, se derivan tanto el Yoga como el Budismo.

Estas antiguas escuelas de pensamiento y práctica tienen en común la comprensión de que existe un estado supremo de la evolución psicoespiritual humana, denominada diversamente Iluminación, Nirvana, Satori, Moksha, Realización, Autorrealización, Liberación y así sucesivamente.

En el camino hacia este estado más elevado, el aspirante pasa por una sucesión de etapas o niveles de despertar. Diferentes sistemas de pensamiento, así como varios pensadores individuales, han clasificado estas etapas y construido modelos para facilitar la comprensión de lo que son y cómo se producen. A pesar de estos esfuerzos, cualquiera que haya leído o estudiado las enseñanzas sobre la iluminación ha descubierto que las definiciones y descripciones varían ampliamente e incluso pueden ser contradictorias en un grado frustrante.

Por poner solo un ejemplo (uno importante, ya que una de las principales preguntas que se hacen los buscadores de la verdad es: "¿Quién soy yo realmente?"), algunas escuelas de pensamiento enseñan que, en última instancia, "no hay un Ser", y que darse cuenta de esto es el mayor bien.

Una visión que es aparentemente su opuesto extremo sostiene que, de hecho, hay un gran Ser, que lo abarca y lo alcanza todo, y el objetivo más importante en la vida es despertar a esta realidad y vivirla como la verdad diaria. Sin embargo, estas dos opiniones aparentemente contradictorias son en realidad lo mismo.

Decir que no hay "Yo" significa que, en última instancia, cada pequeño yo no es nada, pero es el campo único ilimitado de Ser puro que es el último Ser de todo y de todos. Esto significa que la percatación de un ego individual solo se debe a una perspectiva limitada y estrecha de la realidad. La realidad última es que cada ego es en esencia el Ser trascendental.

Algunas personas sienten una verdadera pasión no solo por el crecimiento, sino también por alcanzar el pináculo de la conciencia humana: la más alta felicidad, el mayor amor universal, el supremo despertar. Para ellos, la cuestión de la iluminación es mucho más que curiosidad académica; es una fuerza profunda y convincente que motiva sus vidas. Para esas personas, la definición más clara posible de la meta y el camino para alcanzar la meta son intereses convincentes y vitales.

En nuestro tiempo, Maharishi, cuya formación universitaria era en el área de ciencias, tras concluir sus estudios se dedicó con gran intensidad, durante trece años, a la realización de la iluminación, al servicio de su gran maestro espiritual en los Himalayas. Maharishi hizo una contribución importante al conocimiento humano al ser pionero en la integración del antiguo conocimiento védico de la Conciencia con la metodología científica moderna y objetiva. Desde entonces, por supuesto, otros han emprendido la tarea. Se han escrito cientos de libros y se han convocado conferencias para estudiar y discutir la naturaleza y evolución de la Conciencia a la luz de la ciencia moderna.

Un pilar central del sistema integral de pensamiento de Maharishi, que llamó "Ciencia Védica", es el marco que ofrece definiciones claras de cada uno de los siete estados de Conciencia, así como los procedimientos y prácticas que promueven el crecimiento de un estado superior a otro. Examinaremos cada uno de los siete estados en el transcurso de los próximos capítulos, pero se enumeran aquí para mayor claridad:

1. Sueño profundo.
2. Ensoñación.
3. Vigilia.
4. El estado Trascendental.
5. Conciencia Cósmica.
6. Conciencia Cósmica Glorificada o Conciencia de Dios.
7. Conciencia de Unidad.

Una forma interesante de pensar sobre el desarrollo progresivo de la Conciencia es en términos del grado en que la materia, el valor-objeto de la Conciencia y la atención, predominan en la experiencia de una persona, frente a cuánto permanece presente el lado subjetivo, el observador, y no se olvida cuando uno está experimentando un objeto específico. Tenga esto en cuenta mientras tratamos cada uno de los siete estados.

También es importante recordar que cualquier estado de Conciencia es la confluencia de un estado mental subjetivo (estar despierto, dormido, soñando), junto con una combinación o constelación de características fisiológicas y neurológicas. Entonces, para cualquier estado de Conciencia, mente y cuerpo van inextricablemente unidos.

Por lo tanto, si existen estados superiores de Conciencia, tendrían que caracterizarse por sus propios conjuntos únicos de parámetros psicológicos subjetivos junto con patrones fisiológicos de excitación y función medibles objetivamente. Ahora sabemos que este es el caso, basado en evidencia científica establecida, que solo veremos aquí brevemente. (27)

Dormir, soñar y vigilia

Comencemos nuestra exploración y análisis desde el estado de menor Conciencia, la inercia del sueño profundo, y avancemos a través de niveles de vigilia creciente hasta el estado de completa iluminación de la vigilia.

Todos estamos familiarizados con estar despiertos, dormidos y soñando; se trata de un aspecto tan fundamental de nuestras vidas como cualquier cosa que sea, y la ciencia tiene una comprensión bastante profunda de lo que sucede en nuestros cuerpos y cerebros durante estos estados.

Subjetivamente, cuando estamos dormidos, no tenemos experiencia de nada; no hay percepción en absoluto, no hay pensamiento, no hay conciencia sensorial: nada. Fisiológicamente, están sucediendo innumerables procesos de curación, revitalización y rejuvenecimiento, pero desde el punto de vista de la Conciencia, no hay mucho de qué hablar.

Cuando soñamos, experimentamos una realidad a menudo fantástica que podría llevarnos a cualquier parte. Probablemente el término más común para describir el estado de ensoñación es que es "ilusorio": desde la perspectiva de la realidad física, lo que sucede en el estado de sueño es simplemente irreal. Cualquier cosa puede suceder. Podemos estar explorando la superficie de Marte, un tigre puede estar a punto de saltar, puede que se esté cumpliendo un deseo frustrado del estado de vigilia, pero luego nos despertamos y decimos: "Fue solo un sueño. No fue real".

Tuvo su propia realidad en el estado de sueño, pero esa realidad es diferente de la realidad tanto del sueño profundo, donde no sucede nada, como del estado de vigilia. No es transferible. Es decir, se necesita un arma del estado de sueño para detener al tigre del estado de sueño; un rifle "real" no ayudará, ni un rifle del estado de sueño serviría para un tigre del mundo real. Cada estado de Conciencia es su propio Universo con sus propias reglas. O, como Maharishi solía enfatizar, "la realidad es diferente en diferentes estados de Conciencia".

Cuando dormimos y soñamos, nuestros cuerpos descansan, pero la aparente inercia es engañosa, ya que el cuerpo y el cerebro realizan miles de procesos y ajustes, nuestra bioquímica cambia, nuestras ondas cerebrales cambian de acuerdo con si estamos dormidos o dormidos y soñando, y el cerebro ejecuta una especie de gestión de archivos, clasificando las experiencias en "archivadores" cognitivos de memoria a largo o corto plazo, o en algunos casos para depositarlos esencialmente en el contenedor de "basura".

La mayor parte de nuestro tiempo de sueño (alrededor del 75%) se gasta en un sueño profundo, no REM; el resto es tiempo de ensoñación. El metabolismo se ralentiza; la temperatura, la presión arterial y la frecuencia respiratoria disminuyen; los músculos se relajan y se vuelven inactivos. (Mientras se sueña, todas estas funciones a veces se aceleran nuevamente para corresponder con lo que está sucediendo en el sueño, pero la tendencia general es descansar).

Cuando estamos despiertos, nuestros sentidos están vivos, experimentamos personas y cosas que conocíamos antes de irnos a dormir, y que "regresan" más o menos, así como eran. Tenemos un sentido básico de quiénes y qué somos y de los objetos y eventos que se desarrollan en nuestra conciencia. Estos objetos pueden ser elementos aparentemente sólidos y concretos aprehendidos por los sentidos, o pueden ser pensamientos, recuerdos, planes o fenómenos completamente imaginarios. Siempre hay algo que nos llama la atención.

En el estado de Conciencia de vigilia, siempre estamos identificando nuestra conciencia con algo: un objeto, un pensamiento, un sentimiento, un proceso; y todo nuestro Ser está atrapado en experimentar estos fenómenos. Miras una flor, y es la flor la que captura tu conciencia. Te conviertes en la flor, porque eso es lo que está ocupando tu conciencia. Eso es lo que la Conciencia es para el estado de vigilia: es una flor, una imagen, un pensamiento, un sentimiento. Es lo Observado; lo que no está presente, de lo que no somos conscientes, es nuestro propio yo, el Observador.

El Observador se pierde en la experiencia de los objetos como si fuera borrado, eclipsado o aniquilado por dicha experiencia, de modo que, en lo que a nosotros respecta, el Observador no existe, no es experimentado, y solo el objeto está presente en nuestra conciencia como si el Observador no existiera en absoluto.

En la filosofía védica, este estado, en el que el individuo olvida la naturaleza esencial de su propio Ser, a menudo se llama ignorancia. El filósofo escocés del siglo XVIII David Hume describió conmovedoramente esta condición: "Cuando entro más íntimamente en lo que yo llamo mí mismo, siempre tropiezo con alguna percepción particular u otra, de calor o frío, luz o sombra, amor u odio, dolor o placer. Nunca puedo atraparme en ningún momento sin una percepción, y nunca puedo observar nada más que la percepción". (28)

Debido a que la mayoría de las personas encuentran exactamente lo que Hume describió cuando miran dentro de sí mismas, la mayoría de las personas ha asumido que no hay nada más. Esto es un gran error. La mente es como un océano con pensamientos como ondas en su superficie. Cuanto más profundo se sumerja en el océano de la mente, más tranquilo y más estable éste se vuelve.

El reino ocupado de la mente lleno de objetos y eventos en el estado de vigilia es como nadar en la superficie; mucha más riqueza se encuentra dentro. Sin embargo, lo que comentarios como los de Hume nos muestran efectivamente, es que se necesita hacer algo diferente de solo pensar para experimentar la Conciencia Pura.

Los buscadores que han escuchado o leído sobre las experiencias de personas en estados superiores de Conciencia aspiran ansiosamente tener esas experiencias. Intentan y generalmente fallan. Así que intentan más y más fuertemente.

Con el paso del tiempo, la experiencia de la Conciencia Pura, Samadhi, Nirvana o Satori comienza a considerarse difícil, requiriendo años de práctica, focalización y concentración. Esto es lo que sucedió con el tiempo y ha sido creído comúnmente hasta mediados del siglo pasado cuando Maharishi trajo al mundo la técnica simple de Meditación Trascendental™ y abrió la puerta de la iluminación a millones de personas, de la manera más natural y sin esfuerzo.

Trascender: conócete a ti mismo

La primera experiencia que es "más" que la conciencia del estado de vigilia es el estado trascendental, que primero se puede experimentar a través de la técnica de Meditación Trascendental™. Cerramos los ojos y permitimos que la mente profundice en sí misma guiada por su propia naturaleza.

Naturalmente, se mueve (es decir, cambia la atención) desde un nivel de Conciencia más objetivo, "concreto", objeto-referente, a un nivel subjetivo más abstracto. Los objetos que estaban atrayendo nuestra la atención se desvanecen, y finalmente llegamos a la pantalla metafórica que sostiene los objetos de percepción, y ese es nuestro Ser, nuestro Ser puro, existencia pura, más allá de cualquier experiencia limitada.

Trascender significa "ir más allá". Por lo tanto, la Conciencia Trascendental, en la que la atención va más allá de los límites del pensamiento y la percepción, no es una designación elegida arbitrariamente, sino un término descriptivo preciso.

Así es como Patanjali, el gran sabio que escribió *Yoga Sutras*, a menudo referido como el "libro esencial del Yoga", describió esta experiencia: "Yoga es el asentamiento completo de la actividad de la mente. Entonces el que ve, se establece en el Ser…".

Cuando la actividad mental disminuye, entonces el conocedor, el conocer y lo conocido se absorben entre sí… todo se calma y lo que queda es vigilia ilimitada. La vigilia en este sentido es "ilimitada" de dos maneras.

a. Primero, las cualidades específicas de una percepción, pensamiento o sensación en la que la Conciencia está limitada o confinada temporalmente (un recuerdo, un sonido que hayamos oído, el pecho subiendo y bajando con cada respiración) se desvanecen calladamente, dejando solo la Conciencia cruda.

b. En segundo lugar, a medida que la práctica continúa, se descubre que esa Conciencia Pura es ilimitada en el espacio y el tiempo, sin principio y sin fin, un océano de Ser puro. Esta es la primera vez que usted realmente experimenta su Ser. Antes de eso, sabe que es Mary y no Juliette, David y no Joseph, y hay un sentimiento, "soy yo". Pero, ¿quién es realmente usted?, no lo sabe. Si mira adentro para descubrirlo, su mente atraviesa varias nociones, sentimientos, recuerdos, conceptualizaciones, como en la descripción de David Hume anterior, pero no se tiene comprensión del Ser hasta que se trasciende.

Por lo tanto, Meditación Trascendental™, o cualquier forma de meditación que efectivamente abra la conciencia de uno al núcleo más interno del Ser, es una necesidad para todos, al menos para saber quién es usted. Y lo que se descubre es que lo que se es, en contraste con los patrones siempre cambiantes de los reinos sensoriales, es un campo de silencio y estabilidad, un estado absoluto nunca cambiante de pura percatación, Conciencia Pura.

En el campo "relativo" de la vida, el cambio incesante es la regla. No hay constancia. Esta persona hoy no es la misma persona que fue ayer. Incluso física o científicamente, todo siempre se mueve y cambia. Y si todo está siempre cambiando, ¿entonces qué es real? Para que algo se considere real, al menos debe ser estable durante unos segundos.

Ciertamente, una piedra parece existir de manera estable durante un período de tiempo (más de unos segundos, por ejemplo) y parece ser algo real. Pero cuando se investiga profundamente su naturaleza interna, se descubre que ella tampoco es siempre lo mismo. Sus partículas constituyentes (así percibidas) siempre se mueven.

Entonces, si se considera la fina construcción interna de la piedra, nunca se puede decir que sea realmente la misma, incluso de un momento a otro. Se puede observar solo desde una perspectiva limitada, porque los ojos no son un microscopio infinitamente poderoso; no se tiene un ciclotrón en el cerebro que ve las partículas en su baile *des*-ordenado.

Es a partir de esta capacidad muy limitada de los ojos y oídos y de todos los sentidos que construimos un mundo y un Universo que tiene objetos que son estables y existen; sin embargo, desde una consideración ontológica más fundamental de la verdadera naturaleza de las cosas, nos vemos obligados a concluir que nada realmente es, todo está siempre cambiando.

Experimentando la Conciencia Pura
(véase el pliego de láminas, pág. 3)

Por otro lado, la Conciencia Pura siempre existe y es siempre la misma; es una constante. De hecho, es la única constante que hay; eso siempre es real. Es la eternidad de la vida. Y eso es lo que se descubre en uno mismo cuando se trasciende. Es la primera vez que se encuentra la realidad absoluta que realmente existe, en y por sí misma.

Esta experiencia directa de la Conciencia Pura conduce al individuo en la dirección de la totalidad o Singularidad. Se alcanza un estado en el que el Observador individual, el Proceso de Observación y el Objeto observado son todos pura existencia, Singularidad y nada más. El Observador —el Ser limitado y personal con sus percepciones, pensamientos, sensaciones, etc., siempre cambiantes— despierta temporalmente a una verdad más elevada y reconoce que su verdadera identidad es el Ser; la Conciencia silenciosa, expansiva, pura, siempre igual.

En la práctica de Meditación Trascendental™, el meditador repite mentalmente un mantra, un sonido védico, de una manera prescrita, de modo que se vuelve cada vez más sutil (más silencioso, más tenue) y finalmente se desvanece en el silencio. Se disipa lentamente, pero el pensador, la conciencia que experimenta, permanece. Se perciben estados o niveles más silenciosos del pensamiento y luego se trasciende, se va más allá del pensamiento a la Conciencia de la cual los pensamientos brotan.

El paralelo a la investigación científica de los niveles más finos del mundo físico que hemos descrito culmina en la conclusión de que, en el nivel más profundo, no hay ningún mundo físico, ni objetos materiales, ni siquiera átomos y sus componentes más pequeños, sino solo campos abstractos no físicos, todos aparentemente emergentes de un solo Campo Unificado.

Al igual que ese Campo Unificado científico, se descubre que la Conciencia Trascendental no es la Nada, sino más bien la fuente de toda la inteligencia y creatividad que se muestra en nuestros pensamientos. La experiencia personal revela que es un campo de silencio infinito y dinamismo no expresado, ilimitado por naturaleza y que vivirlo genera bienaventuranza.

"Mi Ser se identifica principalmente con esta enorme Conciencia", dijo un practicante de Meditación Trascendental™, dando un significado bastante dramático al término "ilimitación": "Me sorprende el hecho de que me sienta enorme, aunque soy físicamente pequeño. Estoy realizando mi actividad y me siento absolutamente enorme, estando más conectado o identificado con esta conciencia expandida que con mis pequeñas características personales".

El cuarto estado: Conciencia Trascendental

La Conciencia Trascendental (siendo el cuarto estado de Conciencia) es, en consecuencia, el primer estado de Conciencia más elevado, y el prerrequisito para el desarrollo de etapas posteriores de crecimiento.

Un gran número de personas ha informado de esta experiencia de trascendencia a través de la muy difundida técnica Meditación Trascendental™ que está diseñada para facilitar el proceso de trascendencia, y desde la década de 1970, miles han sido estudiados en laboratorios universitarios, utilizando EEG (electroencefalografía) y otros modos de monitoreo. Los datos muestran claramente que se trata de un estado único de Conciencia, en el que las personas disfrutan de momentos de percatación pura o Conciencia Pura sin la experiencia de ningún objeto, excepto la Conciencia misma, un estado en el que la Conciencia está mirando a su propio Ser.

Esta experiencia del Ser es de alguna manera similar a la experiencia humana común del sentido de ser o de la propia identidad. Sin embargo, en la experiencia humana común, el yo se experimenta como separado de todos los demás objetos o contenidos de la conciencia: "Sé que soy", "Pienso, luego existo", "Conócete a ti mismo" y así sucesivamente. La Conciencia Pura Trascendental, por otro lado, es una experiencia del Ser como Singularidad. Es todo lo que hay.

Esto es lo que algunos individuos a lo largo de la historia describen como Samadhi o Nirvana. Es una experiencia puramente "espiritual": "Experimenté ser consciente con nada más que Pura Conciencia en mi percatación". Estos estados meditativos de Conciencia se han analizado filosófica y científicamente con miles de artículos describiendo sus efectos sobre diversos parámetros fisiológicos, psicológicos y sociales.

Por lo tanto, la trascendencia es un estado autorreferente o autorreferencial. La Conciencia Ordinaria es objeto-referente: nuestra percatación se relaciona con algún pensamiento, alguna actividad, percepción o evento desplegado, como tratamos anteriormente.

La Conciencia, como sujeto, está atendiendo a un objeto, ya sea interno (pensamiento, sentimiento, imagen, memoria, etc.), o a una percepción externa a través de los cinco sentidos; no sabemos que es posible estar despierto sin ninguna imagen, ningún pensamiento; sin otra cosa que la vigilia misma. El estado que surge cuando cesa toda esa actividad, pero sin caer en el sueño, es la autorreferencia; todos los objetos siempre cambiantes de la percepción ordinaria desaparecen y lo que queda es un estado de Conciencia absoluto, puro, no cambiante.

CAPÍTULO 12

Conciencia Cósmica y Conciencia de Dios

Al igual que con muchos hallazgos nuevos en la ciencia que trastornaron el bagaje establecido de principios aceptados, las primeras reacciones al anuncio en 1970 del descubrimiento de "un cuarto estado mayor de Conciencia", en publicaciones influyentes tales como *Science, American Journal of Physiology* y *Scientific American*, fueron variadas.

Aquellos que realmente habían experimentado el estado de trascendencia estaban encantados de que la ciencia reconociera su validez. Los escépticos habían rechazado informes anecdóticos anteriores de esta experiencia e insistieron, con toda razón, en que, si estas experiencias subjetivas de "trascendencia" reportadas fueran creíbles, es decir, más que simplemente "anecdóticas", deberían tener contrapartes físicas medibles objetivamente. Y resultó que sí las tienen.

EXPERIENCIA DE CONCIENCIA MÁS ELEVADA, INTERIOR Y EXTERIOR

Hay abundante evidencia científica de que algo inusual y significativo está ocurriendo durante la trascendencia no solo en la mente; no es solo un "estado psicológico" subjetivo, sino también en el cuerpo. Como hemos visto, cualquier estado de Conciencia tiene una constelación correspondiente de parámetros fisiológicos. Al igual que en el dormir, el soñar y la vigilia, el cuarto estado (o estado trascendental) también tiene su propio patrón único de funcionamiento mente-cuerpo.

Los cambios metabólicos y bioquímicos indican un estado extremadamente profundo de relajación y descanso, en realidad más profundo que el sueño, medido, por ejemplo, por una respiración natural muy superficial y períodos no forzados de interrupción de la respiración, sin respiración excesiva compensatoria posterior. Naturalmente, un estado tan profundo de descanso tiene una amplia gama de consecuencias para la salud, que han sido ampliamente documentadas.

Sin embargo, y esto es de particular interés para mí como neurocientífico, simultáneamente con el profundo estado de descanso físico, la Conciencia es viva y aparece un patrón único de actividad neurológica, marcado por un alto grado de coherencia o integración de las ondas cerebrales que señala una inusual activación equilibrada del cerebro total.

Este estado de trascendencia, conocido como Samadhi en la tradición védica, bien podría considerarse una especie de "estado base" o fundamento para estados superiores de Conciencia. El objetivo de la práctica espiritual no es simplemente tener períodos de tiempo (o, como se siente subjetivamente, atemporalidad), cuando se disfruta del silencio interno y la conciencia ilimitada, sino llevar ese expansivo y maravilloso estado de ser a todas las actividades y relaciones, para permitir un verdadero estado de vida iluminada.

Esto comienza tan pronto como se agrega la trascendencia al repertorio de experiencias de una persona, y crece de manera constante a medida que se desarrollan los estados superiores de Conciencia, alcanzando su punto máximo en lo que llamaremos Conciencia de Unidad.

Dado que la Conciencia es de hecho todo lo que hay, entonces, en su estado puro, en sí mismo, como Conciencia Trascendental, debería ser la fuente de toda la creatividad, inteligencia y poder desplegado en todas partes del Universo, y también en nuestras vidas individuales.

Para respaldar esta comprensión, a lo largo de la historia encontramos artistas, poetas, matemáticos, científicos y visionarios en un amplio espectro que informan que es solo esta experiencia de ilimitación, silencio, dicha y luz lo que ha inspirado su creatividad única y su profunda comprensión.

- "El verdadero genio se nutre de la fuente Infinita de Sabiduría y Poder como lo hicieron Milton y Beethoven", dijo el compositor clásico Johannes Brahms.
- "Grandes poderes como Goethe, Schiller, Milton, Tennyson y Wordsworth recibieron las vibraciones cósmicas de las Verdades eternas porque se unieron a la energía infinita del Cosmos", escribió Arthur M. Abell. (29)
- Puede ser una energía infinita y un dinamismo creativo, pero también es un campo de tranquilidad y silencio, la "paz bíblica que sobrepasa el entendimiento". El general y emperador romano, Marco Aurelio, escribió en sus *Meditaciones* algo que sirve como un recordatorio para todos los que buscan paz e inspiración fuera de sí mismos: "Los hombres buscan retiros para sí mismos en lugares campestres, en playas y montañas, y usted mismo acostumbra a anhelar tales retiros, pero eso es totalmente no iluminado, siendo que es posible en cualquier momento que desee, encontrar un retiro dentro de usted mismo. Porque en ninguna parte puede un hombre retirarse a una quietud más tranquila que en su propia alma". (30)
- El autor y activista social estadounidense Thomas Merton, un monje trapense, describió su experiencia de la realidad trascendente en términos brillantes: "Se abre una puerta en el centro de nuestro ser y parece que la atravesamos en inmensas profundidades que, aunque son infinitas, todas son accesibles para nosotros; toda la eternidad parece haberse convertido en nuestra en este contacto plácido y sin aliento (…). Toda variedad, toda complejidad, toda paradoja, toda multiplicidad cesan. Nuestra mente nada en el aire de una comprensión, una realidad que es oscura y serena e

incluye en sí misma todo. Nada más es deseado. Nada más es querido". (31)

Una experiencia similar de trascendencia fue descrita por Gopi Krishna, un modesto funcionario indio en el estado norteño de Cachemira. Después de muchos años de meditación dedicada y práctica de yoga todas las mañanas antes del trabajo, tuvo un despertar a la edad de treinta y un años y finalmente escribió dieciséis libros sobre Conciencia e Iluminación, que lo hicieron conocido en todo el mundo. Un hecho poco conocido de su vida es que fue un gran defensor de los derechos de las mujeres a principios del siglo XX en la India. En *Kundalini: The Evolutionary Energy in Man Kundalini* ("Kundalini: la energía evolutiva del hombre"), Gopi Krishna escribió: "Sentí que el punto de conciencia que era yo, era cada vez más amplio (…). Ahora era todo conciencia, sin ningún esquema, sin ninguna idea de un apéndice corporal, sin ningún sentimiento o sensación proveniente de los sentidos, inmerso en un mar de luz, simultáneamente consciente de cada punto, extendido, por así decirlo, en todas las direcciones sin ninguna barrera u obstrucción material (…) bañado en luz y en un estado de exaltación y felicidad imposible de describir". (32)

- Anwar el-Sadat, expresidente de Egipto escribió sobre un período temprano en su vida cuando fue preso político en confinamiento solitario: "Solo podía ser mi propio compañero, día y noche", escribió, por lo que era "natural que llegara a conocer ese 'Yo mío' que, como la mayoría de nosotros", admitió el-Sadat, él había estado demasiado preocupado para atender, "apresurado por la corriente constante de la vida cotidiana". En la cárcel, sin ningún vínculo con el mundo exterior, "la única forma en que podía romper mi soledad era, paradójicamente, buscar la compañía de esa entidad interna que yo llamo 'Ser'". El resultado de su exploración interna, una especie de meditación involuntaria y continua era que "podía trascender los límites del tiempo y el lugar. (...) Espacialmente, no vivía en una celda de cuatro paredes sino en todo el Universo. El tiempo dejó de existir". Al reflexionar sobre sus experiencias, el-Sadat sintió que "una vez liberado de los estrechos confines" de la individualidad limitada "con su sufrimiento mundano y sus pequeñas emociones, un hombre habrá entrado en un mundo nuevo no descubierto que es más vasto y más rico. Su alma disfrutaría de una libertad absoluta, uniéndose a la existencia en su totalidad, trascendiendo el tiempo y el espacio". Para él, "mi Ser estrecho dejó de existir y la única entidad reconocible fue la totalidad de la existencia". (33) Parece que el-Sadat disfrutó momentos de trascendencia "pura", como en la meditación, y que la experiencia de la ilimitación interna también se convirtió en un compañero constante de su soledad.

Para una colección notable de expresiones de estados superiores de Conciencia de muchas culturas y durante muchos siglos, recomiendo *The Supreme Awakening* ("El supremo despertar") de Craig Pearson. (34)

CONCIENCIA CÓSMICA

La Conciencia Trascendental es "el Cuarto", como se menciona en la literatura védica, una rica adición que proporciona una base estable pero dinámica al ciclo diario de vigilia, dormir y soñar.

El siguiente paso más alto en el crecimiento de la Conciencia, que se llama "Conciencia Cósmica", ocurre con el tiempo y a través de la experiencia repetida de trascender y volver a la actividad ordinaria una y otra vez. Una persona descubre que la conciencia del Ser nunca se pierde, no solo durante la vigilia, sino también durante el sueño profundo y el soñar.

Ya sea en la quietud de la meditación, donde los impulsos sutiles del mantra o los pensamientos están acompañados por la presencia suave de la Conciencia Pura, en las fases más dinámicas de la actividad, o durante los diferentes colores y sombras de los sueños y del dormir, la conciencia del Ser persiste más y de manera más constante, como si se "pegara" en la mente, hasta que llega el día en que uno se da cuenta de que se ha vuelto permanente.

La Conciencia Pura continúa, a través de todos los cambios en los sentimientos, percepciones e interacciones diarias, una presencia interna constante de estabilidad y calma. De hecho, el "sueño profundo" en el sentido del olvido total que es la experiencia de la mayoría de las personas, ya no existe para esa persona, porque en el interior, la conciencia ilimitada, ese sentido vivo del ser más profundo de uno, nunca se apaga, aunque fisiológicamente el sueño continúa siendo completamente reparador.

Tanto el estado de vigilia como el sueño también son diferentes, porque junto a ellos, o subyacente, está esa conciencia siempre presente del Ser. Por lo tanto, los tres estados comunes de Conciencia ya no tienen la misma calidad, sino que están respaldados y mejorados por el silencio expansivo de la Conciencia Pura. Este estado, en el que el silencio interno coexiste con la actividad externa, Maharishi lo llamó "Conciencia Cósmica", un quinto estado de Conciencia.

Al igual que la trascendencia, las experiencias de la Conciencia Cósmica se han disfrutado y descrito a lo largo de la historia. A continuación, sin mucho comentario, hay algunos ejemplos. Los incluyo porque recuerdo cómo las descripciones de los estados superiores de Conciencia me inspiraron y me ayudaron a perseverar en mi propio camino. Tal vez les sea útil escuchar a otras personas, algunas prominentes y otras no, hablar en sus propias voces acerca de cómo una Conciencia más elevada amaneció para ellos e influyó en sus vidas.

- Dag Hammarskjöld, segundo secretario general de las Naciones Unidas y ganador del premio Nobel de la Paz, escribió en sus cuadernos (más tarde publicados como *Markings*) sobre su experiencia repetida en la que "cada acción y cada relación está rodeada de una atmósfera de silencio, y de su deseo de "preservar el silencio interior, en medio de todo el ruido". Sintió que esto era "una libertad en medio de la acción, quietud en medio de otros seres humanos", y apreciaba la capacidad de "ver, juzgar y actuar desde el punto de descanso en nosotros mismos", un punto "en el centro de nuestro ser". Estas palabras revelan una característica importante de la Conciencia Cósmica: la acción apoyada por el silencio es más poderosa y efectiva. (35)

Muchas personas, sin estar viviendo Conciencia Cósmica de manera permanente, disfrutan sabores de ella que transforman la vida.

- En un día de verano, el dramaturgo Eugene Ionesco se sintió extremadamente bienaventurado, ligero y feliz. "Nada", escribió más tarde, "podría provocarme una euforia mayor que la de darme cuenta de que yo era, de una vez por todas, y que esto era algo irreversible, un milagro eterno: el Universo simplemente parece ser, quizás, quizás sea solo una apariencia, pero 'yo soy', estoy seguro de serlo. (…) De una manera luminosa, lo supe y ya no pude olvidar que soy, yo mismo soy". (36)
- Charlotte Wolff, médica, autora e investigadora pionera nacida en Polonia, experimentó un período de mayor conciencia durante el estado de vigilia cuando era una niña caminando hacia la escuela. "Me sentí diferente en tamaño, más alta y más grande de lo que realmente era. Una maravillosa sensación de levitación me dio la sensación de que

mis pies habían dejado el suelo y que estaba suspendida en el aire. Una fuerza desconocida y poderosa me había atrapado. (...) [Eso] me dio un sentimiento de omnipotencia. En ese momento de ese día conocí el Universo, que sostuve y contemplé dentro de mí. (...) Fue como un milagro. (...) Había experimentado el nacimiento de mi espíritu creativo y el nacimiento de esa parte de la mente que se extiende más allá del mundo material y visible. (...) El tiempo no existió en este momento eterno". (37) Wolff continúa diciendo que esta experiencia cambió su vida de manera positiva, pero también señala que "las puertas se abrieron por sí mismas. Pero volvieron a cerrarse y no poseía ninguna llave que me permitiera volver a entrar en el mundo que había vislumbrado".

Esto, desafortunadamente, es común a muchas personas que entran en una experiencia así sin darse cuenta y sienten su belleza y poder, pero no tienen una práctica espiritual efectiva para volver a encender la llama brillante de la Conciencia que momentáneamente iluminó sus vidas internas. Lo que hace tiempo que falta es un camino por el que cualquiera puede caminar, para obtener tales experiencias y hacerlas permanentes, y este, creo, es uno de los principales resultados que ha logrado el trabajo de Maharishi en el mundo. En este momento de la historia, un gran número de personas parecen "estar despertando" a experiencias, al menos temporales, de diferentes estados de Conciencia.

- He aquí algunas líneas de *The Power of Now* ("El poder del ahora") del escritor Eckhart Tolle: "La palabra iluminación evoca la idea de algún logro sobrehumano (...) pero es simplemente tu estado natural de unidad sentida con el Ser. Es un estado de conexión con algo inconmensurable e indestructible, algo que, casi paradójicamente, eres esencialmente tú y, sin embargo, es mucho mayor que tú. Es encontrar tu verdadera naturaleza más allá del nombre y la forma".

"Tener acceso a ese reino sin forma es verdaderamente liberador", escribió Tolle. "Te libera de la esclavitud a la forma y la identificación con la forma. Es la vida en su estado indiferenciado antes de su fragmentación en multiplicidad. Podemos llamarlo lo Inmanifiesto, la Fuente Invisible de todas las cosas, el Ser dentro de todos los seres. Es un reino de profunda quietud y paz, pero también de alegría y vivacidad intensa". (38)

Con el advenimiento de la Conciencia Cósmica, se ha dado un paso gigante en la evolución de la conciencia:

1. En **Estado de Vigilia**, el Observador observa solo la realidad objetiva, ya sea interna (pensamientos, sentimientos, etc.) o externa (colores, sonidos, "cosas"). Lo que no se observa ni se percibe es el Observador, el Ser, la Conciencia misma.

2. En la **Conciencia Trascendental**, esa realidad objetiva se desvanece temporalmente, pero la Conciencia no; la Conciencia sigue siendo consciente de sí misma; está despierta a sí misma. En este estado profundamente tranquilo y pacífico, no hay contenido objetivo para la Conciencia que no sea ella misma; es su propio objeto mientras continúe el período de trascendencia. Y luego la persona vuelve a ser consciente de todo el juego habitual de la vida.

3. En la **Conciencia Cósmica**, la conciencia de la Conciencia continúa, pero de una manera bastante notable: experimentarla no requiere "trascender" el campo relativo de los objetos, ni los objetos arrasan la vigilia interna; los dos campos de la vida, el silencio interior absoluto y el dinamismo exterior, coexisten. Los interminables valores finitos del campo de vida relativa siempre cambiante están

respaldados por el valor infinito de la Singularidad. En medio de cualquier actividad, el individuo se percibe a sí mismo como Conciencia Pura.

Es en esta etapa de crecimiento que el sentido de identidad de una persona se escribe tradicionalmente con una "S" mayúscula, para denotar una distinción cualitativa entre la personalidad del ego (Ser) limitada, finita y siempre cambiante, y la personalidad ilimitada, siempre la misma, Conciencia Pura del Ser.

Este es un verdadero estado de Iluminación en el que el Ser es "recordado" en todo momento, no a través de ningún esfuerzo, intención o maquinaciones intelectuales, sino de forma natural y espontánea, tan fácilmente como abrir los ojos y ver el paisaje. Se ha "establecido" en la conciencia de uno. Esto a menudo se considera el pináculo del desarrollo humano, pero en realidad en la descripción de Maharishi, hay mucho más por recorrer.

¿Qué más se cree que podría haber que estar siempre despiertos a nuestro verdadero Ser y saberlo (es decir, a uno mismo) para ser infinitos y dichosos? Aquí hay una pista: en la Conciencia Cósmica, los individuos han estabilizado la Conciencia Trascendental y siempre experimentan su verdadera identidad como Conciencia Pura.

Esto permanece esencialmente sin cambios. "Yo" he cambiado (o más bien, he aprendido mi verdadera identidad), pero el mundo que me rodea, la esfera relativa de personas, árboles, automóviles, nubes, pájaros y todo lo demás, sigue siendo el mundo familiar que siempre he conocido. En otras palabras, uno ha ganado la capacidad de percibir y experimentar la Conciencia Pura última, en uno mismo: pero no en ningún otro lugar.

La evolución de un individuo a partir de esta etapa en adelante implica un mayor refinamiento de la percepción, hacia la capacidad de percibir Singularidad o integridad en los objetos de percepción, así como en uno mismo, para elevar los objetos de percepción al mismo valor infinito que el sujeto.

Esto se logra elevando lo que podríamos llamar la "capacidad de percepción" del Observador, a través del refinamiento del proceso de observación. Esta es una fase de crecimiento muy hermosa y gratificante, en la que la riqueza y el esplendor de los reinos más sutiles de la naturaleza y la creación comienzan a percibirse y disfrutarse, y se desarrolla un sexto estado de Conciencia.

Conciencia de Dios, Conciencia Cósmica Glorificada

Los estudios han demostrado que muchas personas, en algún momento de sus vidas, han disfrutado de momentos maravillosos como esta descripción del poeta inglés del siglo XIX William Wordsworth, cuando "Prado, arboleda y arroyo, / La tierra, y cada vista común, / A mí me parecieron / vestidos en la luz celestial". Los hallazgos más recientes disponibles del Pew Research Center[14] muestran que el 49% de los estadounidenses dicen que han tenido tales experiencias.

Estas pocas líneas de Wordsworth revelan gran parte de la esencia de lo que Maharishi llamó "Conciencia Cósmica Glorificada o Conciencia de Dios", en la cual la percepción de los niveles sutiles de la naturaleza se vuelve cada vez más posible y real. Si y cuando estos vislumbres dan paso a un modo de ser duradero, la percepción de la profunda belleza de la creación junto con la conciencia interna del Ser en todo momento nace este nuevo y más elevado estado de Conciencia.

Es un estado en el que la persistencia constante de la Conciencia Pura característica de la Conciencia Cósmica continúa como la realidad más íntima y subjetiva de uno, y junto a ella, la

---

14. **PEW Research Center**: El Centro de Investigaciones Pew es un *think-tank* con sede en Washington D.C. que brinda información sobre problemáticas, actitudes y tendencias de Estados Unidos y el mundo.

percepción de toda la realidad objetiva comienza a transformarse en algo glorioso.

Nuevamente, la realidad de lo que está allí no cambia; la percepción de uno cambia para incorporar más de la verdad. En un grado cada vez mayor, el individuo ve el orden perfecto de toda la gama de la vida y el vivir, y la perfección de lo que se siente como la naturaleza Divina, en todos los objetos que parecen ser "no-Ser": en otras palabras, todo el campo de la creación relativa.

El refinamiento de la percepción cataliza el crecimiento del amor. Cuando vemos algo o alguien que es hermoso, una gloriosa puesta de sol, una joya brillante o una gota de agua que atrapa la luz en una miríada de colores, cuando escuchamos música hermosa, entendemos una ecuación en un momento "ajá", o captamos un hecho sobre la naturaleza que revela el asombroso orden subyacente a todas las cosas, nuestros corazones se hinchan naturalmente en amor apreciativo. Es una experiencia humana normal y maravillosa.

El amor es una fuerza que une, junta y reúne cosas similares y diferentes, e incluso potencialmente contradictorias: valores, ideas y personas. En nuestro modelo de Observador, Observación y Observado (sujeto, proceso y objeto; conocedor, conocer y conocido; o sujeto, verbo y objeto), el amor en su sentido más amplio es el verbo. Es el proceso. Es el enlace que une al sujeto con el objeto. Hay innumerables formas en que dos entidades pueden conectarse, unirse o vincularse entre sí. En la tradición védica que Maharishi trajo a la luz, el enlace o el proceso de conectar a un observador con un objeto de observación se llama *devata*. Por lo tanto, hay innumerables *devata*.

El término *devata* se ha traducido como dios o dioses y se ha entendido erróneamente que representa dioses separados. Como resultado, el hecho de que haya muchos *devata* ha llevado a la percepción de que hay muchos dioses. Sin embargo, la Conciencia es todo lo que hay; todos los *devata* son solo la Singularidad que aparece en roles y modos diferentes, como separados.

En "Jane, ve, la flor", ver es el vínculo, el verbo. Ver puede considerarse un acto de amor. Reúne a la flor y a Jane. Sin embargo, hay innumerables situaciones en las que el vínculo no parece ser positivo.

En "John, siente, dolor", no podemos decir que John está conectado con el dolor y, por lo tanto, de alguna manera ama el dolor.

No gustar, odiar, temer y cosas similares son sentimientos negativos. Pueden verse como el nivel negativo o inferior en el espectro de conectividad. Sin embargo, son formas de conectarse y estar conectados. Es la indiferencia y la ignorancia lo que aísla y separa, lo que lleva a la entropía y la disolución. La creación es un proceso de unión. El valor supremo de unirse, defenderse y apoyarse mutuamente es el verdadero amor. En el amor infinito hay una apreciación ilimitada.

Cuando toda la Creación, todo lo que vemos, oímos, tocamos, olemos y saboreamos, brilla con belleza, nuestros pensamientos y sentimientos se vuelven hacia la fuente de toda esa inteligencia y belleza, que las personas en todas las culturas han equiparado con Dios —nuevamente, cualquiera sea la forma en que uno pueda concebirlo, Él, Padre Todopoderoso, o Ella, Madre Divina—. Para aquellos que no tienden a personalizar esta Fuente de Todo, existe el temor de reconocer que, de alguna manera, este orden y belleza existen y pueden ser experimentados. Es el verbo último, el vínculo supremo, el proceso ilimitado.

- Einstein era una de esas personas. En un cable de 1922 escrito en alemán al rabino Herbert S. Goldstein, Einstein dijo: "Creo en el Dios de Spinoza que se revela en la armonía ordenada de lo que existe", reportado en un artículo del *New York Times* del 25 de abril de 1929, bajo el título "Einstein cree en el Dios de Spinoza".
- Mucho más tarde, en una respuesta de 1954 a Joseph Dis-

pentiere, un inmigrante italiano que había trabajado para Einstein como maquinista experimental en Nueva Jersey, Einstein escribió: "No creo en un Dios personal (…) Si hay algo en mí que se puede llamar religioso, entonces es la admiración ilimitada por la estructura del mundo". (39)

- Otra de esas personas es Jane Goodall, la pionera primatóloga, antropóloga y defensora de la paz y el medio ambiente. Ella dijo: "No tengo idea de quién o qué es Dios. Pero sí creo en un gran poder espiritual. Lo siento particularmente cuando estoy en la naturaleza. Es solo algo que es más grande y más fuerte que lo que soy o lo que cualquiera es. Lo siento. Y es suficiente para mí". (40)

Es natural sentir amor por lo que uno aprecia y admira, y este flujo de amor crece a medida que la Conciencia evoluciona, la percepción se vuelve más refinada y la capacidad de apreciar de una persona se profundiza.

- "La Conciencia de Dios se disfruta en la capacidad de desbordarse de amor por la realidad relativa suprema de todo", dijo Maharishi.
  Señalando que "alcanzar la Conciencia de Dios" no significa que una persona adquiera la conciencia de "Dios", declara: "Es la apreciación de la creación más refinada, aquella desde donde comenzó la creación, y esa afinación es al nivel del propio Ser. (…) La conciencia de Dios es propia, está en el nivel de la propia experiencia. Quien está en Conciencia de Dios, está así, no por el estatus de Dios o la creación, sino por su propio estatus".
  Para enfatizar este principio, dijo: "[Es] la apreciación de ese valor de la creación desde donde comienza la creación, la fuente de la creación relativa. Por eso recibe un nombre: Conciencia de Dios. De lo contrario, es su propia Conciencia". (41)

Las memorias y las autobiografías son un recurso abundante para informes automáticos precisos de personas que descubrieron, a menudo de repente y sin previo aviso, que se disipó un velo ante sus ojos que reveló el mundo como nunca antes lo habían visto, "inexpresablemente raro, delicioso y hermoso", "impecable y puro y glorioso", "brillante y burbujeante", como lo expresaron tres personas.

- "La apariencia de todo fue alterada", escribió el teólogo estadounidense Jonathan Edwards. "Parecía haber (...) un tranquilo y dulce molde, o una apariencia de gloria divina, en casi todo. La excelencia de Dios, su sabiduría, su pureza y su amor parecían aparecer en todo; en el sol, la luna y las estrellas; en las nubes y el cielo azul; en la hierba, flores, árboles, en el agua y en toda la naturaleza". (42)
- "Todo alrededor, arriba, debajo de mí, brillaba y vibraba", escribió la novelista y dramaturga inglesa Rosamond Lehmann. (43)
- "El follaje de los árboles, la franja de césped, los macizos de flores, todo se había vuelto incandescente. Parecía estar mirando a través de las superficies de todas las cosas hacia los múltiples rayos iridiscentes que, ahora podía ver, componían las sustancias de todas las cosas. (...) La belleza de cada uno de ellos era insondable: un mundo de amor". En un pasaje posterior, reflexiona sobre su experiencia, diciendo lo que muchos otros han dicho, que esos momentos son inefables: imposibles de describir adecuadamente. "Sorprendida, asombrada. ¿Qué palabras son posibles? Y, sin embargo, el sentido de reconocimiento, recuerdo, era predominante. Una y otra vez me dije: 'Sí. Sí. Esta es la realidad. Lo había olvidado'".
- En sus memorias *Reason for Hope: A Spiritual Journey* ("Razón para la esperanza: un viaje espiritual"), Jane Goodall (44) describe un breve despertar a un orden superior de

realidad, "impresionante en su belleza", que generó "un estado de mayor Conciencia". Mirando hacia atrás en lo que pasó, ella nos dice: "Esa tarde, había sido como si una mano invisible hubiera corrido una cortina y, por un breve momento (…) conocí la atemporalidad y el éxtasis silencioso, sentí una verdad de la que la ciencia convencional es simplemente una pequeña fracción. Y sabía que la revelación estaría conmigo por el resto de mi vida, imperfectamente recordada pero siempre dentro. Una fuente de fuerza sobre la que podría recurrir cuando la vida pareciera dura, cruel o desesperada".

Las inspiradoras observaciones de Goodall traen varios puntos importantes. Primero, tales experiencias, bellas y profundas como son, son casi siempre temporales, y a menudo dejan a una persona deseando repetir la experiencia o deseando que se vuelva permanente. Son "solo experiencias", no un estado de ser duradero. Todas las experiencias, incluso las más bellas, van y vienen.

En segundo lugar, y lo más importante, por muy "celestes" que sean estas experiencias, e indicativas de los tipos de percepciones que caracterizan a la Conciencia de Dios, todavía no son ese estado: la Conciencia de Dios se define no solo por la calidad de la percepción, sino más bien por la coexistencia de la totalidad interna de la Conciencia Pura junto con la percepción de la creación relativa en su valor más refinado y enrarecido.

Está construido sobre el cimiento de la Conciencia Cósmica. Ilimitación dentro, límites glorificados fuera. Infinito silencioso interior sosteniendo los impulsos más sutiles y tiernos de la creación en el campo de la percepción.

Se puede ver fácilmente por qué Maharishi llamó a esto "Conciencia Cósmica Glorificada".

¿Pero por qué "Conciencia de Dios"? Es porque, ya sea que se conciba a Dios como una inteligencia viva impersonal, Ser puro, o como un "Él" o "Ella", deidad creadora que produce y mantiene el Universo, de cualquier manera, parece que el reino de lo Divino debe estar en el nivel más sutil, que sabemos por la ciencia es el más poderoso.

Como la realidad Divina sin forma e impersonal, Dios es la fuente inteligente (consciente) de todo, subyacente a todo, que da a luz a todos. Por otro lado, el aspecto personal de Dios, si existe, debe poder funcionar en la unión entre el Absoluto no creado y la creación que Él o Ella produce. Para tener realmente la capacidad de comprender, conocer, experimentar o percibir un Ser tan grandioso se requiere el refinamiento más completo de nuestro aparato sensorial, que es precisamente lo que caracteriza a la Conciencia Cósmica Glorificada.

> En este nivel, el despertar de todo conocimiento está vivo como poder organizador, el poder organizador infinito de la Ley Natural, lo que significa que, desde este nivel, el individuo tiene la capacidad espontánea de saber, hacer o lograr cualquier cosa. En este nivel de vigilia, la Constitución total del Universo está viva y vibrante dentro de la conciencia del individuo. Esto da como resultado la utilización espontánea del potencial total de la Ley Natural. (Maharishi)

En el próximo capítulo, procedemos a una discusión sobre la Conciencia de Unidad, que es el nivel más alto de desarrollo humano, y también es el séptimo y último estado de Conciencia alcanzable.

Capítulo 13

Conciencia de Unidad

Hemos alcanzado ahora el umbral del más alto nivel de desarrollo humano, que, en el modelo de Maharishi, él llama "Conciencia de Unidad", un estado de Ser que corresponde en todos los sentidos con nuestra tesis de que la Conciencia es todo lo que hay.

En la Ciencia Védica, la Unidad está indicada por varios dichos clásicos y consagrados. Quizás el más famoso es: "Yo soy Eso, Tú eres Eso, todo esto es Eso, solo Eso es", donde "Eso", por supuesto, es la Conciencia. Y "esto" es la totalidad de la creación relativa, ahora vista en su verdadera naturaleza como Eso.

Otro gran dicho es *"Aham Brahmasmi"*, "Yo soy Brahman", una palabra mejor traducida como "la Totalidad", la totalidad de todo lo que es, Ser Puro Absoluto / Conciencia junto con todos los valores relativos existentes y posibles. Como se expresa en el *Chhandogya Upanishad*: *"Tarvam khalvidam Brahm"*, "Todo esto es Brahman, la Totalidad".

En la Conciencia de Unidad, el individuo percibe todo en términos de totalidad. Todo es verdaderamente un océano ilimitado de Conciencia en movimiento.

En el desarrollo de estados superiores de Conciencia en un individuo, los tres "componentes" de lo que es realmente Conciencia indiferenciada —Observador, Proceso de Observación y Observado— evolucionan constantemente hacia el nivel último que discutimos al principio del libro: Conciencia infinita, ininterrumpida, primordial, Singularidad.

Lo primero en alcanzar este nivel supremo es la parte más íntima de nuestro Ser, la percepción de nuestro propio ego, el Observador. El nivel supremo de sujeto de observación (*Observerhood*) se alcanza mediante la experiencia repetida de la Conciencia Pura durante la trascendencia, y la estabilización gradual de esa conciencia ilimitada en la Conciencia Cósmica.

Lo siguiente es lo que nos conecta con el entorno, que obtiene su mayor potencial de observación gracias al refinamiento de la maquinaria de percepción que se acaba de describir, y alcanza su apogeo en la Conciencia de Dios.

Cuando el observador es conocido en su valor infinito (el Ser se conoce a sí mismo como Conciencia Pura) y la maquinaria de la percepción, la mecánica del conocimiento también alcanza su plena capacidad capaz de percibir el valor infinito en todos los aspectos de las interacciones y todos los objetos que uno observa, entonces la Conciencia de Unidad se alcanza automáticamente. Aquí es cuando ese aforismo védico se convierte no solo en palabras hermosas, sino en una realidad viva: Yo soy Eso, Tú eres Eso, todo esto no es más que Eso. Eso solo es.

Y ese (¡Eso!) es el punto de vista que hemos estado teniendo en este libro: Unidad, mirando a la naturaleza y a toda la creación en términos de Totalidad y, por lo tanto, dado que el conocimiento y la percepción están estructurados en la Conciencia, desde el punto de vista de la completa iluminación.

En lugar de detenernos extensamente en la secuencia de etapas de crecimiento anteriores a la Conciencia de la Unidad, que son niveles de iluminación parcial o incompleta, saltamos directamente a la iluminación total de la Unidad, el único estado en el que seríamos fieles a nuestra experiencia diciendo: "Conciencia es todo lo que hay".

Como hemos visto, cada estado de Conciencia trae consigo una comprensión diferente y un conocimiento diferente. En los sueños todo es una ilusión, en el estado de vigilia las cosas existen en un nivel superficial; en Conciencia Trascendental no hay nada más que el Ser.

En la Conciencia Cósmica yo existo, de manera permanente y estable, como el Ser universal trascendental e ilimitado, pero todo lo demás, incluidos "mis" pensamientos, percepciones y sentimientos, está en constante cambio.

En Conciencia de Dios o Conciencia Cósmica Glorificada, este campo de cambio es maravillosamente hermoso, es una creación tan maravillosa de Dios y de lo divino, y nuestros corazones están llenos de alegría por la maravillosa armonía de la existencia de la creación. Y ahora llegamos a la Conciencia de Unidad, otro estado de Conciencia en el que experimentaremos las cosas desde una nueva perspectiva.

Pero la Unidad no es solo un sistema más de percepción. Cuando llegas a la Unidad de Conciencia, no se trata solo de "uno de esos siete estados de Conciencia".

Verdadero conocimiento

Por supuesto, *es* otro estado de Conciencia, pero no *solo* otro estado de Conciencia en el que tenemos solo otra perspectiva. De acuerdo con nuestra teoría de que la Conciencia es todo lo que hay, y como corolario necesario de esa teoría, vamos a decir que la Conciencia de Unidad, lejos de ser solo otra forma de ver el yo y los objetos de percepción, es la forma de ver todas las cosas en la existencia. Es la única verdad sobre la existencia o la realidad misma. Todas las otras verdades son relativas, y son válidas en sus propios dominios. Son sistemas de creencias, basados en una percepción limitada. Se pueden tener diferentes percepciones limitadas de la realidad, una más expandida que otra y otra más gloriosa que la primera y otra tan gloriosa que es divina y llamamos Conciencia de Dios. Sin embargo, cada una es relativa, un estado incompleto de Conciencia desde el cual ver el mundo.

El único estado de Conciencia que es absolutamente cierto en términos de cómo son realmente las cosas es la Conciencia de Unidad. Nunca se conoce la realidad tal como verdaderamente es hasta que se está en Conciencia de Unidad. Todos los demás son tipos de percepción, estilos de funcionamiento de su sistema nervioso, modos de experiencia que transmiten una evaluación más completa de cómo está la totalidad de las cosas a cada paso del crecimiento. Pero se llega a la realidad verdadera y todo inclusiva solo en la Conciencia de Unidad.

En el proceso de trascender, la mente siempre activa se tranquiliza, se calma y luego se desliza más allá de los límites del pensamiento y la percepción, pero permanece despierta dentro de sí misma. Esta vigilia pura, conciencia sin un objeto distinto de sí misma, el estado unificado de Observador, Observado y Proceso de Observación, es nuestra naturaleza esencial, nuestro Ser. Se nos vuelve accesible cuando trascendemos, y encontramos ese Ser puro, ilimitado, siempre existente que es nuestro Ser, no cambiante, siempre igual a sí mismo independientemente del tiempo y el espacio.

En Conciencia de Unidad, ocurre un proceso similar, solo que en cierto sentido trascendemos afuera; "en cierto sentido" significa que el mundo exterior de límites, objetos y relaciones no "desaparece" como durante los primeros días de meditación.

Más bien, en nuestra percepción del objeto de atención —cualquier objeto ya sea interno o del "mundo exterior"—, trascendemos el objeto en el objeto mismo; descubrimos que, dentro de la naturaleza siempre cambiante del objeto, el mismo tejido o sustancia del que está hecho es realmente el Ser, nuestro propio Ser, que se expresa como el objeto. Mirando el objeto, lo que usted ve es su Ser. El objeto, lo que fuere que sea, es lo mismo que usted es, un Ser ilimitado. Dondequiera que dirija su atención, lo que encontrará es su Ser.

Esa es Conciencia de Unidad. Esa es la única realidad última. Todo lo demás es una apariencia, una obra teatral de ese Absoluto. La realidad última es que hay un océano ilimitado de Conciencia en movimiento. Esa es la única realidad absolutamente cierta, siempre consistente.

Así como podemos entender intelectualmente que todo en el campo de la creación burda o sutil es esencialmente Conciencia Pura, Ser puro, el Campo Unificado de la Ley Natural, la Conciencia de Unidad es el estado en que percibimos directamente ese nivel de vida infinitamente silencioso e infinitamente dinámico: interiormente en la Conciencia Trascendental y continuando en la Conciencia Cósmica y la Conciencia de Dios, y finalmente en todas partes, en todo y como todo, en la Conciencia de Unidad.

- "Me encontré extendiéndome por todas partes e idéntico a una especie de 'espacio' que abarcaba no solo las formas y mundos visibles, sino también todos los modos y cualidades de la Conciencia", escribió el matemático y filósofo estadounidense del siglo XX, Franklin Merrell-Wolff. "Esa totalidad era, y es, no otra que yo mismo". (45)
Merrell-Wolff describió su despertar a estados superiores de Conciencia en varios libros, incluyendo *The Philosophy of Consciousness Without an Object: Reflections on the Nature of Transcendental Consciousness* ("La filosofía de la conciencia sin un objeto: reflexiones sobre la naturaleza de la conciencia trascendental") y *Pathways Through to Space* ("Caminos a través del espacio") (46) que presentan, aunque en sus propios términos, un proceso de desarrollo similar a las etapas avanzadas de Conciencia, descritas por Maharishi. Aquí nuevamente habla de Unidad: "Hablando en el sentido subjetivo, soy todo lo que hay, pero al mismo tiempo, objetivamente considerado, no hay nada más que Divinidad extendiéndose por todas partes". El Ser y los objetos, él pudo ver, "son una y la misma Realidad". Tan radical como fue esta comprensión, "no había ninguna sensación de estar en un mundo extraño. Nunca he conocido otro estado de Conciencia que pareciera tan natural, normal y apropiado". Y en un pasaje que recuerda la descripción de Maharishi de la transición de Conciencia de Dios a la Unidad que describimos anteriormente, Merrell-Wolff escribió: "Me encontré tan idéntico a todos, que el último elemento de distancia más infinitesimal se disolvió. (…) Finalmente

205

llegó un estado en el que tanto lo que he llamado el Ser como lo que tenía el valor de la Divinidad se disolvieron en un trascendente más quieto. Ahora quedaba nada más que el Ser puro. (…) Ya no estaba el 'Yo' extendiéndose por todas partes a través de todo un Espacio ilimitado y consciente, ni había una Presencia Divina sobre mí, sino en todas partes solo Conciencia".

- Otro "sabio" moderno cuya conciencia se abrió a dimensiones superiores fue Gopi Krishna, citado previamente en el capítulo 12 con respecto a su descripción de trascender. Aquí habla de lo que llamaríamos Unidad: "No ves el mundo como una creación sólida, real y objetiva". En lugar de "cosas" físicas sólidas, "la creación real y objetiva es la conciencia. Ves conciencia en todas partes (…), es infinita. Es inmortal". En otra parte, escribió: "Aunque vinculado al cuerpo y al entorno, me había expandido de manera indescriptible en una personalidad titánica, consciente desde dentro de un contacto inmediato y directo con un Universo intensamente consciente. (…) La línea invisible que delimita el mundo material y la Realidad ilimitada y todo consciente dejó de existir, los dos se fusionaron en uno". (47)

- Mildred Norman, mejor conocida como *Peace Pilgrim* ("Peregrina de la Paz"), pasó los últimos treinta años de su vida caminando de un lado a otro de los Estados Unidos (más de 25 mil millas o más de 38 mil kilómetros en total), hablando de la importancia de cultivar la paz interior y exterior. Aquí cuenta la experiencia de una caminata matutina que precipitó su carrera inusual: "De repente me sentí muy animada. (…) Recuerdo que conocí la atemporalidad, la espacialidad y la ligereza. No parecía estar caminando en la Tierra. No había personas ni animales alrededor, pero cada flor, cada arbusto, cada árbol parecía llevar un halo. Hubo una ligera emanación alrededor de todo y gotas de oro cayeron como lluvia inclinada por el aire. (…) La parte más importante no fue el fenómeno [sino más bien] la realización de la unidad de toda la creación. No solo todos los seres humanos, sabía antes que todos los seres humanos son uno. Pero ahora también conocía una unidad con el resto de la creación. Las criaturas que caminan por la Tierra y las cosas que crecen de la Tierra. El aire, el agua, la tierra misma. Y, lo más maravilloso de todo, una unidad con lo que impregna y une a todos y da vida a todos. Nunca me he sentido separada desde entonces". (48)

- Uno de los grandes temas de la obra de Edward Carpenter, autor y educador inglés de fines del siglo XIX y principios del siglo XX, fue la expansión y transformación de la Conciencia. "Dado que la conciencia ordinaria, de la que nos ocupamos en la vida ordinaria, está antes que nada basada en el pequeño Ser local", escribió, "y de hecho es conciencia de sí mismo en el sentido local pequeño, se deduce que traspasar eso es morir al ser ordinario y al mundo ordinario (…) pero, en otro sentido, es despertar y descubrir que el 'Yo', el más verdadero e íntimo de uno, permea el Universo y todos los demás seres, que las montañas, el mar y las estrellas son parte del cuerpo de uno, y que nuestra alma está en contacto con las almas de todas las criaturas. (…) Es estar seguro de una vida inmortal indestructible y de una alegría inmensa e inexpresable". (49)
Este es un estado de Conciencia "más elevado" simplemente porque incorpora más de las cualidades que todos asociamos con una vida más rica y profunda: una perspectiva más amplia, como si se mirara desde la cima de una colina o incluso desde la cima de una montaña.

Mayor acceso a una fuente de inteligencia; creatividad más amplia y multifacética; mayor felicidad; amor más genuino y desbordante, y otros factores positivos que hacen la vida más efectiva y satisfactoria. Estos factores crecen proporcionalmente a la creciente estabilización de la Conciencia Pura en la propia conciencia.

Viviendo la totalidad

La gente habitualmente habla de una "trayectoria profesional" (o "camino profesional") que generalmente comienza con educación formal y avanza a través de diversos trabajos y capacitaciones hacia puestos de mayor responsabilidad, influencia y compensación. Otros hablan de estar en un "camino espiritual", que también implica el crecimiento desde un nivel elemental de ideas y prácticas hasta una captación cada vez más rica de valores espirituales.

En verdad, sea como sea que lo llamemos, todos estamos en un camino de vida, una ruta individual distintivamente única en la que viajamos o nos abrimos paso a través de la compleja, a veces enormemente confusa, abundancia de vida en el mundo. Algunas rutas son estrechas, con límites rígidos de creencias sobre lo que es posible, lo que es correcto y aceptable, lo que es saludable, etc., mientras que otras rutas son más abiertas, sin restricciones e inclusivas.

El proceso de evolución humana individual lleva a una persona de las limitaciones de pensamiento y comportamiento en gran medida egocéntricos a una más universal, generosa y generativa conexión con la vida a medida que la Conciencia se expande para apreciar e incorporar lo que llamamos Singularidad. Este crecimiento tiene lugar en las etapas conocidas como estados superiores de Conciencia que he estado describiendo en el transcurso de los últimos tres capítulos.

Esta progresión ocurre naturalmente a medida que se desarrolla el patrón de uno, de niño a adulto y luego a estados superiores de Conciencia, abarcando una mayor comprensión y más conocimiento a medida que avanzamos hacia la expresión de nuestro potencial total como seres humanos en el cosmos.

A medida que evolucionamos, nuestros caminos a través de la vida construidos a partir de innumerables influencias de nuestra propia herencia genética y kármica, así como de las costumbres, el clima y las leyes de la naturaleza en las que, y a través de las cuales, vivimos, se amplían y suavizan; y desarrollamos o evolucionamos una gama más amplia de opciones y elecciones de las que tendríamos en un camino estrecho plagado de obstáculos y limitaciones. El patrón se transforma en una estructura cada vez mejor que es capaz de ver más, experimentar más y, por lo tanto, vivir en una realización personal cada vez mayor.

Toda educación genuina produce este efecto de ampliación y profundización. La educación "formal" apunta directamente a ella, pero la educación que obtenemos a través de los viajes, las relaciones, el trabajo y la reflexión sobre nuestras experiencias a menudo es aún más invaluable para nuestro desarrollo personal y nuestra capacidad de comprender el mundo y a nuestra humanidad. Estos factores pueden, y deberían, cambiar nuestras percepciones al expandir la sabiduría que proviene del constante y estable crecimiento intelectual y emocional que puede (y debe) evolucionar en nosotros a través de la edad y la experiencia.

Nunca somos los mismos. Usted hoy no es igual que ayer. Quizás haya aprendido algo, encontrado a alguien o algo que le abriera los ojos a nuevas posibilidades o elevara su espíritu, dada su nueva información o renovada esperanza. Su patrón ha sido cambiado. Su visión ha cambiado. El color de sus gafas ha sido, por así decirlo, modificado, aclarado o transformado en lo que consideraríamos una dirección "positiva". El mundo tampoco es el mismo, porque usted está aquí.

El filósofo griego Heráclito es famoso por haber dicho que nunca se puede entrar en el mismo río dos veces; sin embargo, al poner el pie en la corriente, usted mismo lo ha cambiado. Su existencia y sus pensamientos y actividad han alterado las corrientes y remolinos continuos de las aguas a medida que fluyen río abajo.

Está dentro del rango de posibilidades de cualquier ser humano elevarse a estados superiores de Conciencia. Es decir, el viaje de la evolución hacia estados superiores no es estrictamente para ciertas personas "especiales"; es el derecho de nacimiento de toda persona nacida en un cuerpo humano. El crecimiento es natural para la vida.

La forma más rápida de fortalecer la capacidad de experimentar la Singularidad es favorecer experiencias de cada vez mayor integridad. Al sondar el campo de la Conciencia Pura o Singularidad, la Conciencia misma se convierte cada vez más en lo que experimentamos y sabemos que somos. Que esto resulte en un crecimiento hacia estados superiores de Conciencia no es teórico, sino que ha sido la experiencia de millones de personas en todo el mundo.

Mayor conocimiento, mayor verdad

Tendemos a creer en las "verdades" a las que hemos crecido expuestos, o las "verdades" en las que hemos sido adoctrinados al comienzo de nuestras vidas, y es raro (y comprensiblemente difícil) para las personas cuyas mentes están o han pasado por las enseñanzas de otros, inventadas para abarcar nuevos conocimientos, emprender una nueva y diferente forma de ver la vida, la existencia y la realidad.

Sin embargo, esto es precisamente lo que los grandes científicos de la era cuántica, como Einstein, Heisenberg, Planck y Bohr, se vieron obligados a hacer cuando las cosas extrañas que estaban descubriendo los obligaron a abandonar no solo los principios básicos de la física tal como los conocían, sino también sus propias concepciones personales de la realidad.

- Max Planck, ganador del premio Nobel que fue uno de esos fundadores de la teoría cuántica, llegó a decir, aunque de manera algo cínica: "Una nueva verdad científica no triunfa al convencer a sus oponentes y hacerlos ver la luz, sino más bien porque sus oponentes eventualmente mueren, y crece una nueva generación que está familiarizada con ella".

• El visionario inventor y filósofo Buckminster Fuller expresó la misma idea un poco más suavemente: "Nunca se cambian las cosas luchando contra la realidad existente. Para cambiar algo, cree un nuevo modelo que vuelva obsoleto el modelo existente".

Y, de hecho, este proceso a menudo altamente disruptivo, evolutivo o "revolucionario" ocurre más rutinariamente en las ciencias físicas de lo que la mayoría de la gente piensa.

• Tal como lo iluminó brillantemente Thomas Kuhn en su obra seminal *The Structure of Scientific Revolutions* ("La estructura de las revoluciones científicas"): "Las conceptualizaciones teóricas más grandes y más ampliamente aceptadas 'descubiertas' por la ciencia tienden a dominar el día incluso frente a hallazgos nuevos y contradictorios que surgen de un escrutinio más cercano hecho posible gracias a técnicas de investigación cada vez más sofisticadas, rigurosas y exigentes. Eso es hasta el momento en que una preponderancia abrumadora de evidencia empírica y científica recientemente descubierta finalmente envía al suelo poderosa y completamente la conceptualización largamente aceptada, y a menudo de manera impresionante". (50)

Tal fue el caso, por ejemplo, con la creencia incuestionable, hasta casi el final del siglo XVI, de que la Tierra y la humanidad se ubicaban con certeza en el centro mismo del Universo.

¿Por qué no puede aplicarse el mismo tipo de "pensamiento revolucionario", que de hecho es el sello distintivo de las ciencias físicas desde la teoría clásica newtoniana hasta la cuántica, a nuestra forma de pensar acerca de la Conciencia?

CAPÍTULO 14

Los dilemas de la libertad, la ley y el orden

Afortunadamente, integrado al conocimiento de la Conciencia que hemos explorado, hay una metodología práctica para aumentar la capacidad de las personas para seguir espontáneamente los preceptos más altos, y pensar y actuar de la manera más evolutiva para su propio beneficio y el de la sociedad en su conjunto.

Hay una manera sistemática de producir naturalmente un comportamiento compasivo y amoroso en individuos e incluso en grupos. Lo veremos más adelante en este libro. Primero, sin embargo, es vital preguntarse si los humanos realmente tienen la capacidad de hacer o efectuar cambios. Tenemos que revisar una pregunta fundamental sobre la libertad y el determinismo. Muchos filósofos y científicos modernos afirman que todo está predeterminado y que no tenemos libre elección. Otros afirman lo contrario. La pregunta por lo tanto es: ¿en qué medida participamos consciente y libremente, o interferimos en la creación y desarmado de nuestras propias vidas, las vidas de los demás y la evolución de la sociedad, el mundo y posiblemente del Universo en su conjunto?

A pesar de nuestra capacidad de ser conscientes, de observar, de interpretar y de comprender, ¿somos realmente libres de cambiar las cosas o solo somos instrumentos de un proceso evolutivo en el que nuestras vidas están completamente predeterminadas? ¿Somos creadores reales que libremente tomamos decisiones y somos capaces de participar a voluntad para moldear o alterar el camino de nuestra evolución y la de otros?

Cosmovisión y creencia

Las soluciones que se alcanzan al tratar de responder estas preguntas ya sean teóricas o prácticas, o en cierta medida ambas, están profundamente influenciadas por nuestra visión o creencia del mundo.

Si se es un materialista estricto y se cree que hay leyes físicas que determinan todo, entonces se tenderá a un punto de vista determinista. Sin embargo, incluso los materialistas estrictos reconocen que hay propiedades emergentes, como la salinidad de una sustancia, las propiedades de cohesión, adhesión y tensión superficial del agua, o la propiedad de bombear sangre por el corazón, que no están definidas o expresadas en términos de las propiedades de partículas elementales como quarks y electrones, o al menos en términos de las propiedades de los átomos constituyentes o núcleos atómicos. Sin embargo, son definibles y significativas solo cuando se considera una totalidad más amplia, como sustancias en el caso de la salinidad.

Al expandir este pensamiento, los materialistas en el sentido más amplio pueden considerar que la formación y evolución de estructuras altamente complejas organizadas jerárquicamente en el Universo físico pueden dar lugar a nuevas propiedades emergentes que no se pueden rastrear a las leyes básicas de la física y podrían estar abiertas a un número de posibilidades sobre libertad, ley y orden. La creencia más difundida en la sociedad humana a lo largo de la historia moderna es que hay un creador que diseñó el Universo, decretó sus leyes y nos metió en él. Nos dio la conciencia, así como la libertad.

La percepción del tipo de leyes que controlan la vida humana y cuánto interfiere el creador con esas leyes varía según los sistemas de creencias individuales. A qué especie Dios o la "Naturaleza" ha dado conciencia y a quién asignó libertad también depende de la "visión del mundo" de uno. Y no ha habido escasez de visiones del mundo, paradigmas e interpretaciones filosóficas conducentes a una miríada de formas de percibir la ley, la justicia, los derechos y las responsabilidades tanto mundanas como divinas.

En general, antes de que la ciencia moderna ganara protagonismo universal y se convirtiera en la referencia para el estudio y la comprensión de las leyes de la naturaleza, las personas sentían que vivían en un mundo que estaba sujeto a todo tipo de fuerzas ininteligibles o misteriosas. Se pensaba que los individuos eran libres y responsables, pero que su libertad estaba sujeta a, o restringida por, una interferencia externa oculta o divina.

DETERMINISMO

En los últimos cuatrocientos años, las leyes de la naturaleza comenzaron a descubrirse sistemáticamente, revelando causas y efectos claros en la mayoría de los eventos y fenómenos. Sin embargo, al principio, debido a fuerzas e influencias aún no descubiertas, incluso los padres de la ciencia moderna, como Sir Isaac Newton, dudaban de la posibilidad de una solución matemática determinista que abarcara todo lo que hay en el Universo.

- Al encontrar inestabilidad en el movimiento y las órbitas de los planetas, por ejemplo, Newton concluyó que la intervención divina periódica era necesaria para garantizar la estabilidad del Sistema Solar.
- Pierre-Simon Laplace, el brillante matemático, físico y astrónomo que a menudo se describió como el "Newton de Francia", se dispuso a prescindir de la hipótesis de la intervención divina, haciendo de esta la principal actividad de su vida científica. En 1814, Laplace publicó lo que probablemente sea la primera articulación occidental del determinismo causal o científico: "Podemos considerar el estado actual del Universo como el efecto de su pasado y la causa de su futuro. Un intelecto que en cierto momento conociera todas las fuerzas que ponen en movimiento a la naturaleza, y todas las posiciones de todos los elementos de los que

está compuesta la naturaleza, si este intelecto también fuera lo suficientemente vasto como para someter estos datos a análisis, incluiría en una sola fórmula los movimientos de los cuerpos más grandes del Universo y los del átomo más pequeño; para tal intelecto, nada sería incierto y el futuro como el pasado estaría presente ante sus ojos". (51)

Desde una perspectiva puramente materialista, el punto de vista determinista de Laplace y de muchos otros como él es difícil de refutar. Si hay ley y orden en el Universo, entonces cada acción tiene una reacción específica. Cada efecto tiene una causa específica. El mundo funciona como un reloj de precisión.

El punto de vista determinista no descarta necesariamente la existencia de un creador. Podría haber un creador que haya diseñado todo, incluidas las leyes estrictas por las cuales todo funciona, pero una vez establecidas las leyes, deja de interferir con las cosas. Si hubiera un creador, sería, en esta visión del mundo, como un relojero en lugar de un ejecutivo ocupado constantemente administrando todo.

La pregunta aquí es si el creador diseñó a los humanos para tener libertad. Si los humanos por diseño no tuvieran libertad, entonces en esta hipótesis, también hay un determinismo completo. Por lo tanto, se llega a la misma conclusión que cuando se adopta un punto de vista puramente materialista, descartando la existencia de un creador personal.

Si hubiera un creador que diera libertad a los humanos y al mismo tiempo hiciera leyes estrictas, entonces habría reglas para lo que sucede cuando los humanos actúan de acuerdo con la ley o contra la ley. Así es como los sistemas de creencias o las religiones explican, por ejemplo, la buena fortuna o el sufrimiento. Si se actúa de acuerdo con la ley, se es recompensado y si no, se sufre.

Nuevamente, la interpretación de qué leyes creó Dios varía de un sistema a otro. Además, dado que los individuos tienen diferentes aptitudes y nacen desde el inicio en diferentes condiciones de vida siendo algunos más privilegiados que otros, existen diversas interpretaciones y creencias sobre a quién le gusta o no le gusta el creador, y quién es a priori elegido para ser feliz o ser sometido a pruebas y tribulaciones.

El karma y el proceso de reencarnación también se dan como explicaciones de por qué nacemos bajo ciertas condiciones. Lo que haces en una vida influye en lo que enfrentas en la siguiente. ¡Así como siembras, así cosecharás!

Supuestamente, el creador también tendría la "libertad" para actuar de maneras que no están de acuerdo con sus propias leyes; o la libertad de cambiar las leyes a voluntad. Por lo tanto, también existe una disparidad de creencias sobre el grado en que el creador interfiere con las cosas a diario o en ocasiones, cambiando potencialmente las reglas a voluntad.

La preponderancia de las cosmovisiones y sistemas de creencias con una gran variedad de interpretaciones ha llevado a la creación de un gran número de religiones e innumerables sectas dentro de cada religión. Desafortunadamente, estas a menudo chocan entre sí al afirmar tener la verdad, en donde los proponentes de cada una afirman ser los elegidos o los preferidos por Dios, y estar en el camino correcto mientras que otros son pecadores y almas perdidas.

Algunos devotos fanáticos llegan al punto de estar dispuestos a matar y morir en nombre de Dios. Todo esto ha dado una mala prensa a la religión organizada. Está llevando a los informados y educados lejos de los sistemas de creencias, y acercándolos a la ciencia como referencia de lo que es confiable y verdadero.

Al mismo tiempo, los conceptos de libertad y libertad individual históricamente han proporcionado grandes lemas y consignas para todo tipo de grupos, activistas políticos, naciones, y también para guerras y otros conflictos. Son proclamados y aclamados en las constituciones de muchos países.

La expresión políticamente cargada "Mundo Libre" se ha utilizado durante la Guerra Fría para designar a los países del bloque occidental, particularmente a los Estados Unidos, en contraposición a los países comunistas. Supuestamente el "Mundo Libre" debe apoyar la libertad para todos en contraste con los países que controlan estrictamente el comportamiento de sus ciudadanos, y que también se esfuerzan por controlar sus mentes.

Libertad

Si existe tal orden en la naturaleza en su conjunto, ¿por qué existe tal creencia en la libertad? La libertad también significa la capacidad de pensar y actuar fuera de tono con la ley, o más específicamente, de actuar en violación directa de la ley. ¿Cómo conciliar la ley y el orden con la libertad? ¿Qué es la libertad?

> Kate es una joven doctora especializada en medicina de emergencia. Durante un fin de semana, recibe una llamada a las 5:00 am de padres asustados cuya hija Julie tiene un ataque de asma grave. Las medicinas que probaron no funcionaron. Julie tiene dificultad para respirar y comienza a ponerse azul debido a una obstrucción severa de las vías respiratorias. Como no hay servicios de emergencia o ambulancias en el área, Julie está a merced de la ayuda de Kate. Podría morir si Kate no hace a tiempo para tratarla.
>
> Kate salta a su auto y conduce a toda velocidad por calles vacías. Se acerca a un semáforo que se pone rojo. Mira a su alrededor, se asegura de que no vengan otros autos y salta la luz roja. Un camión averiado bloquea el camino más corto hacia la casa de Julie.
>
> La desviación la llevaría a un desvío adicional de cuatro o cinco minutos. Ella decide tomar un atajo por una calle de sentido único, conduciendo con cuidado con los faros encendidos, pero en la dirección equivocada.
>
> Cuando dobla la esquina, un hombre se arroja al costado de su auto. Ella se detiene; sale; lo encuentra con pequeñas contusiones. Ella trata de acompañarlo a la acera; él se agita y de

repente empuña un arma, amenaza con matarla y le ordena que regrese a su auto con él sentado en la parte de atrás. Ella trata de explicar que tiene una emergencia y que un paciente podría morir. Al hombre no le interesa en lo más mínimo.

Ella conduce con él por media milla y aprieta los frenos, haciendo que el auto patine hacia un lado. Golpea un árbol. El hombre está un poco desorientado. Kate está entrenada en artes marciales. Ella lo arrastra rápidamente fuera del auto, lo arroja a la acera y se va.

Su móvil ha estado sonando. Son los padres de Julie. Su hija está perdiendo el conocimiento. Kate se apresura las pocas millas restantes y llega justo a tiempo. Ella revive a la joven; le da oxígeno, le da una inyección y estabiliza su condición. Si Kate hubiera llegado uno o dos minutos después, Julie habría muerto.

Kate llama a la policía para informar sobre el accidente de tráfico, pero el hombre ya denunció que un automóvil que circulaba contramano lo golpeó. La cámara del semáforo también había tomado una foto de su automóvil pasando la luz roja minutos antes del incidente.

Era su historia contra la historia del hombre. La policía no pudo encontrar arma alguna, ya que el hombre la había escondido bien. El caso fue tratado como un "golpe y fuga", y Kate enfrentó la posibilidad de diez años de prisión por homicidio involuntario agravado, perdiendo todos sus ahorros y arruinando potencialmente su carrera.

Kate había violado intencionalmente varias leyes de tránsito. Pasó una luz roja y condujo contramano en una calle de sentido único por encima del límite de velocidad.

Las leyes de tránsito son parte de lo que podemos llamar leyes hechas por el hombre, creadas para organizar nuestras vidas como una sociedad humana al establecer reglas que protegen los derechos individuales y sociales, y gestionan cómo nos relacionamos entre nosotros y con el medio ambiente en el sentido más amplio. En todas las naciones, se necesitan leyes hechas por el hombre para mantener el orden.

En comparación con las leyes que administran el Universo y que hemos estado llamando en este libro "las leyes de la naturaleza", las leyes hechas por el hombre pueden ser más o menos parciales, incompletas, sesgadas hasta el punto de ser potencialmente injustas (por lo tanto, las leyes a menudo son cambiadas o modificadas), y en sintonía o fuera de sintonía con la Ley Natural.

La Ley Natural, como se usa aquí, no significa formas primitivas de vivir o volver a la subsistencia humana básica. Las leyes de la naturaleza incluyen las leyes de la física, la química, la biología, la psicología y la sociología. Eso también incluye todo lo que se necesita para asegurar los pasos de la evolución. El principio de supervivencia del más adaptable y el más apto, más propiamente descrito como selección natural, por ejemplo, es parte de la Ley Natural. Todo lo creado por los humanos en el proceso de evolución, incluida la tecnología moderna y las formas de comunicación y transporte, es parte de la Ley Natural.

La Ley Natural, aunque rígida en su fuerza evolutiva, es más flexible en su adaptabilidad y se expresa de manera diferente en diferentes condiciones. La Ley Natural es diferente en la selva con animales salvajes de lo que es en una gran ciudad poblada por sociedades complejas y seres humanos en evolución. Es por eso que tenemos diferentes culturas, costumbres, tradiciones, idiomas y varios tipos de árboles y animales en diferentes condiciones ambientales y climáticas.

El control estricto del comportamiento humano y la innovación bajo leyes estrictas hechas por el hombre podrían obstaculizar la creatividad y obstruir el proceso natural de evolución. A menudo se necesita pensar fuera del sistema para encontrar ideas novedosas que ayuden al progreso individual y colectivo, por ejemplo, a través de avances en la ciencia médica que prolongan la vida e innovaciones en instituciones sociales para ayudar a grupos de personas.

Bajo una cosmovisión puramente materialista, las leyes hechas por el hombre pueden volverse demasiado restrictivas hasta el punto de tratar a las personas como autómatas ignorantes que necesitan ser condicionados para cumplir con la ley.

Como todo está motivado inherentemente por la Ley Natural, cuando la ley hecha por el hombre se convierte en un obstáculo para el progreso, la fuerza de la evolución empujará a las personas a actuar de manera que pueda contradecir el orden establecido. Luego se crean nuevas leyes hechas por el hombre y se establece un nuevo orden hasta que se alcanza el siguiente nivel de evolución, que puede hacer avanzar aún más el desarrollo humano y social, o tal vez obstaculizar el desarrollo positivo.

Kate obviamente violó algunas leyes hechas por el hombre para salvar a Julie. En la mente de Kate, salvar una vida humana tenía prioridad por sobre pasar una luz roja o conducir contramano en una calle de sentido único más rápido que el límite de velocidad, particularmente cuando pensó que lo hizo con cuidado y atención. Después de todo, las ambulancias hacen esto todo el tiempo.

Kate sintió que usó su juicio. Sin embargo, al arrestarla, los agentes de policía creyeron que estaban actuando de acuerdo con la ley humana.

Esto fue correcto en lo que respecta a las infracciones de tránsito, pero debido a la ignorancia, estaba mal con respecto al hombre sangrante y a la suposición de haberlo golpeado y huido.

Sin que ellos lo supieran, estaban actuando contra la Ley Natural. La policía no sabía que ella era realmente la víctima más que la criminal. El hombre que intentó secuestrarla estaba actuando en contra de la Ley Natural y de la ley humana, pero está tratando de utilizar la ley humana para su beneficio.

En el momento en que tuvo lugar este evento, Kate era joven y estaba llena de idealismo humanista. Ella vio la injusticia en la sociedad y se convirtió en una acérrima activista antisistema.

El oficial de policía que dirigió la investigación era una persona de preceptos rígidos y vio a Kate como una rebelde y una revolucionaria que había ignorado las leyes establecidas por el hombre. Se negó a escuchar su historia o a impulsar la investigación más allá de las simples preguntas. Todo parecía sombrío para ella.

Cuando se trata de seres humanos, particularmente nuestras leyes y sistemas de justicia a menudo dejan mucho que desear. Sin embargo, de esto se trata la evolución. Las cosas solían ser antes mucho más difíciles, mucho más parciales, mucho más ignorantes que hoy. Las cosas continuarán mejorando a medida que aumente la conciencia individual y colectiva.

Afortunadamente para Kate antes de la fecha establecida de su juicio final y probable condena, un grupo devoto de amigos logró completar una investigación privada uniendo los puntos con otros crímenes en tres ciudades diferentes. El hombre en cuestión resultó ser un psicópata criminal.
Toda evidencia forense y el descubrimiento del arma lo hicieron confesar. Kate fue absuelta y tratada por los medios como una heroína con muestras de apoyo y donaciones de simpatizantes. Ella es ahora una persona libre en un país libre.

Un héroe toma decisiones que están más allá del alcance de las expectativas normales del día a día, violando ocasionalmente las leyes básicas para lograr un bien mayor y más elevado. Los creadores de leyes más integrales y más inclusivas para una nación a menudo son muy honrados y se convierten en ejemplos para otros, así como símbolos de los fundamentos de nuevas repúblicas, nuevas constituciones y sociedades más evolucionadas y sofisticadas.

Sin embargo, se descubrió que el hombre tenía un tumor cerebral, lo que causó su comportamiento criminal y el juez redujo su sentencia.

La relación entre la ley humana, la Ley Natural, la evolución, el orden y la justicia puede ser bastante compleja, como se ilustra en esta historia. ¿Qué hay de la libertad?

Kate tomó decisiones utilizando el libre albedrío de diferentes maneras para salvar a Julie y salvarse a sí misma. Algunas de estas elecciones estaban en contra de la ley establecida por el hombre.

Los amigos de Kate ejercieron su libre albedrío al confiar en ella, ser creativos y encontrar la evidencia que no solo resolvió varios crímenes, sino que también exoneró a Kate. Todos fueron creativos y actuaron de manera original.

El criminal también tomó decisiones. Usó su libertad de una manera destructiva y obstruyó la libertad de los demás.

El policía fue parcial y violó el espíritu de la ley siendo demasiado justiciero. Los individuos en esta historia tomaron decisiones influenciadas en diversos grados por ideales altruistas sinceros, heroísmo, prejuicios, ignorancia, justicia propia, avaricia, enfermedad e incluso suerte o desgracia.

No importa cuánto tratemos de sacar conclusiones teóricas sobre el libre albedrío y el determinismo, la libertad sigue siendo un activo poderoso para la creatividad, el progreso y la evolución. También es necesario para la felicidad y la realización del individuo y la sociedad.

A todo el mundo le gusta poder hacer y obtener de forma completa y sin restricciones lo que desea. En el océano esta es la regla y los peces grandes se comen a los peces pequeños. En la jungla no hay sentido de lo correcto o lo incorrecto. Los depredadores se alimentan unos de otros. "El poder tiene razón". Sin embargo, en la sociedad humana, para obtener apoyo mutuo, establecemos reglas que protegen a todos y apuntamos a hacer realidad que "lo correcto es poder", mientras nos esforzamos por definir de la mejor manera posible lo que significa "correcto".

Responsabilidad

El criminal tenía un tumor cerebral que transformó su fisiología y psicología. Se comportó más como un depredador animal en la selva que como un ser humano social. No se puede ir a la jungla y juzgar a los animales con respecto a quién mató a quién y por qué motivo. Aceptas que, en su ecosistema, los animales se alimentan unos de otros.

El juez redujo la sentencia del criminal por el hecho de que no era completamente libre de hacer lo que hizo. Fue su enfermedad lo que lo obligó a actuar como lo hizo. Pero este argumento podría extenderse a todas las demás situaciones. ¿Quién sabe exactamente qué cambios ocurrieron en el cerebro de Kate cuando violó las leyes de tránsito? ¿Era realmente libre y plenamente consciente de todas las consecuencias? ¿O actuó por un impulso, de hecho, humanista, que la motivó más allá de su deliberación racional y consciente?

En la década de 1970, Benjamín Libet, investigador de la Universidad de California en San Francisco, descubrió que los procesos neuronales "inconscientes" preceden y potencialmente hacen que un sujeto se mueva o actúe antes de que el sujeto se dé cuenta de la acción. Dichos estudios revelaron que la deliberación consciente a veces puede ocurrir después, en lugar de antes, de la decisión de tomar medidas. Sin embargo, el sujeto sentiría *retrospectivamente* ser el decisor consciente y el motivador consciente de la acción.

Cuando, por ejemplo, Jane está sentada en un restaurante y parece que levanta la mano impulsivamente, puede sentir que primero decidió conscientemente levantar la mano y luego la levantó. Sin embargo, algunos estudios neurofisiológicos muestran que algo "inconsciente" la obligó a levantar la mano y en realidad comenzó el proceso de levantar la mano antes de que ella se diera cuenta. Sin embargo, dentro de milisegundos, una parte de su cerebro (a menudo llamado "el Intérprete") interviene y justifica por qué está levantando la mano: "Quiero atraer la atención del camarero".

Con base en este y otros estudios similares, muchos estudiosos, particularmente aquellos que creen en el determinismo causal reduccionista, concluyen que esto es una prueba de que los humanos no tienen libre albedrío consciente. Si esto fuera cierto, Kate no sería responsable de violar las leyes de tránsito. Algo "inconsciente" en ella la obligó a hacer lo que hizo y ella solo fue un testigo que interpretaba lo que estaba haciendo como su propia decisión consciente. Sería algo así como sonambulismo, pero con un observador consciente, que no hace nada para intervenir y evitar que Kate infrinja la ley "hecha por el hombre" (o que sea estrictamente incapaz de hacerlo).

Los sonámbulos, o deambuladores nocturnos, no son plenamente conscientes de lo que están haciendo y no recuerdan más tarde lo que hicieron, aunque parecen estar despiertos. Si generalizamos la perspectiva del "intérprete", de acuerdo con esta perspectiva, todos podríamos ser como sonámbulos, con la diferencia de que una parte de nuestro cerebro nos hace creer constantemente que somos los decisores conscientes en el control de nuestras acciones. La toma de decisiones en este caso es simplemente una interpretación de lo que ya se ha decidido en lugar de un juicio complejo y bien pensado. Estudios neurofisiológicos más detallados muestran que el sujeto realmente puede interferir con el impulso "inconsciente", bloquearlo o cambiarlo.

Todo esto lleva a preguntas sobre la responsabilidad y el grado en que un sujeto es maestro de sus elecciones. Tenemos por lo tanto dos aspectos de la libertad.

1. Un aspecto tiene que ver con la capacidad de hacer lo que uno desea. Esta es una necesidad de felicidad y creatividad siempre que la libertad de uno no interfiera con el orden social ni bloquee la libertad de los demás. Esta libertad, aunque fundamental e importante, debe ser controlada por las leyes, costumbres, tradiciones y formas de vida hechas por el hombre, características de diferentes culturas y naciones. Cuanto más rígida es la cultura, más seguros se sienten

224

algunos, pero la evolución y la creatividad se pueden ralentizar o restringir. Cuanto más flexible y libre sea la cultura, más incertidumbre y disrupción es probable que enfrente; una cultura menos basada en reglas tiende a provocar más desorden y violaciones de las leyes consideradas cuestionables por los miembros de esa cultura. Y, sin embargo, también puede beneficiarse de las innovaciones socioculturales y el progreso que puede suceder más rápido que en una cultura más restrictiva. El equilibrio siempre es necesario.

2. El otro aspecto de la libertad tiene que ver con el mecanismo subyacente por el cual uno toma decisiones. ¿Qué hizo que Kate violara las leyes de tránsito? ¿Fue algún motivador "inconsciente" y por lo tanto involuntario? En otras palabras, ¿era algo más allá de su control, en su sistema nervioso, en su memoria, pasado y presente, una cadena de causa y efecto que conduce a un conjunto de parámetros neurofisiológicos y descargas neuronales que la obligaron a hacer lo que hizo? ¿Era su conciencia solo testigo de todo eso o solo un mecanismo para interpretar y validar con rigidez lo que estaba sucediendo, haciéndola sentir como si fuera la dueña de su destino? Es este aspecto de la libertad el que se cuestiona desde el punto de vista determinista. Es posible que se pueda hacer lo que se cree que se quiere, pero ¿se puede realmente querer lo que se quiere? ¿Es usted un libre decisor que toma decisiones genuinamente unilaterales, o una especie de sonámbulo que se ve a sí mismo decidiendo y convenciéndose de que usted es el decisor?

Esta no es solo una cuestión teórica de interés puramente filosófico o intelectual. Es una pregunta con una profunda relación con la responsabilidad, la recompensa, el castigo y todo el sistema legal.

La neurociencia moderna avanza rápidamente y es probable que encontremos un correlato físico para cada acción y cada decisión. ¿Significará que todo criminal puede salirse con la suya porque un científico o médico puede demostrar que fue motivado por un circuito cerebral que se disparó de manera incorrecta? ¿Y quién definirá lo que constituye el camino "incorrecto"?

La libertad de crear, cambiar, cuestionar y reevaluar es un valioso activo evolutivo. Las personas abusadas, que se ven obligadas a hacer cosas que no quieren, están experimentando una grave violación de su libertad. Están siendo tratados como objetos que no tienen voz en lugar de seres humanos pensantes y sencientes[15] que tienen sus propios deseos y opciones. Sin embargo, en todos los casos, el libre albedrío es inconcebible fuera de la Conciencia.

Ser libre significa que hay un deliberador consciente totalmente capaz de dirigir el curso de los acontecimientos de una forma u otra, según lo desee. La idea del libre albedrío inconsciente o no consciente es categóricamente absurda y sin sentido. De esta manera, la Conciencia es un requisito previo para la libertad. La pregunta sobre el libre albedrío, por lo tanto, nos devuelve al problema de la naturaleza y el origen de la Conciencia.

La solución final es que la Conciencia no es un fenómeno etéreo que emerge de la materia, sino que es de origen primario y es el "material" del cual todo emerge. Sin embargo, esto no implica automáticamente que la libertad realmente exista. La Conciencia no significa necesariamente libertad, aunque la libertad a la inversa requiere la existencia de la Conciencia. Pero cuanto más amplia y más abarcativa es la Conciencia, mayor es el potencial de libertad. Ni la libertad ni la Conciencia son estrictamente fenómenos de "todo o nada". Tienen grados. Hay capas, colores y sombras de Conciencia al igual que hay grados de libertad y los dos están íntimamente relacionados.

---

15. **Senciente**. Refiere a una cosa o persona que siente, percibe, percata, distingue o ve alguna sensación, huella, creencia, emoción, impresión, noción, premonición, presentimiento; así mismo al resultado o efecto de algo.

Capítulo 15

Un océano ilimitado de Conciencia en movimiento

Los conceptos presentados en los siguientes capítulos ofrecen un modelo unificador para ideas dispersas, hallazgos y creencias en muchas áreas del conocimiento, la ciencia y la espiritualidad. Muestran que puede haber algo de verdad en todo lo que se defiende, se cree, se descubre, se hipotetiza o incluso se imagina. Todo es una cuestión de a dónde va la atención. A través de las diferentes mirillas, el elefante en una caja puede verse muy diferente, pero ¿cuál es el elefante real después de todo?

El axioma o postulado básico, como hemos visto anteriormente, es que "a la base de todo hay un gran campo de Conciencia, una Conciencia Primordial que no es material ni física, y que en este libro hemos llamado Conciencia Pura". Este campo está más allá del tiempo y del espacio, más allá del comienzo y del final. Es absoluta, no cambia y siempre es igual a sí misma. Esta Conciencia Pura es pura existencia. Se convierte en todo lo que sabemos y todo lo que experimentamos. Es lo que realmente somos y todo lo que hay.

La multiplicidad desde la Unidad ha sido tratada con cierto detalle en el capítulo 9. Implica la capacidad de la Conciencia de discriminar (facultad de intelecto) entre las diversas características de las perspectivas o identidades emergentes (egos). Estos incluyen las cualidades de sujeto, proceso, objeto, silencio, testimonio, dinamismo, revelación y ocultación en diferentes grados y proporciones, pasando de una perspectiva de unidad absoluta y más holística a una cascada de puntos de vista cada vez más estrechos y específicos.

> **En la base de Todo, hay un gran campo de Conciencia, una Conciencia Primordial, que no es material ni física y que en este libro hemos llamado Conciencia Pura.**

Metafóricamente una pirámide

Si tuviéramos que clasificar todas las perspectivas en términos de su amplitud o estrechez en comparación con su número, obtendríamos aproximadamente una estructura imaginaria piramidal (o de forma cónica).

Cada punto de la pirámide representa una perspectiva única. Las perspectivas más amplias son menos numerosas y, en consecuencia, más altas en la pirámide. Las perspectivas más estrechas son cada vez más numerosas y, por lo tanto, serían más bajas en la pirámide.

Por lo tanto, las perspectivas se vuelven cada vez más estrechas a medida que avanzamos por la pirámide. Esto se debe a la cascada en la que surgen perspectivas cada vez más específicas en números cada vez mayores a medida que avanzamos. Es por eso que la pirámide se amplía hacia su base, donde las perspectivas se hacen más grandes en número, pero más estrechas en conciencia.

La vista desde la cima de la pirámide

El gran campo de Conciencia, la Conciencia Pura, tiene por lo tanto dentro de sí un número infinito de perspectivas. Experimenta (mente) y conoce (intelecto) sus perspectivas individuales (egos). Son inherentes a ella. Para tener una idea de cómo podría ser esto, podemos pensar en nosotros mismos. Pensamos y sentimos que somos la misma persona.

Sin embargo, sabemos que esta persona puede convertirse o ha sido muchas "cosas": un amigo, un niño, un adolescente, un adulto, un estudiante, un soñador, un luchador, un amante, un médico, un maestro, etc. Nuestra apariencia, los roles sociales, las características físicas y mentales cambian todo el tiempo. Sin embargo, percibimos en nuestro núcleo interno un Yo que es indiviso, uno y único.

De manera similar, pero infinitamente más expandida y clara, la Conciencia Pura se ve a sí misma y sabe que es una, al tiempo que también conoce las posibilidades infinitas que su propio Ser puede asumir simultáneamente.

En tanto la Conciencia Pura mantiene la conciencia de que todo es mi Ser y nada más que mi Ser, y que no haya entidades o perspectivas que tengan un sentido del ego que los separe de la Conciencia Pura, en realidad nada se manifiesta. Todo permanece Pura Conciencia en su Unidad y sus múltiples perspectivas. Las perspectivas siguen siendo potencialidades latentes.

En la pirámide

Este campo de todas las posibilidades tiene dentro de sí todo lo que podría ser concebible, imaginable, probable o improbable. Sin embargo, es unificado, no dual, pacífico e impersonal. Todas las posibilidades en este reino del Ser significan absolutamente Todas las posibilidades existentes simultáneamente, a la vez, en el mismo instante y para siempre.

Están el virtual tú y yo nacidos, vivos a la edad de 1, 18, 60, 100, inmortales (o mortales), débiles, fuertes, invencibles, sanos, felices, tristes, enfermos, ricos, pobres, etc., todo al mismo tiempo. Sí, también digo que el automóvil, el avión, la batidora de verduras, la molécula de oxígeno, el átomo de hidrógeno, el Bosón de Higgs, los fermiones y el teléfono celular ya están allí dentro del vasto tejido de la Conciencia Pura. De hecho, estamos diciendo que están allí a la vez, estuvieron allí antes del *Big Bang*, estarán allí después de, y durante, cada futuro *Big Bang*; y no solo están, sino que también está todo posible e imaginario presente, pasado y futuro.

Dentro de este tejido de Conciencia Pura también hay unicornios, hadas, ángeles, genios, elefantes blancos, usted casado con tu novia de la escuela secundaria o con una campesina, un conductor, un capo de la droga o la realeza, saliendo ileso de un accidente o muriendo en el mismo accidente; usted es médico, enfermera, pintor, piloto, filósofo, presidente de los Estados Unidos y el sultán de Zanzíbar, también el rey o la reina de la galaxia… Lo que sea que se pueda soñar, pensar, imaginar o fantasear está ahí como un potencial.

Todas estas son posibilidades virtuales coexistentes. Es como tener un número finito de imágenes digitales en su computadora. Entre ellas, por ejemplo, hay una foto de un gato vivo y una foto del mismo gato muerto. Estas son dos imágenes diferentes, pero están juntas al mismo tiempo en su base de datos. Ahora se puede mirar la imagen del gato vivo y decir que el gato está vivo. También se puede mirar la imagen del gato muerto y decir que el gato está muerto. Esto es lo que se quiere decir. Esto es lo que propongo en lo que llamamos la vida real.

Todas las posibilidades existen en el ámbito virtual. En nuestras vidas corremos a través de las imágenes en una secuencia determinada porque tenemos limitaciones, pero en todo momento podríamos potencialmente estar expuestos a, o tomar, diferentes decisiones. La cantidad de libertad que tenemos para tomar diferentes decisiones depende de nuestro estado de Conciencia.

En el reino virtual no hay tiempo. Todo es eterno e inmortal. Hay una coexistencia simultánea de todas las posibilidades, como un número infinito de *bits* de información que codifican un número infinito de imágenes virtuales, sonidos, etc., en un disco rígido infinitamente grande. Las imágenes, los sonidos y todo lo demás están en el disco rígido, pero no se reproduce ninguna película.

Podrían estar todas las posibles formas potenciales en que las imágenes del disco rígido pueden pasar una tras otra, creando una cantidad casi infinita de películas posibles con todo tipo de resultados. Pero, mientras la película no se reproduzca, no hay sentido de la historia, no hay acontecimientos, no hay drama y, por lo tanto, no hay bien o mal, malignidad o virtud. Todo es potencialidad no local, similar a un campo.

En este reino Inmanifiesto, sujetos y objetos no existen de la misma manera que existen en la creación manifiesta. En lo Inmanifiesto, son potencialidades puras que no se han actualizado de manera física y muchas de ellas podrían nunca actualizarse. La Conciencia Pura y solo ella los ve como aspectos de sí misma. No hay otro creador o actor sino Conciencia Pura.

La Conciencia Pura no solo es consciente de varios aspectos de sí misma, también es consciente del hecho de que cada una de las diferentes perspectivas es diferente de las demás. Cada aspecto puede tener su propia identidad. Identidad, como se describió anteriormente, significa individualidad o ser individual. Es el "Ego".

La conciencia de las diferencias es discriminación. Definimos el término "intelecto" como la capacidad de discriminar. El "intelecto" es, por lo tanto, la capacidad de ser consciente de la diferencia entre una identidad y otra. Y hemos definido la "mente" como la capacidad de ser consciente de varias perspectivas sin necesariamente analizarlas, de sus características, de su realidad, etc.

Una de las características del intelecto es su conciencia de que no todas las perspectivas son iguales y no todas tienen la misma amplitud. Este carácter discriminativo conduce a una serie de conceptos tales como similar, diferente, opuesto, relacionado, conectado, complementario y así sucesivamente.

Entre las perspectivas, los aspectos opuestos más llamativos son los del sujeto contrastado con el objeto.

- El intelecto puede asumir que el sujeto ("conocedor" u "observador") tenga más conciencia que el objeto.

- El sujeto primordial (observador) tiene la perspectiva más amplia y, por lo tanto, la conciencia más amplia de todas.

Dado que estamos en el gran campo de la Conciencia donde la Conciencia es todo lo que hay, ser un objeto todo lo máximo que sea posible (máxima capacidad de ser objeto de observación, *Observedhood*) y, por lo tanto, tan poco sujeto de observación (*Observerhood*) como sea posible, significa tener potencialmente la mínima habilidad posible de observar y conocer. Esto es equivalente a tener la perspectiva más estrecha y la conciencia más limitada posible.

Por lo tanto, el intelecto puede suponer que los objetos tienen "menos" conciencia. El objeto final tendría teóricamente conciencia cero (sin embargo, debe entenderse que esto es simplemente un concepto del intelecto, porque en nuestro modelo, la conciencia cero equivaldría categóricamente a la no existencia).

El sujeto supremo tiene la conciencia máxima y más amplia: conciencia infinita e ilimitada. Entre estos extremos están todas las intensidades, sombras, tintes y matices posibles de las características y perspectivas del sujeto versus el objeto. Por lo tanto, las perspectivas de la conciencia sobre sí misma pueden agruparse en perspectivas predominantemente relacionadas con el sujeto y perspectivas predominantemente relacionadas con el objeto.

Sujeto, proceso y Objeto-Referencia

Como veremos, este agrupamiento conduce a apreciaciones fundamentalmente diferentes de la realidad y la existencia dentro del espectro de las tres categorías de puntos de vista que llamaremos:

- **Perspectivas Sujeto-Referentes (Autorreferencia),** o puntos de vista teniendo al sujeto o sujetos como referencia; y

- **Perspectivas Objeto-Referentes**, o puntos de vista con el objeto u objetos como referencia.
- **Perspectivas Proceso-Referentes**.

Sujeto-Referencia *versus* Objeto-Referencia se relaciona naturalmente con la subjetividad versus la objetividad. También son los cimientos del idealismo versus el empirismo. En nuestro modelo, en el nivel filosófico fundamental, la autorreferencia se relaciona con el "Ser" y el "Soy", mientras que la referencia al objeto se relaciona con "Existir" y "Existencia". El sujeto es. El objeto existe.

El objeto necesita un sujeto y un proceso para ser acreditado como existente. El sujeto puede ser totalmente autorreferente, pero ambos necesitan ser experimentados como objetos a través de un proceso de observación para determinar que existen.

Algunos sujetos pueden curvarse sobre sí mismos a través de un proceso de autorreferencia y verse a sí mismos como objetos existentes. No todos los sujetos tienen el nivel de conciencia requerido para la autorreferencia. En todos los casos, se dice que un objeto existe solo debido al sujeto que lo observa.

¿Qué pasa con las perspectivas relacionadas con el proceso? El proceso conecta al sujeto con el objeto y, en consecuencia, los unifica. El proceso es, por lo tanto, una fuerza de conexión, unión, unificación, asociación, así como de disociación y separación. Lo que sea que tenga que ver con dos entidades que estén relacionadas entre sí de alguna manera, o disociativamente no relacionadas, es lo que llamamos un proceso.

En términos de apreciación humana, y particularmente de emoción humana, el proceso de conexión tiene características que podrían describirse de la manera más amplia posible como amor.

El amor puede ir desde el amor infinito y, por lo tanto, la unidad absoluta, al odio y, en última instancia, a la separación completa.

"John, odia, Jane" significa que la conexión entre Jane y John es a través del odio. Todavía está en el espectro del amor, pero del otro polo o lado negativo, y opuesto del amor.

Si John y el Dr. Stanislaw no están conectados (John, 0, Dr. Stanislaw), entonces John y el Dr. Stanislaw no existen asociados como una entidad real.

No participan asociados en un *bit* de Conciencia y, por lo tanto, no son parte de sus respectivas realidades o de su Universo.

Por otro lado, puede haber una gran cantidad de posibles conexiones entre ellos.

John puede ver, escuchar o sentir a Stanislaw en una multitud de circunstancias y en un sinnúmero de entornos posibles.

Cada una de estas circunstancias y posibilidades conduce a un triplete diferente de (John, Y, Stanislaw) donde "Y" representa "el proceso" que incluye las condiciones y el entorno que los conecta.

Un número interminable de *bits* de Conciencia y, por lo tanto, realidades infinitas podrían manifestarse potencialmente.

Esto es similar a la hipótesis de la decoherencia y la de muchos mundos discutida en el capítulo 7, excepto que aquí no hay necesidad ni requisito de ramificación ni de la aparición de nuevos universos para cada nuevo *bit* de Conciencia.

Todos los *bits* posibles e imaginables ya están potencialmente allí en lo Inmanifiesto. Algunos de ellos se actualizan, otros permanecen virtuales. Las perspectivas relacionadas con el proceso (puntos de vista Proceso-Referentes) son, por lo tanto, los de la dinámica de la conexión y los entornos potenciales entre todos los sujetos y objetos posibles.

En "Jane, ve, John", John es un objeto.
En "John, ve, Jane" Jane es el objeto.
Pero normalmente John y Jane se ven a sí mismos como sujetos y, por supuesto, no les gusta ser vistos como objetos.

Si fueran actores en una obra de teatro, serían sujetos que asumirían diferentes roles que no son su verdadera naturaleza. Serían conscientes de que, para los espectadores, serían objetos de observación y entretenimiento. Esto colorea su propia conciencia mientras saben muy bien que son sujetos conscientes que desempeñan roles (ficticios) en una obra.

Es importante señalar nuevamente que la Conciencia Pura sabe que el sujeto, el proceso y el objeto son su propio ser y no están separados de la Conciencia Pura; ya sea visto como objeto o sujeto, todo es un gran campo de Conciencia.

Por lo tanto, la Conciencia tiene dos aspectos fundamentales de su propia naturaleza:

1. **Unidad** (cualidad unificada de Conciencia) en la que una Conciencia ilimitada es todo lo que hay. Esto es total autorreferencia.
2. **Multiplicidad** (cualidad dividida de Conciencia) en la que se ve que las perspectivas representan diferentes cualidades y diferentes niveles de Conciencia que van desde la plenitud (en la Unidad) hasta la Nada o cero.

Aquí el intelecto puede analizar la Conciencia Pura y experimentar que tiene múltiples aspectos, teniendo cada aspecto su propia especificidad. Esto sería Objeto-Referencia.

Como se describió anteriormente, sin conexión entre sujetos y objetos todo permanece "virtual". Para volverse real, se debe establecer una conexión sujeto-objeto. Y esto se hace a través de la agencia de un proceso. Como no hay nada más que conciencia, este proceso consiste en dirigir la conciencia o la percatación de un sujeto a un objeto. Llamamos a esto "atención".

Por lo tanto, la **atención** es el flujo de conciencia de un sujeto hacia un objeto. Se necesita atención para que el objeto sea percibido como real. Un objeto particular (z) será considerado como existente o real solo por un sujeto (x) cuya conciencia fluya hacia él o esté de una forma u otra conectada (y) a ese objeto particular (z).

Cuando la Conciencia Pura "se examina" a sí misma, su propia atención fluye hacia sí misma y, por lo tanto, sabe ella misma que es real. Así es como el Ser llega a existir. El Ser viene, se convierte, de "ser" en "devenir"[16].

La Conciencia Pura es consciente de que no hay nada más que sí misma, que tiene una estructura básica de tres en uno, que tiene un número infinito de perspectivas, y que las tres y todas las demás perspectivas no son más que una. Este es el punto de vista de autorreferente.

Las perspectivas también se pueden ver desde el punto de vista de los objetos. La capacidad discriminativa de la Conciencia Pura ve que, en los niveles más altos de la cascada, más alto en la pirámide, hay una conciencia más amplia e inclusiva.

La Conciencia Pura es todo inclusiva y ve todos los puntos de vista desde la perspectiva más amplia. Cuando nos movemos hacia abajo en la cascada (hacia abajo en la pirámide), hay cada vez más especificidad con perspectivas cada vez más pequeñas.

La Nada y la base de la pirámide

El intelecto ve este proceso. ¿Hasta dónde puede llegar? ¿Cuán estrechas y pequeñas pueden ser las perspectivas? En nuestra analogía de la pirámide, equivaldría a preguntar qué tan lejos de la parte superior está la base de la pirámide. Hay tres posibilidades:

- En la **primera posibilidad**, las perspectivas se hacen cada vez más pequeñas, pero nunca alcanzan la Nada. Esto sería

---

16. **Devenir**. *N. del T.*: Juego de palabras del inglés: *becoming - Be* ("ser") y *coming* ("venir"). Para ser fieles al concepto del autor, *becoming* se traduciría "de venir" (llegar a ser o convertirse).

como una secuencia geométrica en matemáticas a través de la cual siempre se puede reducir cualquier número en cualquier proporción y siempre acercarse a cero, pero nunca alcanzarlo. En este caso, la reducción continúa para siempre. No habría base final o fondo de la pirámide.

- En la **segunda posibilidad**, el intelecto lógicamente motivado llega a la conclusión de que las perspectivas se están volviendo tan pequeñas que podría haber un punto teórico en el que no haya conciencia en absoluto. La Nada se ve como un final "natural" de esta progresión.

  Sería como usar números de conteo (también llamados números naturales). ¡Después de 4, 3, 2, 1, debes obtener cero! La base de la pirámide en cierto punto da un salto a la Nada. Sin embargo, todo esto indica que nuestra analogía de la pirámide se rompería naturalmente, puesto que solo existe un límite teórico o hipotético donde debe estar la base, pero este límite es la Nada y, por lo tanto, no existe.

- En la **tercera posibilidad**, las perspectivas se vuelven tan estrechas y tan específicas que se parecen entre sí. De hecho, todas podrían volverse exactamente iguales y sus interacciones tan restringidas que no generarían ningún modo nuevo de percepción. Tendrían una apariencia de conciencia infinitesimal que ni siquiera podría conducir a ningún nuevo *bit* de Conciencia. En este caso, si el intelecto pregunta qué hay más allá de esta base real de la pirámide, la respuesta sería "la Nada".

Sin embargo, desde la perspectiva de la Conciencia Pura, la Nada es la No Existencia. La Conciencia Pura nunca se engaña con el concepto de Conciencia cero o "nada". La Nada sería lo que no es Conciencia. Como Conciencia es todo lo que hay, la Nada no está en el reino del Ser.

Por otro lado, la capacidad discriminativa del intelecto ve la posibilidad de un "concepto de Nada" dentro de la Conciencia.

Por lo tanto, hay algún punto de vista que confirma la Nada. Hay una perspectiva que percibe la Nada. El intelecto ve cero en el resultado final de la cascada. También ve cero en el objeto último que, como se trató anteriormente, es un objeto conceptual que no tiene capacidad de observación alguna.

Por lo tanto, la Conciencia Pura tiene puntos de vista duales sobre el concepto de "nada", el concepto de "no existencia". Desde el punto de vista autorreferente, "nada" es una no-realidad. Es la única cosa que no es Conciencia. Desde el punto de vista Objeto-Referente, "nada" es un concepto real y es parte de la Conciencia, aunque solo como un concepto, ¡un concepto de no existencia!

Estos dos aspectos del mismo Absoluto Uno, Indiviso, tienen implicaciones fundamentalmente diferentes. Por un lado, la naturaleza autorreferente de la Conciencia Pura es ilimitada e infinita, ya que nunca llega a cero. Continúa por siempre. No percibe ni experimenta la Nada. Por otro lado, el aspecto discriminativo Objeto-Referente (existencia-referente) de este mismo Absoluto encuentra un "límite conceptual" dentro de sí mismo y, por lo tanto, postula la Nada. ¿Adónde puede ir desde allí? No hay lugar donde ir, sino replegarse sobre sí mismo. Este plegarse sobre sí mismo es desde donde comienza la creación.

Como veremos, por lo tanto, la creación y la manifestación comienzan con el **Viaje de retorno** del Absoluto sobre sí mismo. Y esto comienza desde la Nada, desde el punto final del **Viaje hacia adelante**. En nuestro análisis hasta ahora no hemos evocado nada físico o material. Todo está en el nivel de la dinámica de la Conciencia reflejándose sobre sí misma y experimentándose a sí misma desde diferentes perspectivas.

El concepto de la Nada es una de esas perspectivas, pero es muy desconcertante. Mientras que todo ha sido sobre el Ser y la plenitud tomando formas diferentes sin límites y sin limitaciones, ahora surge un concepto de nada, vacío y vacuo. Es solo un concepto, como todo lo demás, pero este concepto abre la posibilidad de la no existencia. La Conciencia haciéndose consciente emergió a sus perspectivas infinitas. Cada perspectiva es Conciencia Pura y ninguna otra. ¿Es el no-Ser también el en sí mismo? ¿La Nada es también ella en sí misma?

Absoluto Impersonal y Personal

En resumen, la Conciencia Pura en su perspectiva última es absoluta e impersonal. Es Ser puro, Conciencia inmanifiesta. Podemos describirla como:

> **Absoluto Impersonal:** La naturaleza de la Conciencia es ser consciente. Que la Conciencia que se vuelve consciente implica el triplete primordial de Observador (conocedor), Proceso (conocer) y Observado (conocido), así como el ego y el intelecto. Todos estos aspectos están en la naturaleza de la Conciencia. Surgen espontáneamente con la Conciencia volviéndose consciente. A medida que emergen, resaltan un carácter personal dentro de la Conciencia Pura.
>
> Es personal porque es consciente, tiene una mente que ve identidad o ego, y tiene un intelecto que discrimina. El proceso de Conciencia haciéndose consciente y conociéndose a sí misma revela, por lo tanto, un **Absoluto Personal**. El Absoluto Personal no es una creación. Es un aspecto inherente, parte integrante del Absoluto Impersonal.
>
> **Inmanifiesto y Manifiesto:** Es importante tener en cuenta que todavía estamos operando en el ámbito de la conciencia inmanifiesta. No hay manifestaciones de ninguna naturaleza física o material. Como veremos, incluso lo físico y lo material son emanaciones y transformaciones desde y dentro de la Conciencia. Conciencia es todo lo que hay. Sin embargo, para diferenciar lo físico de lo no físico, destacamos dos reinos generales:
>
> - El primero puede describirse como **Inmanifiesto**: en este reino, la Conciencia Pura se aferra a su totalidad

ilimitada y todo permeante, incluso mientras se mira a sí misma desde un número infinito de puntos de vista. Este reino de existencia, por lo tanto, tiene Unidad y Multiplicidad, pero nada en él es manifiesto.

Desde la perspectiva Sujeto-Referente, es una autorreferencia total y es todo lo que existe. Desde un punto de vista físico o material, no es nada físico o material. Como tal, es Inmanifiesto. Lo llamamos lo "no manifiesto". Su existencia es primaria y no depende de sus partes ni de nada fuera de sí mismo. Tanto el Absoluto Impersonal como el Personal están en el reino de lo Inmanifiesto.

- El segundo es lo **Manifiesto**: este es el reino de todo lo que se puede experimentar como material o físico. Pasar de lo Inmanifiesto a lo Manifiesto, de lo no físico a lo físico, de lo no material a lo material, requiere la agencia del aspecto Personal de la Conciencia Pura, el Absoluto Personal. El concepto de nada es el punto central. La creación física se manifiesta en este punto crucial.

Ahora tenemos un punto de inflexión definido en el que comienza la creación física. Todavía no hemos explorado por qué y cómo sucede esto. En nuestro análisis hasta ahora, comenzamos con una unidad indivisible, que es la Conciencia Pura y mostramos cómo tiene una cascada de perspectivas más pequeñas.

La Conciencia Pura genera las perspectivas al verse a sí misma. Sin Conciencia Pura no hay perspectivas. Las perspectivas no son partes que se unen para construir un todo. La Conciencia Pura, o Unidad, es primaria y no se fragmenta. Las perspectivas son diferentes maneras de mirar la única conciencia indivisa. Si tuviéramos que considerar las perspectivas como partes, entonces las partes, que son infinitas en número, provienen del todo.

En el reino Manifiesto, es al revés. Las partes hacen el todo. Pones átomos juntos para crear moléculas y órganos juntos para crear un organismo. Se necesitan ladrillos para construir una casa de ladrillos.

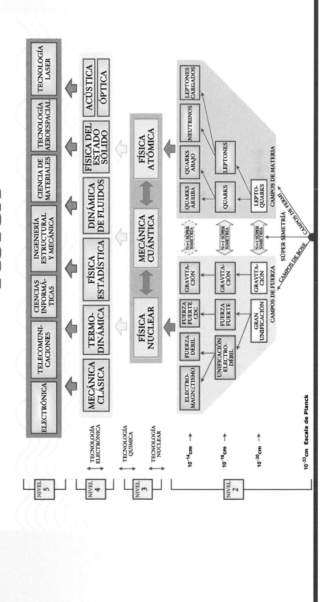

Indagando en los componentes subyacentes de la materia, la ciencia moderna descubrió más y más campos de energía y fuerzas unificadas, que culminaron en teorías que muestran cómo todo emerge de un Campo Unificado de todas las Leyes de la Naturaleza. (Véase en el capítulo 7, el apartado "Campos cuánticos", pág. 103.)

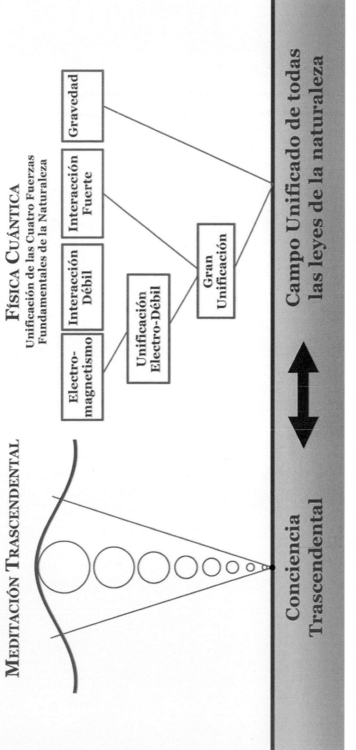

LA CONCIENCIA TRASCENDENTAL: EL CAMPO UNIFICADO

MEDITACIÓN TRASCENDENTAL

FÍSICA CUÁNTICA
Unificación de las Cuatro Fuerzas Fundamentales de la Naturaleza

Gravedad

Interacción Fuerte

Interacción Débil

Electro-magnetismo

Unificación Electro-Débil

Gran Unificación

Campo Unificado de todas las leyes de la naturaleza

Conciencia Trascendental

La experiencia del verdadero Ser interior de cada uno —la Conciencia Pura—, a través de la Meditación Trascendental™, es la experiencia directa del Campo Unificado que la ciencia moderna postula como la realidad última y la fuente de todo en el universo físico. (Véase en el capítulo 11, el apartado "Experimentando la Conciencia Pura", pág. 181.)

El Dr. Nader fue honrado durante el Cuarto Congreso Internacional de Ayurveda, realizado en Leiden, Países Bajos, al que asistieron los principales líderes gubernamentales y de la salud de once países. Allí fue galardonado con el Premio Maharishi Dhanvantari, en reconocimiento a los logros en el mundo para prevenir enfermedades, preservar la salud y promover la longevidad. De izquierda a derecha: Vaidya Devendra Triguna, Dr. Rainer Picha, Dr. Nader, H.E. Shri Shripad Yesso Naik, S.E. Shri Venu Rajamony.

De izquierda a derecha: Sr. Alojz Peterle (Miembro Observador del Parlamento Europeo, presidente de la Comisión de Asuntos Europeos del Parlamento esloveno), Dr. Tony Nader, S.E. Shri Venu Rajamony (Embajador de la India en los Países Bajos), Sr. Bruno Bruins (Ministro de Atención Médica de los Países Bajos).

Una presentación avanzada sobre la Naturaleza de la Conciencia y su Pleno Desarrollo para 800 participantes en Orlando, Florida, Estados Unidos, septiembre de 2017. En la fila de adelante, David Lynch junto al Dr. John Hagelin y el Dr. Bevan Morris.

Detrás de escena junto con los productores, en el rodaje del video "Consciousness Is All There Is" ("La Conciencia es todo lo que hay"), Londres, 2018.

El Dr. Tony Nader junto con estudiantes de la Escuela Sacred Heart (Sagrado Corazón), Lake Worth, Florida, Estados Unidos. 250 alumnos de prescolar a octavo grado, profesores y personal aprendieron MT en esta escuela católica privada.

El Dr. Tony Nader con David Lynch en la "Conferencia sobre la Conciencia" en Orlando, Florida, Estados Unidos.

Maharishi Mahesh Yogi, el fundador del programa de Meditación Trascendental™, en una imagen de 1978. El Dr. Nader lo reconoce habitualmente como la razón de todos sus logros. De él afirma: "El mérito debe ser para Su Santidad Maharishi Mahesh Yogi, de quien proviene el profundo conocimiento del valor total del Yoga".

En el ámbito Manifiesto, las imágenes que se describieron como datos estáticos en el disco rígido de lo Inmanifiesto comienzan a alinearse una tras otra. Conducen a secuencias dinámicas de eventos que crean nuestro Universo y todos los universos posibles.

Las infinitas posibilidades disponibles en lo Inmanifiesto siempre están ahí como potenciales, pero no todas ellas necesariamente llegan a manifestarse. Es en el Manifiesto donde aparecen las nociones de libertad, determinismo, bien, mal, malignidad y virtud. El surgimiento, la inmersión, la transformación, la construcción, la destrucción, la regresión, el progreso y la evolución son aspectos del reino Manifiesto.

Si la pirámide representara la evolución en nuestro Universo Manifiesto, encontraríamos hacia su base las partículas elementales, encima de ellas habría átomos, luego moléculas, seguidas de células y tejidos, plantas, órganos, organismos, la jerarquía del reino animal, humanos, individuos evolucionados con conciencia altamente desarrollada, y así sucesivamente, en un continuo hacia la Conciencia Pura. Estos serían los estratos dentro del reino Manifiesto. La Conciencia Pura siempre estaría allí en la cima de la pirámide.

En el Inmanifiesto, existen los mismos estratos, pero no son vistos como el material de los objetos físicos. Son puramente perspectivas de conciencia sobre sí misma. Sin embargo, están todas las perspectivas posibles e imaginarias.

La perspectiva del perro sobre su amo, la perspectiva de la limadura de hierro y el imán, la perspectiva del contador Géiger en partículas radioactivas, la perspectiva de un físico en mecánica cuántica, la perspectiva del paciente con cáncer cerebral sobre su enfermedad, y así sucesivamente. Estas son las perspectivas.

En lo Inmanifiesto, se ven simultáneamente todos juntos y son virtuales, pero están allí. En lo Inmanifiesto está todo y también su contrario. Sócrates, Gandhi, el gato de Schrödinger, y todos y cada uno de nosotros los humanos estamos allí vivos y muertos al mismo tiempo. No hay contradicción. Están allí como imágenes almacenadas como datos en el disco rígido del absoluto. No todas las imágenes se actualizarán, y algunas podrían nunca volverse reales.

Los Viajes sintéticos, hacia adelante, analítico y de retorno

La pirámide es, por supuesto, solo una ilustración metafórica. No significa que la realidad se forme en una estructura piramidal. Hay limitaciones para cada analogía. Podemos decir que mirar de arriba hacia abajo es análogo al Viaje hacia adelante.

El término "viaje" es un poco inapropiado porque este es el reino de lo Inmanifiesto donde no hay factor de tiempo; todo es simultáneo, por lo tanto, no hay lugar donde comienza ni donde termina. Sin embargo, la aparición de la pirámide se puede ver como secuencial de arriba abajo o de abajo hacia arriba.

Retroceder desde la parte inferior de la pirámide hacia la cima es el Viaje de regreso. Este Viaje de regreso ocurre en secuencia y a medida que se avanza, se ganan perspectivas cada vez más grandes. Se construye sobre lo que se gana desde un nivel inferior y se expande la conciencia a medida que se sube en la pirámide, paso a paso.

Por lo tanto, hay dos direcciones generales de movimiento que suceden en los reinos no manifiesto y manifiesto:

1. De la Unidad a la multiplicidad. Podemos llamar a esto la dirección **Analítica** (hacia adelante) desde la parte superior de la pirámide hacia su parte inferior.
2. De la multiplicidad a la Unidad. Esta es la dirección **Sintética** (retorno) desde la parte inferior de la pirámide hacia la parte superior.

A medida que avanza el Viaje hacia adelante, las perspectivas se vuelven cada vez más estrechas. Aquí es donde el intelecto alcanza el límite de su carácter discriminatorio y postula una entidad no real e inexistente: la Nada. El movimiento de la Conciencia, al que llamamos atención, no obstante, mantiene la Nada.

La Nada se convierte en el punto de inflexión. El flujo de atención en el Viaje de regreso desde la Nada conceptual en la parte inferior de la pirámide hacia la parte superior (la dirección sintética) también tiene lugar a una velocidad infinita. Por lo tanto, en cada nivel y en cada punto de la pirámide, hay un movimiento simultáneo desde la parte inferior en dirección a la parte superior que equilibra el movimiento desde la parte superior hacia la parte inferior.

El movimiento de atención es, por lo tanto, también equilibrado. Cualquier valor individual que tiende a salir del absoluto, ya sea en términos de perspectiva o en términos de movimiento, se contrarresta inmediatamente por un valor igual y opuesto. Todo queda así, Inmanifiesto.

No obstante, hay un flujo, pero es un zumbido silencioso, una reverberación silenciosa. La reverberación está oculta dentro del vacío. Esto es lo mismo que llamamos antes la Memoria dentro del Absoluto, excepto que ahora tiene una cualidad vibratoria. Todas las vibraciones se cancelan entre sí, pero están latentes allí.

En este momento, nadie experimenta ese zumbido o reverberación en el nivel manifiesto porque nadie se ha manifestado todavía. El único observador es el Absoluto Inmanifiesto y el zumbido o reverberación es un movimiento equilibrado dentro de la Conciencia. Así, al conocerse a sí mismo, el Absoluto Personal, encuentra un número infinito de perspectivas y dinamismo infinito, todos juntos en el vacío y en el silencio.

Hasta ahora, las perspectivas han estado en el contexto del único océano ilimitado de Conciencia asumiendo diferentes puntos de vista. Pero ¿cuáles serían, qué harían y experimentarían estos puntos de vista si fueran entidades individuales e independientes?

Conocimiento de las partes

Cuando la capacidad discriminativa de la Conciencia, por lo tanto, ve múltiples perspectivas, pregunta ¿cómo es estar en el lugar de cada perspectiva? Puesto que todas las perspectivas son mi Ser, para conocerme completamente necesito conocerlas en su propio nivel. ¿Qué pasa si me dedico totalmente a mis perspectivas específicas? ¿Qué pasa si las libero y les doy una vida propia?

Sería como una actriz que quiere ser tan fiel a los roles que interpreta que se absorbe totalmente en ellos y siente profundamente las emociones, los miedos, las alegrías, las esperanzas y las expectativas de los personajes. Esto puede llegar al punto en que la actriz, mientras está completamente comprometida con los roles de Aida, Afrodita o Julieta, olvida su propia identidad y naturaleza. Aida, Afrodita y Julieta se ven como verdaderas realidades en lugar de meras ficciones y juegos. Esto es lo que a veces hacen los grandes actores. Se eclipsan para el papel y nos hacen olvidar que es un papel. Se lo siente totalmente real.

Si la Conciencia Pura se pusiera completamente en el lugar de los múltiples roles y se entregara a cada rol sin restricciones, ¿qué sucedería?

Las diferentes perspectivas y su número ilimitado de combinaciones potenciales parecerían reales como si fueran independientes. Algunas tendrían una conciencia muy estrecha, otras una conciencia más elevada; algunas grandes, algunas pequeñas con posibilidades de todo tipo, formas y formas, parecidas entre sí, contrastando entre sí, fusionándose, aniquilándose, construyéndose entre sí... Todas ellas involucradas en la amplia gama de conciencia con diferentes perspectivas la una de la otra. Rebotarían, interactuarían y crearían lo que parecen sujetos, objetos y procesos individuales independientes.

Construirían a través de sus interacciones interminables nuestro Universo y todos los universos reales o imaginables. Todos estos parecerían reales a cada uno de ellos, independientemente uno del otro. Son los átomos, las moléculas, las montañas, los árboles, los animales y los humanos, así como las ideas, ficciones, figuras mitológicas, máquinas, aviones y todo lo que se puede crear o imaginar.

Lo que era pura potencialidad y meros conceptos para el intelecto ahora aparece como un número infinito de sujetos reales, objetos, procesos y combinaciones de los mismos. Así es como lo Inmanifiesto ahora aparece Manifiesto. Parece manifestarse de manera diferente de diferentes aspectos de sí mismo. La realidad es diferente para un átomo que para un árbol, que para un mono o un ser humano.

Notamos nuevamente que todos estos permanecen para siempre como entidades de conciencia. Como no hay nada más que Conciencia, todo lo que se imagina o concibe es una entidad de Conciencia. Cualquier cosa que se postule como una entidad sin conciencia es en verdad inexistente y, por lo tanto, una ilusión[17]. ¿Significaría esto que los átomos, las moléculas, las piedras y las montañas son una ilusión? La respuesta es un categórico NO.

NO son ilusiones porque son entidades de Conciencia. Son perspectivas dentro de la Conciencia. Estas perspectivas específicas se nos aparecen a nosotros humanos como átomos, moléculas,

---

17. En el contexto de esta discusión, quizás debería señalar que tiendo a definir la ilusión como una comprensión errónea de la realidad de una cosa. Usted ve una cuerda en la oscuridad y cree que es una serpiente. En su mente, la serpiente es real y, de hecho, para usted es real, ¡pero es una ilusión ya que en realidad es simplemente una soga! Por lo tanto, esto es una cuestión de definición: la realidad es diferente en diferentes estados de Conciencia o niveles de conocimiento. Es (relativamente) real que el Sol se mueve de este a oeste en el cielo, ¡pero es una ilusión con respecto a la realidad de que la Tierra realmente gira alrededor de su eje dando la ilusión de que el Sol se mueve en el cielo! Lo importante a tener en cuenta es que no me estoy refiriendo al tipo de "ilusión" delirante que, por ejemplo, podría ocurrirle a un individuo muy enfermo y febril que simplemente "ve" cosas que no están allí o que no existen.

piedras y montañas. Pueden aparecer como campos de energía o distorsiones en la geometría del espacio-tiempo para diferentes observadores. Su apariencia depende del observador que los observa y de los procesos que conectan al observador con los objetos de observación.

Para los seres humanos, los procesos incluyen ver, oír y similares, con rangos específicos de sensibilidad en el espectro visual, el espectro auditivo, etc. Por lo tanto, de todas las perspectivas posibles, los humanos pueden apreciar un número limitado porque los humanos mismos son un conjunto de modos de Conciencia y estos modos tienen sus propios rangos de habilidades para apreciar, percibir, detectar e interactuar con otros modos, patrones y redes de Conciencia.

Diferentes colores y matices de Conciencia

Una de las principales dificultades para aceptar la idea de que una piedra, por ejemplo, está hecha de Conciencia se debe a la creencia común de que la Conciencia es un fenómeno de todo o nada, lo que significa que se tiene una Conciencia que es como la de un ser humano o no se tiene. Sin embargo, ahora estamos describiendo grados, formas, cualidades, dimensiones, profundidad, matices, tintes (por falta de un término más preciso) de Conciencia. Por lo tanto, es importante recordarnos una vez más en este análisis que en el reino Manifiesto la Conciencia no es un fenómeno de todo o nada.

La Conciencia abarca todas las posibilidades, desde el gran campo de Conciencia ilimitado por excelencia, la Conciencia Pura, atravesando todo el rango de perspectivas, hasta el potencial valor cero de la Conciencia. El valor cero de la Conciencia es un concepto de inexistencia y de nada no real.

Por lo tanto, es vital para comprender los conceptos aquí presentados notar que de ninguna manera estoy tratando de asignar a un átomo, una piedra o una célula una percatación consciente similar a la que experimenta un humano completamente desarrollado. La piedra no tiene un sistema nervioso y lo más probable es que no tenga nada que se acerque a la autoconciencia.

Los animales tienen su propia calidad de conciencia, que de alguna manera está menos desarrollada que la de los humanos. Y entre los animales hay gradaciones de conciencia. Actualmente, por ejemplo, sabemos que hay al menos nueve especies de animales, incluidos elefantes, simios, ballenas y delfines, que parecen reconocerse en un espejo. Muchos animales individuales, aunque no todos, pasan una prueba de espejo en la que exhiben un comportamiento indicativo de autorreconocimiento. Sin embargo, otras especies aparentemente inteligentes, como perros y gatos, no muestran signos similares de autorreconocimiento cuando se los coloca frente a un espejo.

Llevando esta noción un poco más allá, los árboles no parecen tener un nivel cercano a la calidad de la conciencia de los animales (aunque ha habido casos documentados en los que árboles o plantas parecen haber reaccionado de alguna manera física, medible e incluso observable, a la presencia de ciertas personas u objetos). Mucho menos, presumiblemente, es la conciencia que posee una piedra.

Sin embargo, nuestra teoría afirma que todos son fenómenos de Conciencia, algunos muy limitados, como una piedra que experimenta la gravedad en el nivel más básico y cae al suelo. Por supuesto, la piedra no se dice a sí misma: "Oh, me estoy cayendo; me voy a hacer daño; ¿qué me va a pasar? ¿Qué puedo hacer al respecto?".

Podemos suponer que la piedra no tiene autoconciencia; no tiene conciencia de las consecuencias de la caída; no tiene conciencia del dolor, ni otra opción que caer de acuerdo con las leyes físicas de la naturaleza, la gravedad en este caso. La piedra simplemente "siente" la gravedad, y el sentimiento no es como el de una entidad humana u orgánica, o incluso una planta, podríamos suponer. Debe estar en un nivel simple, mecánico, muy no humano de "experimentar" la fuerza de la gravedad. Sin embargo, la tierra y la piedra como todo lo demás están hechas de Conciencia.

De manera análoga, esto es similar a decir que una cerca, un automóvil, un avión y un robot pueden estar hechos en su totalidad o en parte de aluminio. El aluminio es la sustancia común de su composición, pero los objetos en sí son radicalmente diferentes en forma, estructura, propósito y función.

¿Por qué no deberíamos esperar que exista un rango infinito de Conciencia o Conciencia desde lo más simple (por ejemplo, "conciencia" de la influencia de la ley física) hasta lo más sofisticadamente complejo (es decir, la profunda autoconciencia o autoconciencia experimentada por los humanos)?

De hecho, una entidad ordenada compleja, como un ser humano, está hecha de otras entidades más o menos complejas, en el triplete compuesto por su propio Observador, la Observación y el potencial Observado, y cada uno continúa desempeñando esos roles como parte del grupo al que pertenece la entidad. Tomemos el triplete (Jane, ve, su perro). Parte del proceso de ver implica que la luz se refleje desde el perro a sus ojos. La córnea, el cristalino y la retina del ojo, la corteza visual y el cerebro son entidades complejas por sí mismas. Reaccionan o detectan la luz cada uno a su manera.

(Jane, ve, su perro) sucede a través de la agencia de una gama muy amplia de conciencia o fenómenos conscientes. Estos son significativamente diferentes uno del otro. Para las moléculas de la córnea, la luz es un evento electromagnético. La lente del ojo enfoca un rayo de luz. Las células de la retina también experimentan eventos electroquímicos. Estos se transmiten a la corteza visual primaria. Ninguno de estos percibe a un perro, ninguno puede saber qué es un perro, ¡mucho menos de quién es el perro!

Sin embargo, son todos estos eventos que trabajan en conjunto con los mecanismos cognitivos del cerebro los que le permiten a Jane tener la experiencia de ver a su perro. Jane es un conjunto de modos, patrones y redes simples y pequeñas, grandes y complejas que la convierten en lo que es. Estos son manojos de perspectivas. Siguen cambiando con cada experiencia. Algunos cambios son menores; otros pueden ser importantes y pueden crear transformaciones fundamentales en ella. Las experiencias por las que atraviesa Jane pueden modificar, agregar, reducir, deshacer o rehacer todas sus potencialidades, transformando su cualidad de:

- **Sujeto de Observación** (*Observerhood*).
- Su **Proceso de Observación** (*Observinghood*).
- El **Objeto de Observación** (*Observedhood*).

En lo que sea que enfoquemos nuestra atención, esto se fortalece en nuestras vidas. Este es el resultado del refuerzo de modos, patrones y redes específicos. Cada experiencia nos modifica.

El buen tiempo pasado en unas agradables vacaciones de verano es una experiencia de conciencia y en realidad no desaparece cuando terminan las vacaciones. Se integra en nosotros y se convierte en parte de nosotros, incluso si de hecho es solo una pequeña perspectiva agregada a todas las perspectivas que nos hacen quiénes y qué somos.

La Conciencia se conoce completamente a sí misma

Hemos estado describiendo las perspectivas como emergentes de relaciones conceptuales sujeto-proceso-objeto. Ahora estamos diciendo que la Conciencia Pura puede hacer abstracción del hecho de que cada perspectiva es parte del gran campo de Conciencia y, por lo tanto, le da o atribuye a cada perspectiva y a cada *bit* de Conciencia su propia vida independiente. Una cosa es saber que las perspectivas individuales son solo aspectos del océano de la Conciencia y otra cosa que cada perspectiva sea apreciada en su propio nivel como una entidad totalmente independiente.

Dado que las perspectivas son parte de la Conciencia Pura, si la Conciencia Pura quiere conocerse completamente, tiene que conocer sus partes. La Conciencia Pura, por lo tanto, adopta plenamente el punto de vista de cada una de sus diversas perspectivas. Y, sobre todo, le da a cada perspectiva su propia libertad para percibir e interactuar con otros lo mejor que puede. La libertad es necesaria para la manifestación. Sin libertad, todo estaría atado e interconectado; todo el campo de existencia sería una entidad y no muchas. No habría puntos de vista diferentes ni diferencias en la Conciencia.

Hay una pérdida de totalidad al involucrarse plenamente con las partes, pero así es como las partes se experimentan como reales por sí mismas en lugar de aspectos virtuales del todo.

En la ciencia moderna hacemos esto todo el tiempo. Intentamos aislar los componentes individuales de un sistema para comprender cómo se comportan. Por ejemplo, aunque deseamos comprender cómo funciona el corazón como órgano, tenemos que estudiar las diferentes células del corazón, tales como las células musculares y nerviosas del mismo, y sus características como células, independientemente del tejido, órgano u organismo al que pertenecen. De lo contrario, hay demasiadas variables y no podemos decir con precisión qué hace qué, y qué conduce exactamente o crea qué.

Al aislar una parte y así separarla de todas las demás, sentimos que podemos entender cómo esta parte es en sí misma y cómo se comporta por sí misma. Luego tratamos de juntar las partes para crear una comprensión de la totalidad nuevamente.

Al mirar sus "partes" como entidades independientes, la Conciencia Pura se conoce a sí misma más plenamente. Sin embargo, es importante notar una diferencia fundamental entre la analogía del corazón y la Conciencia Pura en el reino Inmanifiesto.

Las diferentes células y tejidos del corazón se unen para formar un corazón. El corazón no puede existir sin sus partes, pero sus partes pueden existir sin ensamblarse para crear un corazón. Con la Conciencia Pura es al revés. La Conciencia Pura es primaria y sus partes (sus perspectivas) no pueden existir sin ella.

Una piedra que reacciona a la gravedad es una perspectiva de una piedra sobre la gravedad. El hecho de que detecta la gravedad y responde a ella es una conciencia de la gravedad, aunque muy estrecha, muy limitada, casi no-conciencia. Estas serían algunas de lo que llamamos "perspectivas estrechas".

La Conciencia en sus perspectivas más limitadas, específicas y estrechas asume ese tipo de conciencia, o podríamos decir, adopta ese tipo de perspectiva. Al otro lado del espectro está la perspectiva Última del conocimiento supremo y la comprensión de todo lo que existe y existirá sobre la vida, el vivir y el no-vivir, la creación, la manifestación, la disolución y todos los secretos del Universo y de todos los universos, todas las posibilidades, virtuales, reales, imaginarias, etc., en una conciencia holística. En el medio entre esos extremos hay gatos y perros, humanos, árboles, planetas, etc. Las perspectivas humanas son parte del más complejo y sofisticado conjunto de perspectivas.

Una perspectiva humana puede ser un sentimiento de alegría, tristeza, dolor, placer, esperanza o amor. Puede ser una opinión sobre el capitalismo, el comunismo, el islam o el budismo; o el sabor de una fresa, salinidad, dulzura, etc. Las perspectivas humanas son complejas y variadas. Algunas son más limitadas que otras, como "Tengo sed"; mientras que otras son más amplias, como "Tengo un plan para crear la paz mundial". Algunas perspectivas son complejas y emanan de muchas perspectivas que se unen. Se necesitan, por ejemplo, muchas perspectivas celulares, eléctricas, químicas, biológicas, fisiológicas, mentales e intelectuales para poder decir "Veo una flor".

La manifestación es, por lo tanto, una experiencia relativa. Depende de quién está experimentando qué. Es relativo al triplete del Observador, el Proceso y lo Observado. Los sujetos y los objetos son varios aspectos de la Conciencia. Los procesos de Conciencia son formas en que la atención de diferentes sujetos puede recaer en varios objetos. La unión de sujetos, procesos y objetos son los *bits* de Conciencia que permiten a los sujetos llegar a la conclusión de que los objetos son reales y existen en un Universo manifiesto.

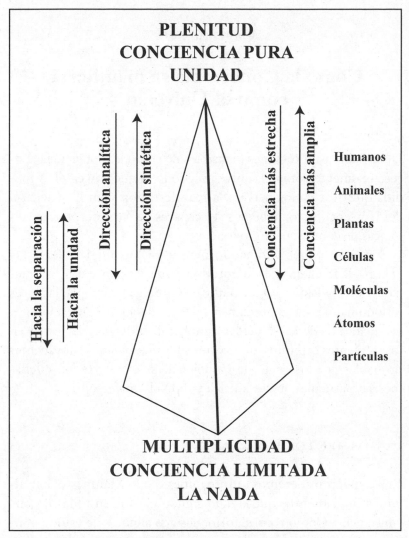

**PLENITUD
CONCIENCIA PURA
UNIDAD**

Dirección analítica

Dirección sintética

Conciencia más estrecha

Conciencia más amplia

Hacia la separación

Hacia la unidad

Humanos

Animales

Plantas

Células

Moléculas

Átomos

Partículas

**MULTIPLICIDAD
CONCIENCIA LIMITADA
LA NADA**

Este gráfico ilustra los Viajes analítico y sintético. Hay plenitud de Conciencia Pura como Singularidad en la cima de la pirámide. Gradualmente, la Conciencia es cada vez más limitada, pero surgen, más y más, numerosas perspectivas múltiples que forman el cuerpo de la pirámide. Permanecen virtuales en el Absoluto pero se vuelven reales como partículas, átomos, moléculas… en lo Manifiesto. Más allá de las perspectivas más limitadas, en la base de la pirámide está la Nada, el concepto de no conciencia.

CAPÍTULO 16

Cómo la Conciencia se manifiesta como el Universo

Debe haber explicaciones plausibles de cómo la Conciencia aparece realmente como el Universo y todo lo que hay en él. A medida que avanzamos más en la manifestación y en la aparición del Universo físico, debemos ser capaces de dar interpretaciones lógicas de cómo sucedió todo.

¿Cómo surgen y toman forma el movimiento, las fuerzas, la energía, la frecuencia, la longitud de onda, las partículas, la atracción y la repulsión? ¿Qué conduce al orden, la entropía, las leyes termodinámicas, la materia física y la totalidad de la creación y la evolución? Se deben dilucidar innumerables detalles. En este y en los siguientes capítulos, observamos los mecanismos subyacentes probables por los cuales la Conciencia se convierte en muchas fuerzas, partículas, materia física y todo el Universo.

FUNDAMENTOS INMUTABLES

Ya sea que consideremos lo Inmanifiesto o lo Manifiesto, hay algunos fundamentos que siguen siendo ciertos en todas las circunstancias. Como recordatorio, destaco algunos de estos a continuación:

1. Todo es Conciencia.
2. "Ser" es "ser consciente".
3. "No-conciencia" es "Nada".
4. "Existir" es ser observado como un objeto por un sujeto a través de un proceso.

5. Los objetos existen solo para los sujetos que los observan.

6. El triplete (sujeto, proceso, objeto) se define como un *bit* de Conciencia.

7. Un *bit* de Conciencia es una perspectiva de conciencia.

8. Solo un *bit* de Conciencia puede describirse como real. Todo lo demás es virtual.

9. Los sujetos, procesos y objetos fuera de un *bit* de Conciencia son, por lo tanto, virtuales.

10. Un *bit* de Conciencia que es aniquilado instantáneamente por un *bit* de Conciencia igual y opuesto se considera virtual.

11. Los Viajes, analítico de ida y sintético de vuelta, operan en los reinos Inmanifiesto y Manifiesto. En lo Inmanifiesto y lo Manifiesto se mantiene Correlación infinita con equilibrio general.

Diferencias entre Inmanifiesto y Manifiesto

A continuación, se presentan algunas de las principales diferencias entre lo Inmanifiesto y lo Manifiesto:

- Lo Inmanifiesto opera a velocidad infinita; lo Manifiesto a velocidades finitas.
- Lo Inmanifiesto es virtual; lo Manifiesto es real.
- En lo Inmanifiesto, el surgimiento y la inmersión de perspectivas (*bits* de Conciencia) es perfectamente ordenado; en lo Manifiesto hay infinitas secuencias individuales y agrupaciones de perspectivas que pueden ser ordenadas, desordenadas o caóticas.
- En lo Inmanifiesto predomina la Unidad. Es la Conciencia Pura llegando a conocerse a sí misma a través de la exploración de sus propias perspectivas diferentes. En lo Manifiesto, dominan las individualidades múltiples y cada

una de ellas está en el camino hacia la realización de la totalidad, ¡de la Unidad!

- En lo Inmanifiesto, el Viaje analítico hacia adelante de la plenitud a la Nada ocurre al mismo tiempo que el Viaje sintético de regreso de la Nada a la plenitud. La manifestación comienza desde la Nada y avanza a través de un número infinito de posibles rutas de ida y vuelta, vacilaciones sintéticas y analíticas.

- El flujo del proceso analítico de uno a muchos en lo Inmanifiesto muestra partes (perspectivas) que emergen de la totalidad. El flujo del proceso sintético en lo Manifiesto es una acumulación gradual de mayor y mayor totalidad: las partes se unen para crear una totalidad que es más que la suma de sus partes.

- Lo Inmanifiesto tiene plena Conciencia ilimitada; lo Manifiesto tiene un número interminable de cualidades individuales separadas y cantidades de Conciencia.

- Lo Inmanifiesto está más allá del tiempo y el espacio; lo Manifiesto ocurre en el tiempo y el espacio.

- Para lo Inmanifiesto, lo físico y lo material no son más que Conciencia. En lo Manifiesto, la Conciencia puede ser asumida y experimentada de infinitas maneras, desde la Nada hasta todo.

- En lo Inmanifiesto, el "concepto de Nada" existe como una entidad virtual, pero no se puede decir que la Nada exista. Para el Manifiesto, tanto el "concepto de Nada" como la Nada pueden parecer existir.

- Lo Inmanifiesto es un campo de todas las posibilidades siempre aquí y siempre ahora. El Manifiesto tiene posibilidades individuales con limitaciones en el espacio y el tiempo.

A medida que hacemos la transición de lo Inmanifiesto a lo Manifiesto, es importante recordar también que, en lo Inmanifiesto, cada una de las posibilidades infinitas de perspectivas tiene su valor igual y opuesto coexistiendo simultáneamente con ella.

Por cada ola que se mueve hacia arriba hay una ola que se mueve hacia abajo. Cada partícula tiene su antipartícula. Cada impresión tiene su impresión opuesta. Cada ceño fruncido tiene una sonrisa. Cada dolor tiene una alegría. Cada separación tiene su reunión. Todas las posibilidades están en lo Inmanifiesto como entidades virtuales más allá del tiempo y el espacio. Son virtuales no solo porque son perspectivas y, por lo tanto, fenómenos en la Conciencia, sino porque coexisten simultáneamente sin separación entre ellos; y así, cada uno teniendo su opuesto, se aniquilan entre sí.

También es importante tener en cuenta que, si estamos en lo Inmanifiesto o en lo Manifiesto, los sujetos, los procesos y los objetos son entidades de Conciencia. Pueden ser aspectos pequeños y limitados de la Conciencia o aspectos amplios, expandidos y holísticos de la Conciencia.

Un electrón que detecta un campo electromagnético es, en nuestro modelo, un pequeño y estrecho aspecto de la Conciencia (descrito por los humanos como un electrón) que se da cuenta de (detecta) otro aspecto de la conciencia (el campo magnético). Experimentar la gravedad, por ejemplo, sería otro modo de Conciencia.

Por lo tanto, cuando uso el término "objeto" en cualquier parte de este texto, significa un aspecto de la Conciencia que se percibe como un objeto por otro aspecto de la Conciencia (un sujeto) a través de un proceso (otro aspecto de la Conciencia). Estoy enfatizando esto porque al entrar en el campo de lo Manifiesto podría haber una tendencia a pensar que los objetos físicos y materiales son esencialmente diferentes entre sí. ¡Son diferentes superficialmente pero fundamentalmente son expresiones de la misma Conciencia!

La Conciencia y la atención
son cuantificables y cualificables

Dirigir la conciencia hacia un objeto u otro es lo que definimos como "atención". Es el proceso de un observador que se une con un objeto y luego cambia la conciencia hacia otro objeto. Esto es lo que permite el surgimiento de varias perspectivas.

Como veremos, para que ocurra la manifestación es necesario que el cambio de atención de un objeto a otro (moviéndose de una perspectiva a otra) ocurra a velocidades finitas. Antes de entrar en "por qué" y "cómo" sucede esto, veamos "qué" sucede y "qué" se manifiesta.

Todas las expresiones físicas, materiales, mentales, emocionales, sociales y espirituales son manifestaciones de la Conciencia. Son las diversas perspectivas de la conciencia que se conoce a sí misma desde diferentes puntos de vista.

Al observar el mismo objeto, un observador con una conciencia limitada puede verlo desde un punto de vista estrecho, mientras que otro observador con una conciencia más elevada y más amplia puede verlo desde un punto de vista o perspectiva más amplia e inclusiva. Para alguien, el Sol se mueve en el cielo de este a oeste; para otro es la Tierra rotando sobre su eje y creando esta percepción ilusoria. Las perspectivas se manifiestan como un número incontable de cualidades específicas con valores específicos.

Una roca grande ejerce más fuerza gravitacional que una pequeña piedra hecha de los mismos elementos minerales. En este caso, la gravedad sería la cualidad de la conciencia dirigida, o atención, de la roca y del guijarro. La fuerza del potencial gravitacional de la roca y del guijarro es su capacidad respectiva de atraer la atención. Comparten una cualidad de atención similar, la gravedad, pero tienen diferentes fuerzas de atención y de capacidad de atraer atención.

Varias cualidades y cantidades de conciencia y atención, más o menos sofisticadas y complejas, se manifiestan como la gravedad, la electricidad, la química, la biología, la psicología, la espiritualidad, etc.

En nuestro modelo, por lo tanto, la atención puede ser cualificada y cuantificada. La cualidad de la atención depende de la complejidad y el orden de las perspectivas subyacentes. La cantidad de atención que puede atraer un objeto depende principalmente de la cantidad de elementos que se unen para crear el objeto específico. La Conciencia y la percatación en el Universo manifiesto no son, por lo tanto, fenómenos vagos, no cuantificables, de todo o nada. Si uno preguntara, ¿cómo puede uno cuantificar o cualificar la Conciencia?

La respuesta radica en las diversas cualidades y cantidades de Conciencia observadas en nuestro Universo. De la misma manera que decimos que las cosas tienen ciertos pesos o características eléctricas y magnéticas, decimos que las "cosas", los objetos, los árboles, los animales, las personas y similares tienen ciertas capacidades y cualidades de conciencia o atención. Y, de hecho, fenómenos como el peso, o la atracción y repulsión eléctrica, entre muchos otros, son manifestaciones de las diversas cualidades y cantidades de conciencia y sus interacciones en los caminos sintético y analítico.

La piedra que "detecta" la gravedad es la conciencia que tiene la piedra de la gravedad. Obviamente, la piedra no parece tener conciencia de sí misma; no tiene el sentido de qué es la gravedad o cómo esta funciona, y no tiene la capacidad de elegir un curso de acción. Sin embargo, describimos como conciencia (aunque extremadamente estrecha y limitada) el hecho de que la piedra detecte la gravedad y responda a ella (aunque, una vez más, no tiene otra opción).

¿Cuáles son las cantidades más pequeñas de Conciencia? Esto sería lo que los físicos llaman partículas elementales. También ellas pueden tener diferentes cualidades o colores de Conciencia, que podríamos designar como las cuatro fuerzas de la naturaleza, que son la gravedad, la fuerza débil, la fuerza fuerte y el electromagnetismo.

En varios niveles de Conciencia, se podría decir: ella tiene un nivel iluminado de Conciencia de Unidad, o él está en un estado de Conciencia de sueño profundo, o está durmiendo como un tronco; ella actuó hoy como una niña; él tiene un corazón hecho de piedra... Todo esto representa descripciones de cualidades y cantidades de Conciencia. Es como decir en términos de peso que la manzana pesa 80 gramos. La conciencia en el Universo manifiesto es cuantificable y cualificable.

Ampliar y elevar la propia conciencia

Diversos tipos de perspectivas que se unen de manera ordenada crean perspectivas más nuevas que son más exhaustivas y, por lo tanto, tienen una conciencia más amplia con una comprensión más amplia.

Como sabemos, agrupaciones ordenadas de partículas y átomos pueden conducir a moléculas complejas, células, tejidos y órganos. Estos tienen formas básicas de interactuar entre sí; incluyendo fuerzas eléctricas y gravitacionales, pero también interacciones estructurales, químicas y biológicas más elevadas como resultado de su complejidad y orden. Las estructuras más complejas y ordenadas pueden "ser conscientes de" más y "comprender" más.

Esto es lo que sucede en la dirección sintética desde la parte inferior hacia la parte superior de la pirámide, desde elementos simples hasta entidades complejas y ordenadas. En términos generales, por lo tanto, a medida que avanzamos en el camino sintético hacia niveles más altos de la pirámide, hay dos mecanismos en juego: una mayor variedad y complejidad de perspectivas, y un incremento del orden.

La exposición repetida a nuevas perspectivas las consolida permitiendo al observador ver la realidad desde un punto de vista más completo. A medida que estas se organizan y se hacen más ordenadas, el nivel de Conciencia aumenta. Así es como la experiencia y el conocimiento enriquecen la Conciencia y amplían la perspectiva. Cuanto más alto se vaya en la pirámide, más compleja y ordenada es la calidad de la atención.

Así esto puede pasar de simples tipos de atención eléctrica y gravitacional a niveles complejos y elaborados de Conciencia, tales como la capacidad de comprender intrincados factores sociales, económicos y culturales, experimentar compasión, amor y devoción, sondar el funcionamiento del Universo y esforzarse por comprender la verdadera naturaleza última de las cosas.

Estos valores más elevados de Conciencia emergen a través de todo el espectro de la creación y la manifestación. La conciencia en sí misma es todo permeante y no es una cualidad emergente. Sin embargo, hay un aumento gradual en la cualidad y la cantidad de conciencia a medida que avanza la evolución en el Universo manifiesto. Es como un sol eclipsado que se revela gradualmente, fotón por fotón, onda por onda, hasta que se experimenta la plena luz del Sol en el instante en que la Luna ha pasado por completo.

La calidad y cantidad de un estado específico de atención están determinadas no solo por la calidad y cantidad de los elementos básicos que se unen para constituir la perspectiva específica correspondiente, sino también por cómo estos están organizados: la estructura que crean colectivamente. Cuanta más diversidad, complejidad y orden en la estructura, mayor es el potencial para una calidad más amplia y rica de Conciencia y, por lo tanto, de atención.

El término "orden" se usa aquí como una medida de la extensión a la que un arreglo específico —de todos los arreglos posibles para un conjunto de elementos— conduce a una mayor o menor expresión de la naturaleza última de la totalidad, el gran campo de Conciencia.

La disposición que conduce a una perspectiva más rica tiene el mayor nivel de orden. Cuanto más estrecha es la perspectiva, menor es el grado de orden. Definimos perspectivas más altas como estar más arriba en la pirámide y, por lo tanto, tener un punto de vista más amplio y completo sobre la realidad última y estar más cerca de la verdad última. Esto es lo que llamamos Conciencia más o menos elevada.

Conciencia humana, experimentar la Conciencia Pura

Al respecto, si preguntamos ¿cómo se crea la conciencia humana o cómo emerge?, la respuesta es que su conciencia y mi conciencia son una colección de una gran cantidad de perspectivas organizadas de manera ordenada.

Estas incluyen las perspectivas de cada una de nuestras partículas, átomos, moléculas, células, agrupación de células y su ensamblaje colectivo en órganos, sistemas de órganos y, finalmente, todo el cuerpo humano. El cuerpo humano es, por lo tanto, un conjunto muy complejo y ordenado de perspectivas individuales.

Por lo tanto, sí, si modificamos esas perspectivas, podemos cambiar la conciencia general del individuo. Algunas perturbaciones, como lesionarse un dedo, tienen influencias muy pequeñas en la calidad general y la cantidad de conciencia. Otros, como dañar el cerebro o el sistema nervioso, pueden provocar cambios sustanciales en la conciencia. Esto no convierte al sistema nervioso en una entidad física independiente que crea Conciencia.

La Conciencia es todo lo que hay. La Conciencia Pura permanece sin cambios. Sin embargo, en sus diversos roles, aparece como células, tejidos, órganos, etc. Y, dependiendo de su complejidad y orden, se obtienen niveles de Conciencia más altos o más bajos. La evolución de especies inferiores a especies superiores tiene que ver con crear Conciencia. A lo largo del Viaje sintético, la adición de perspectivas más amplias y su organización mejorada en lo que se manifiesta como estructuras físicas complejas aumenta la Conciencia hacia la cima de la pirámide.

Los humanos hemos evolucionado hasta un punto en el que

tienen la capacidad de experimentar directamente la Conciencia Pura. Esto significa que la estructura humana (la complejidad y el orden de la anatomía, fisiología, mente e intelecto humanos) está a un nivel tan alto que puede comprender el nivel más alto de la pirámide.

La conciencia humana puede ir más allá de (trascender) las limitaciones de pensamientos específicos y alcanzar la totalidad. En lugar de un enfoque paso a paso para aumentar la conciencia, la mente humana puede experimentar directamente la Conciencia Pura al sumergirse internamente hacia el Ser último, el Ser de todos y de todo.

Hay una técnica que ayuda a lograr esta experiencia. Proviene de la antigua tradición védica y ha sido popularizado por Maharishi Mahesh Yogi como una técnica para trascender: Meditación Trascendental™. Al permitir la experiencia directa de la Conciencia Pura, la Meditación Trascendental™ se convierte en un atajo para expandir espontáneamente la conciencia en dirección a la Conciencia de Unidad.

Fuerzas en lo Manifiesto

La fuerza fundamental que subyace a todas las fuerzas en el Universo manifiesto proviene de la naturaleza de la Conciencia Pura, que es "ser consciente". Ser consciente de sí mismo es conocerse a sí mismo. El autoconocimiento es, por lo tanto, la máxima fuerza impulsora espontánea, inherente y automática dentro de la naturaleza del Ser.

Como hemos visto, esto "comienza" como un Viaje analítico hacia adelante (conocimiento de las partes) y "continúa" con el Viaje sintético de regreso (conocimiento de la totalidad). El Viaje analítico se manifestará como fuerzas que separan, dividen y repelen. Estas juegan un papel importante en la entropía. El Viaje sintético se manifiesta como fuerzas que unen, unifican y atraen.

Estas juegan un papel en el ensamblaje de estructuras cada vez más grandes.

Ambos tipos de fuerzas, la atractiva y la repulsiva, actúan en conjunto para mantener el equilibrio y crear estructuras cada vez más ordenadas hacia la totalidad. Como veremos, si en el Viaje sintético se hacen agrupaciones desordenadas, las fuerzas analíticas actúan para desensamblarlas y permitir su reensamblaje en estructuras más ordenadas.

Además, las fuerzas analíticas (fuerzas que separan) son importantes para la manifestación porque mantienen separados los aspectos iguales y opuestos, por lo que no se aniquilan entre sí. Las fuerzas que separan son, por lo tanto, contribuyentes fundamentales inesperados para la creación y la manifestación. Sin ellos, el Universo se desvanecería rápidamente en un gran crujido.

Hay una plantilla y un diseño perfectos en el Absoluto no manifiesto que sirve de guía. Sin embargo, en el Manifiesto, como veremos, hay libertad y los diversos pasos hacia la cima de la pirámide pueden estar sujetos a prueba y error. Las direcciones evolutivas más altas hacia la cima de la pirámide, en cualquier caso, proporcionan más satisfacción, porque hay una expansión de la Conciencia, lo que significa un mayor conocimiento y un acercamiento a la autorrealización final: la comprensión de que soy Conciencia Pura y Conciencia es todo lo que hay. Una mayor plenitud sirve como fuerza motivadora que favorece la ascensión en la pirámide. Es esta fuerza que impulsa a los humanos a querer más de todo, por ejemplo, más comprensión, más conocimiento, más amor, más posesiones…

Capítulo 17

Relatividad Universal

Uno de los requisitos fundamentales para que las perspectivas se manifiesten como entidades autónomas es que las perspectivas iguales pero opuestas se separen una de la otra, para que no se aniquilen entre sí.

Si un gato específico se concibe como vivo y muerto al mismo tiempo, entonces el gato es virtual y no real. Sería una entidad no manifiesta y no observada en lugar de un gato real manifiesto. Lo Inmanifiesto, como hemos tratado anteriormente, es un campo de posibilidades virtuales infinitas coexistentes donde hay un gato muerto y el gato vivo y no hay contradicción.

En lo Inmanifiesto, el cambio de atención de una perspectiva a otra ocurre a una velocidad infinita, por lo que todas las posibilidades se perciben simultáneamente. En esta simultaneidad, todos los opuestos se aniquilan entre sí, y nada puede manifestarse. La velocidad infinita en el cambio de atención es, por lo tanto, incompatible con la manifestación.

Podemos afirmar sumariamente que la manifestación requiere la atención para moverse de una perspectiva a otra a una velocidad menor que infinita y mayor que cero.

Dado que el Absoluto opera a una velocidad infinita, tiene que reducir la velocidad para poder experimentar sus perspectivas (sus propias partes inherentes) en sus niveles individuales sin que lo contrario de cada perspectiva la aniquile instantáneamente. Al reducir la velocidad, salta del reino Inmanifiesto, donde predomina el infinito, a la manifestación donde predominan cantidades específicas y números contables.

Velocidad del cambio de atención

Para experimentar cosas diferentes o asumir roles diferentes en el reino Manifiesto, nuestra atención cambia de una perspectiva, una observación, un objeto o un rol al otro secuencialmente a una velocidad que es menos que infinita.

Por eso, por ejemplo, cuando examinamos la aparición de todas las posibilidades en lo Inmanifiesto como una cascada de perspectivas, seguimos una secuencia de lógica. Nuestro intelecto requiere un análisis secuencial y es por eso que debemos ir paso a paso. Tuvimos que cambiar nuestra atención de una consideración a otra, de una perspectiva a otra.

Como resultado, puede uno quedarse con la impresión de que las perspectivas individuales en lo Inmanifiesto emergen en secuencia. Esto sería, por ejemplo, como mirar un paisaje desde una gran distancia y luego examinarlo con mayor y mayor detalle.

Nuestra primera perspectiva sería la de todo el paisaje, pero luego cambiamos nuestra atención a los edificios, luego a los árboles, luego a los caminos, y si miramos más de cerca, podríamos ver a las personas, los autos, los animales, etc. Con un ulterior análisis de los detalles que constituyen el paisaje, podemos dirigir nuestra atención a los bloques de construcción más pequeños, como los ladrillos y el mortero de los edificios, o incluso a las moléculas más finas, los átomos y las partículas elementales. Esto sucede en secuencia.

Sin embargo, en el reino Inmanifiesto, la Conciencia Pura explora todas sus perspectivas al mismo tiempo. Ve la totalidad y ve todos los detalles, así como las diferencias entre esos detalles a la vez. Para poder concebir esta simultaneidad con nuestro marco de referencia humano, decimos que la Conciencia Pura mueve o cambia su atención de una perspectiva a otra a una velocidad infinita. Con velocidad infinita, no pasa tiempo alguno para pasar de una cosa a otra; todo es así simultáneo.

CAUSALIDAD

A medida que la velocidad del flujo de atención disminuye, aparecen universos diferentes. Estos universos diferentes tendrán diferentes factores limitantes, constantes y similares. Puede haber un número infinito de universos, cada uno con sus propias características intrínsecamente únicas.

El movimiento y la velocidad en cualquier Universo son cantidades específicas. Estas velocidades de atención (o conciencia dirigida) específicas, menos que infinitas, ponen límites a la rapidez con que un observador y un objeto pueden unirse. Dado que la realidad depende de la unión de un observador y un observado, este límite de velocidad influye en lo que "causa" la realidad.

Las velocidades limitadas de la atención son, por lo tanto, los límites de la causalidad. Se convierten en los factores definitorios para diferentes realidades en diferentes universos. Estoy usando el término "causalidad" para referirme a causa y efecto en el contexto de la aparición de nuestro Universo manifiesto. Lo que hace que nuestro Universo emerja como lo hace son las velocidades limitadas de atención, y, de hecho, estas limitaciones en la velocidad de movimiento de la atención se convierten en los factores determinantes de todas las interacciones.

En lo Manifiesto, no es solo lo que aparece como eventos físicos lo que tiene límites de velocidad. La conciencia humana, por ejemplo, solo puede moverse a cierta velocidad cuando se examinan varios objetos. Hay un límite en cuanto a qué tan rápido puede suceder cualquier cosa. Empujar una puerta para abrirla es una acción física. Nos parece que la puerta se abre instantáneamente cuando la empujamos.

De hecho, hay un retraso de tiempo imperceptible entre el momento en que empujamos la puerta y el momento en que comienza a abrirse. Incluso si hubiera algo que teóricamente pudiera empujar la puerta a una velocidad cercana a la de la luz, todavía habrá un límite sobre qué tan rápido se puede abrir la puerta debido a los límites sobre qué tan rápido los átomos y las moléculas de la puerta pueden ser "conscientes" de la fuerza que actúa sobre ellos, un límite sobre qué tan rápido pueden transmitir esa fuerza entre sí, y un límite en la velocidad a la que pueden moverse.

En nuestro Universo específico, este límite es de aproximadamente 300.000 km/s (186.000 mi/s), que es la velocidad de la luz en el vacío. En nuestro modelo, este límite está establecido por la velocidad más alta posible del movimiento de Conciencia en nuestro propio Universo.

Esto es lo que pone un límite a la velocidad de la causalidad. Este límite define las propiedades y características del vacío (como la permeabilidad al vacío y la permitividad[18] al vacío) y del espacio/tiempo. Es este límite el que define las características del vacío en lugar de que el vacío defina la velocidad de la luz y los parámetros de causalidad. Este límite de velocidad no puede ser excedido, pero sí son posibles velocidades más bajas.

En otros universos puede haber límites de velocidad más altos o más bajos que conducen a diferentes condiciones de emergencia, manifestación y evolución. Esto podría incluir en otros universos diferentes realidades con diferentes leyes y conceptos de espacio y tiempo. Para decirlo en otras palabras: es la Conciencia que fluye a velocidades limitadas lo que define la velocidad de la causalidad.

La velocidad limitada de la causalidad permite la manifestación y define los parámetros de la realidad, incluido el espacio/tiempo. A una velocidad infinita, todo se contrarresta y aniquila instantáneamente, sin permitir que se manifieste nada. La Nada, el vacío, el silencio y los vacíos de todos los universos posibles podrían ser fundamentalmente lo mismo.

Lo que diferencia un Universo de otro no es el vacío, sino la velocidad de atención que establece los límites de la causalidad

---

18. **Permitividad**: Capacidad de un dieléctrico (un material que se considera mal conductor de la electricidad) para almacenar energía electrostática en presencia de un campo eléctrico.

dentro del vacío de cada Universo. Por lo tanto, cada Universo tiene un aspecto absoluto y uno relativo. Todos los universos comparten "lo Absoluto" como un aspecto subyacente común, mientras que cada Universo tiene una velocidad particular de causalidad que le da su carácter "relativo" específico.

ESPACIO Y TIEMPO

No podemos apreciar completamente la velocidad y el Universo manifiesto sin abordar las nociones de tiempo y espacio. El espacio y el tiempo no son las entidades fijas absolutas que imaginamos, según nuestra experiencia diaria.

En el modelo que estamos discutiendo, ambos son conceptos relativos que dependen del estado de conciencia del observador y la velocidad a la que el observador cambia la atención de una perspectiva a otra.

A velocidad infinita en lo Absoluto, no hay espacio ni tiempo. Para los humanos que operamos en un nivel clásico, no se puede decir que dos o más objetos son diferentes, si ocupan exactamente el mismo espacio al mismo tiempo. No se puede poner a muchas personas en la misma silla al mismo tiempo, pero pueden sentarse en la misma silla en diferentes momentos. ¡Por supuesto, también pueden sentarse en diferentes sillas (diferentes espacios) al mismo tiempo! Para que dos o más objetos coexistan al mismo tiempo en el nivel clásico, se necesita espacio. Para que dos o más objetos ocupen el mismo espacio, se necesita tiempo.

EXISTENCIA, NADA Y PLENITUD

Las brechas son las que separan los objetos unos de otros. La manifestación para los observadores humanos en el estado de Conciencia de vigilia depende, por lo tanto, de tener espacios vacíos.

Los espacios entre los objetos permiten que los objetos sean experimentados como entidades independientes, ya sea al mismo tiempo separados por brechas de espacio o en el mismo espacio separado por brechas de tiempo. ¡Pero las brechas no son nada y no contienen nada! Nada significa: no conciencia.

Como la Conciencia es todo lo que hay, no existen brechas en lo Inmanifiesto Absoluto. Sin embargo, en el ámbito de lo Manifiesto, el "concepto de Nada" puede existir y la Nada puede aparecer como si existiera. Paradójicamente, por lo tanto, "adoptar" o "suscribirse a la ilusión", "convencerse" o "asumir" que la Nada realmente existe es un requisito previo para la manifestación de los objetos como entidades independientes en el nivel clásico de observación. El nivel clásico es un nivel relativo de percepción, un tipo de perspectiva.

Esto es paradójico porque la Nada es el único concepto que representa "aquello que no es", "no conciencia"; y, sin embargo, es un prerrequisito fundamental para la manifestación. Es importante tener en cuenta que he usado los términos "concepto de nada" y "la Nada aparece como si existiera". Esto se debe a que cuando se mira con cuidado, encontramos que no hay existencia real de nada, no hay vacío real.

- El observador asume una perspectiva en la que no estaría observando nada. ¡Por lo tanto, no es un estado de vacío total porque hay un observador!
- Sin el observador, el "concepto de Nada" no puede ser sostenido.
- El observador es el testigo silencioso y él está allí. Todavía podemos decir que no hay ningún objeto allí, pero tenemos que reconocer que el observador silencioso está allí. La Conciencia está ahí entreteniendo el "concepto de Nada".

Como recordarán, en el capítulo 7 en el que revisamos algunos aspectos relevantes de la física y la cosmología, discutimos brevemente la mecánica cuántica y la Teoría del Campo Cuántico y el colapso de la función de onda.

Ahora estamos afirmando que lo Manifiesto o la realidad se cuantifica porque está hecha de perspectivas individuales (*bits* individuales de Conciencia). La razón por la que cualquier observador humano percibe la realidad como hecha de objetos separados es porque la realidad manifiesta está hecha de fragmentos de conciencia separados. La atención en lo Manifiesto se mueve de una observación a otra a una velocidad finita, insertando así brechas conceptuales de espacio y/o tiempo entre una observación y otra.

Por lo tanto, en lo Inmanifiesto las perspectivas permanecen virtuales y quedan fuera de los conceptos de tiempo y espacio. No hay colapso de la función de onda universal ni de ninguna función de onda individual. La manifestación, por otro lado, es una percepción en la que algunas de las infinitas perspectivas virtuales se ven como entidades individuales separadas una de la otra y para la mayoría de los observadores también se ven como separadas de la Conciencia Pura.

Para los observadores en el Universo manifiesto, es como si la función de onda colapsara y los objetos comenzaran a existir como entidades separadas localizadas en el espacio y el tiempo. Esto es diferente de la llamada "Interpretación de Copenhague", que supone que el observador es responsable de colapsar la función de onda.

En el modelo que describo, el observador solo puede experimentar un aspecto específico del objeto y de una manera específica. Se concluye así que el objeto es en esencia lo que se observa. El observador se engaña al ignorar el hecho de que la observación es solo eso: una observación que es subjetiva (autorreferencia) y que depende del observador, así como del proceso tanto como del objeto.

La realidad ha sido descrita en muchas filosofías diferentes como una ilusión. En la literatura védica antigua, el término *Maya* significa ilusión y el Universo ha sido descrito como *Maya*.

Una interpretación común es que los objetos no existen realmente, que todo, todos los objetos no son nada; que son solo una
ilusión porque no hay nada que exista. En realidad, debería ser al
revés. La ilusión consiste en afirmar que la Nada es real y que la
Nada existe mientras que todo es plenitud; todo es Conciencia.

En esencia, todo es Pura Conciencia: plenitud. No hay una
sola cosa que no sea nada. Desde una perspectiva física material,
la Conciencia se percibe como si no fuera nada o la Nada; desde
la verdadera perspectiva de la realidad última, la Conciencia lo es
todo. La Conciencia es plenitud.

Distancia en el espacio y longitud del tiempo

Cuando decimos que "la velocidad es la distancia por unidad de
tiempo", suponemos que la distancia y el tiempo son fijos y primarios, mientras que la velocidad es un factor de cuánto tiempo
se tarda en cubrir una cierta distancia.

La velocidad en nuestro modelo es primaria y definimos la
distancia y el paso del tiempo como perspectivas cuyas dimensiones dependen de la velocidad. Los cálculos y observaciones
científicas modernas (como en la relatividad especial) muestran
que la distancia y el tiempo dependen de la velocidad. Con mayor
velocidad, por ejemplo, la distancia parece contraerse y el tiempo
parece dilatarse.

Normalmente decimos que "cuanto mayor es la distancia entre los objetos, más débiles son sus interacciones". Sin embargo, en
nuestro modelo también estamos revirtiendo esto para sugerir que
cuanto más débil es el potencial de interacción entre dos objetos,
más alejados entre sí nos parecen a nosotros los humanos.

Por lo tanto, la distancia no es más que la forma en que la
Conciencia percibe el potencial o la probabilidad de interacción
entre dos o más objetos. Por ejemplo, se dice que "las fuerzas de

atracción o repulsión entre dos imanes disminuyen a medida que aumenta la distancia entre ellos".

Normalmente suponemos que la distancia es primaria y a medida que aumentamos la distancia, las fuerzas relevantes disminuyen. Ahora estamos afirmando que es al revés. A medida que las fuerzas disminuyen, los objetos nos parecen cada vez más distantes uno del otro. Por lo tanto, proponemos definir la distancia de una manera radicalmente nueva. Es una percepción de la fuerza de la probabilidad de interacción entre dos entidades.

Los humanos experimentamos esta probabilidad en el nivel superficial de percepción como distancia física. Si se sostienen dos imanes con polos opuestos, uno en cada mano y se juntan, se atraen fuertemente. Tienen una interacción máxima y la distancia entre ellos parece ser cero. Ahora comience a separarlos y sentirá cada vez menos fuerza de atracción a medida que aumenta la distancia entre ellos. Usted concluye que aumentó la distancia y, por lo tanto, la atracción disminuyó.

Pero podría ser al revés. Cuando disminuye la atracción entre los dos imanes, la distancia entre ellos parece haber aumentado. Esto es muy radical y contraintuitivo y puede parecer escandaloso principalmente porque cuando separas los dos imanes, crees que para disminuir la interacción entre ellos tienes que crear una brecha más grande.

Si todo fuera a interactuar completamente con todo lo demás en el mismo espacio y tiempo, nada parecería existir. Para nosotros, los humanos, en un nivel clásico de realidad no habría manifestación. La separación es necesaria para poder percibir la existencia individual como real. Queremos nuestro lugar y nuestro espacio. ¡Queremos a todos y todo en su lugar! Esto es reconfortante porque garantiza que nuestra existencia esté protegida, que podamos existir como entidades separadas e independientes.

Por lo tanto, en nuestro modelo, dado que la conciencia es primaria, la distancia no es real. La distancia es una percepción.

En esencia, no hay brecha. Simplemente separamos los objetos perceptualmente por espacios y los localizamos en el tiempo y el espacio para verlos como entidades existentes independientemente cuya fuerza relativa de interacción nos aparece como distancia en el espacio, y cuya secuencia relativa de interacción nos parece la longitud del tiempo.

La Nada, el *Big Bang* y el vacío

En nuestro modelo, la evolución en el espacio-tiempo comienza al final del Viaje analítico y al comienzo del Viaje sintético, cuando el Absoluto Personal postula la Nada.

En esta coyuntura hay:

- Un Observador (Conciencia Pura silenciosa).
- Un Proceso (Conciencia Pura dinámica).
- La Nada como un "Objeto" postulado.

Sin embargo, la Nada es inexistencia. El camino analítico que reveló todas las facetas y perspectivas posibles de la Conciencia Pura ahora reveló un concepto de no existencia. La no existencia no es real en el Absoluto. Y, para el caso, como se discutió anteriormente, no se puede decir que ninguna de las perspectivas exista como real en el Absoluto, ya que cada perspectiva tiene su valor opuesto equilibrándolo y aniquilándolo.

Cuando el proceso de manifestación está por comenzar, lo Absoluto todavía está operando en el campo de los infinitos, por lo que no hay espacio-tiempo. La Nada, por lo tanto, no tiene dimensiones.

Al reducir la velocidad y, por lo tanto, separar los opuestos, se abre la puerta para que la existencia se vuelva real. Todas las perspectivas ahora tienen la posibilidad de manifestarse. Con la manifestación, incluso la Nada (inexistencia) se percibe como real.

Esto es lo que llamamos el vacío o lo vacuo. Las brechas de tiempo y espacio entre los objetos aparecen como reales.

La Nada se asienta así en la interfaz entre lo Inmanifiesto y lo Manifiesto y entre los Viajes analítico y sintético. En el Absoluto, tanto el Viaje analítico (infinito a la Nada) como el Viaje sintético (Nada al infinito) suceden simultáneamente a velocidad infinita. En el Manifiesto, ambos continúan sucediendo, pero a varias velocidades que son menos que infinitas.

Visto desde el lado de lo Inmanifiesto (perspectiva de autorreferencia), la Nada es solo una noción, una perspectiva como todo lo demás. Sin embargo, desde el lado Manifiesto (perspectiva Objeto-Referente), el silencio infinito y el dinamismo infinito burbujean sin cesar hacia la manifestación.

Los físicos modernos, como observadores externos que miran hacia atrás a los orígenes del Universo, podrían describir esto como un número interminable de *Big Bangs* presumiblemente emergiendo como burbujas en agua efervescente.

Dice Maharishi: "Según el conocimiento védico de la creación, no hay ningún momento de tiempo que pueda decirse que sea el comienzo de la creación porque cada momento del tiempo es el tiempo de la creación, y la fuente de este proceso está en el continuo eterno de la dinámica autointeractuante de la conciencia demostrada por los sonidos védicos…".

Partículas, energía oscura, materia oscura

El comienzo de la manifestación está marcado por una especie de metafórica "reversión del cambio de marchas" de adelante hacia atrás, desde principalmente analítico hasta principalmente sintético, con la Nada como la posición neutral entre los dos.

La dirección analítica (o impulso analítico) se manifiesta como una fuerza de separación. Se diferencia de la dirección sintética (o impulso sintético) que se manifiesta como una fuerza de ensamblaje y tracción juntas. Las fuerzas se manifiestan así antes que los objetos.

Las perspectivas primordiales, más básicas, limitadas y elementales en la conciencia percibidas en la física como las partículas elementales, son las primeras en manifestarse como objetos[19]. Para convertirse en entidades individuales, primero deben existir como separadas una de otra y ciertamente de sus antipartículas. De lo contrario, algunas interacciones podrían aniquilarlas o hacer que decaigan. O bien, también podrían permanecer inmanifiestas.

Esta separación se logra a través del poder de todas las fuerzas repulsivas, generadas por el impulso analítico todavía poderosamente activo que también está en el origen de la energía oscura (la fuerza cosmológica responsable de la expansión acelerada del Universo aparente y, en nuestro modelo, un aspecto fundamental de las fuerzas analíticas).

La reducción de las interacciones entre "partículas" genera la percepción de brechas entre ellas. Las brechas se convierten en el espacio percibido o vacío que separa una entidad de la otra. A medida que la fuerza de separación continúa actuando, las brechas (espacio, vacío) parecen expandirse a una velocidad fenomenal. Este fenómeno podría ser un mecanismo subyacente de lo que los cosmólogos describen como "inflación" después del *Big Bang* durante las primeras etapas del Universo.

Por contraste, el impulso sintético genera todas las fuerzas de atracción, incluida la gravedad. Estas fuerzas de atracción, impulsadas por el Viaje de regreso hacia una conciencia gradualmente más y más alta, incluyen la materia oscura, la fuerza cosmológica responsable de mantener las galaxias juntas y de permitir que la

---

19. Es importante señalar aquí que a medida que tratamos la manifestación, podría usarse la terminología física y material. Esto no quiere decir que, por ejemplo, las partículas ya no sean entidades de Conciencia. Todo es Conciencia y no hay nada más. La física o la terminología material es solo una nomenclatura desde diferentes perspectivas.

materia se acumule para formar galaxias. Al unir varios elementos individuales, las fuerzas sintéticas crean perspectivas más grandes y, a medida que las perspectivas más grandes se vuelven más y más ordenadas, se elevan en la pirámide hacia mayor conciencia.

La coexistencia de las fuerzas repulsivas y atractivas participa en el fenómeno de las fluctuaciones del vacío. Las fluctuaciones entre las fuerzas sintéticas y las fuerzas analíticas continúan en todo tiempo y espacio como los procesos de emergencia y sumersión, manifestación y no manifestación, nacimiento y muerte. Los espacios entre ellos son lo que percibimos como brechas en el espacio entre objetos coexistentes, o brechas en el tiempo entre objetos que se manifiestan secuencialmente.

La Conciencia Pura con su plenitud y todas sus perspectivas desde el infinito hasta un solo punto permanecen eternamente sin cambios. Lo que surge a la existencia es un número infinito de perspectivas, cada una con su propio alcance, dimensión, profundidad, anchura, estrechez y habilidades de Conciencia. La realidad es diferente para diferentes observadores y depende no solo del Observador sino también del Proceso y lo Observado. Esta es la Relatividad Universal.

CAPÍTULO 18

Movimiento y comunicación en el espacio-tiempo

ENTRELAZAMIENTO

El entrelazamiento en nuestro modelo se generaliza a todo el campo de manifestación y no se limita a pares de partículas cuánticas. En nuestro paradigma, por lo tanto, todos los universos posibles y todo lo que hay en ellos está interconectado y entrelazado. Esto significa que lo que sucede en cualquier lugar influye en todo lo demás en todo el campo de manifestación en el número infinito de universos. Esto se debe a la unidad subyacente de la cual emerge toda multiplicidad.

En el nivel unificado, la información se comparte de inmediato porque no hay espacio, tiempo ni distancia en ese gran campo de Conciencia. La naturaleza absoluta de ese campo es espontáneamente consciente de todas sus perspectivas y mantiene espontáneamente su equilibrio total infinito, incluso en sus universos manifiestos. El término "total" es fundamental porque hay infinitos números de rarezas que pueden aparecer y desaparecer, pero todas se equilibran de forma instantánea y automática. Si este no fuera el caso, entonces la suma total de todas las manifestaciones sería algo diferente del gran campo puro de Conciencia.

El único gran campo de Conciencia es todo lo que hay y lo que no es, no puede ser. Tanto en perspectiva como en interacción de perspectivas, la suma de todo lo que hay en todos los universos posibles debe equivaler al único campo del Ser puro. Es por eso que cuando una cosa cambia o evoluciona en una dirección u otra, todo el reino Manifiesto debe equilibrarse y adaptarse a este cambio. La forma en que esto se observa, detecta, traduce y experimenta en un Universo u otro, en un nivel de manifestación u otro, es diferente según las condiciones y variables específicas relacionadas.

Por lo tanto, podemos generalizar, ir más allá de las definiciones de la física y dar un significado todo abarcativo al entrelazamiento, definiéndolo como la interconexión de todo con todo. Esta necesidad garantiza de forma espontánea y automática que se mantenga la totalidad única, incluso mientras aparece como tantas.

El entrelazamiento no es fácil de detectar o experimentar en todos los niveles de manifestación, porque su mecánica actúa sobre los aspectos subyacentes unificados de la naturaleza, mientras que la manifestación es relativa y está influenciada por los parámetros que definen el tiempo y el espacio.

Para tener una aproximación o un sentido de lo que significa entrelazamiento en términos prácticos, tome una moneda y láncela al aire.

Si la cara está hacia arriba, la cruz está hacia abajo y viceversa. Ahora láncela con la intención de saber qué aterriza en el lado de abajo.

Una vez que la moneda cae, obviamente no se ve lo que está hacia abajo. Se mira el lado superior.

Sin embargo, dado que es el lado de abajo lo que interesa, en nuestra conciencia cuando vemos cruz, pensamos cara y si vemos cara, pensamos cruz.

Como la moneda es una moneda y no dos, es obvio que la cruz estará del lado opuesto al de la cara. Esto es trivial y nuestro pequeño experimento es simplista. Pero la totalidad de la creación es una apareciendo como muchas. Es como una moneda que aparece con dos caras, pero siendo una moneda sola.

Al observar el lanzamiento de una moneda, aún nos tomará un poco más de tiempo (por decir unos pocos milisegundos) decir que la cara está en el lado de abajo que decir que la cruz está en el lado superior. Esto se debe a que el sistema nervioso siempre debe reconocer lo que ve en el lado de arriba y luego llegar a la conclusión relativamente instantánea de que, dado que la cruz está hacia arriba, la cara debe estar hacia abajo.

Obviamente, esto no significa que la cara tardó más en aparecer en el lado opuesto. Es solo una cuestión de su capacidad de apreciar lo que está expuesto desde una perspectiva u otra. Como toda manifestación depende del triplete (Observador, Observación, Observado), lo que aparece como real es relativo a las características del Observador, el Proceso de Observación y lo Observado.

Esta es la razón por la cual, en el nivel superficial de observación, algunas reacciones a algunas acciones parecen tomar mucho tiempo antes de que se manifiesten. Otras se manifiestan más fácilmente. Esto depende de las condiciones relativas y de si hay otros factores influyentes que hacen que la reacción sea más compleja.

En el nivel manifiesto, un entrelazamiento simple de partícula a partícula es diferente del entrelazamiento de dos seres humanos complejos, cada uno con historias complejas. En cualquier caso, sin embargo, así es cómo y por qué cada acción tiene una reacción igual y opuesta, no solo a nivel local sino universal.

Cuando mueves el dedo, todo el Universo reacciona a él. En la mayoría de los casos, será una reacción muy pequeña, imperceptible e insignificante. A todos los efectos prácticos, puede ser completamente insignificante; sin embargo, está allí y, combinada con otras acciones y reacciones, puede llegar a ser significativa. En el otro extremo del espectro de importancia, por ejemplo, mover un dedo para presionar el botón nuclear rojo puede desencadenar un Armagedón nuclear. Afortunadamente no todos los movimientos de los dedos tienen ese potencial y por buenas razones.

Movimiento

El campo manifiesto de lo que llamamos realidad es como una película en la que las imágenes van y vienen a gran velocidad. Por lo tanto, las velocidades de cambio, transformación y partículas son similares a las proyecciones de películas a diferentes velocidades de cuadro. Más allá de una cierta frecuencia de cuadro "base", el cerebro humano interpreta la película como continua en lugar de una serie de imágenes "fijas" proyectadas una tras otra en la pantalla.

El movimiento de un objeto no es, por lo tanto, un flujo continuo de un lugar a otro. El movimiento es una aparición y desaparición secuencial de una entidad virtual (por ejemplo, una flecha), en diferentes posiciones según la experiencia de un observador o un grupo de observadores.

La flecha no deja el Absoluto para aparecer en el campo relativo de manifestación. La flecha virtual como concepto o perspectiva en lo Absoluto permanece inmortal y eterna. Se manifiesta y se vuelve real solo en *bits* de Conciencia secuenciales; por ejemplo, el observador(es) ve en la posición a, flecha X; seguido por el observador(es) ve en la posición b, flecha X; seguido del observador(es) en posición c, flecha X; luego en la posición d, flecha X, y así sucesivamente. Este flujo de conciencia relacionado con las posiciones a, b, c, d… ocurre secuencialmente a alta velocidad de tal manera que crea la ilusión de continuidad del movimiento.

Esto es equivalente a la función de onda de la flecha colapsando secuencialmente a alta velocidad a través de posiciones infinitas diferentes en el espacio. El observador y su entorno parecen colapsar secuencialmente la función de onda de la flecha X y hacer que se manifieste en diferentes posiciones, creando la ilusión de que la flecha se mueve en el espacio.

Esto responde a las paradojas de Zenón sin contradecir algunas de sus suposiciones y las de su maestro. Zenón fue discípulo de Parménides, quien creó la escuela Eleática de la Magna Grecia en el siglo V a.C. en Elea (hoy conocida como la ciudad de Velia) en el sur de Italia.

Parménides y Zenón creían que solo había un Ser y todo lo demás era una ilusión. Las famosas paradojas de Zenón fueron una forma de argumento conocida como *reductio ad absurdum*, y tenían el objetivo de mostrar que ciertas suposiciones aparentemente comunes sobre la realidad eran erróneas porque conducían a conclusiones absurdas.

El sentido de los objetos que se mueven en el tiempo y el espacio, por ejemplo, llevó a Zenón a una paradoja, porque una de las preguntas básicas del filósofo fue: "¿Cómo puede ubicarse un objeto en un lugar específico en un instante dado en el tiempo y, sin embargo, moverse?". ¡El movimiento por definición debería significar que en ningún momento el objeto está en el mismo lugar! Esto llevó a una serie de otras paradojas de Zenón relacionadas. El Principio de Incertidumbre de Heisenberg aborda parcialmente esta pregunta, pero creo que la respuesta real radica en el modelo presentado en este libro.

Los objetos son perspectivas virtuales dentro de la Conciencia Pura que no se vuelven reales y no se manifiestan en ningún momento por sí mismos. La realidad está hecha de compuestos de Conciencia; es decir, el triplete (Observador, Proceso, Observado). El movimiento es la emergencia secuencial y la inmersión de fragmentos de Conciencia a alta velocidad, dando la impresión de una continuidad suave.

CAPÍTULO 19

Libertad, elección y responsabilidad

Es importante tener en cuenta que cualquier movimiento y cualquier perspectiva son los movimientos y perspectivas de la Conciencia misma que se mira a sí misma desde diferentes puntos de vista. Es fácil olvidar que todo es Conciencia, y comenzar a imaginar que las perspectivas manifiestas son nuevas cosas misteriosas, elementos o fuerzas que provienen de nosotros, no sabemos de dónde.

En nuestro modelo, es la Conciencia misma, la Conciencia Pura, la que asume una perspectiva específica; Conciencia Pura, que se exprime a sí misma en roles separados. Se multiplica en un número infinito de "conciencias" individuales de diferente profundidad, color, amplitud, estrechez, velocidad, etc. De nuevo, esto no nos es familiar. Un hombre o una mujer pueden desempeñar diversos papeles en una película, en un teatro o incluso en la vida real. Pero generalmente solo pueden desempeñar un papel a la vez. La Conciencia Pura puede desempeñar un número infinito de roles al mismo tiempo y en diferentes marcos de referencia. Estos roles tienen su individualidad y, como tales, son los componentes de lo que llamamos creación y manifestación.

¡LIBRE PARA SER UNO MISMO!

Conocer las perspectivas en su propio nivel significa descubrir cómo existirían e interactuarían entre sí en función de sus propias características específicas. Es por eso que sus acciones e interacciones no pueden ser completamente predefinidas y predeterminadas. Se les debe permitir existir como objetos, procesos y sujetos "libres" e independientes. De lo contrario, no podrían conocerse como entidades individuales.

La manifestación o "creación" es, por lo tanto, un proceso basado en la libertad. Dar libertad a las perspectivas es lo que le permite al Absoluto conocerlas completamente en su propio nivel. Por lo tanto, la Conciencia Pura entra en perspectivas específicas individuales y adopta las limitaciones de estas perspectivas. La naturaleza holística, absoluta e ilimitada de la Conciencia Pura se eclipsa y se oculta en diferentes grados en diferentes identidades. Esto es lo que permite al Absoluto conocerse más integralmente.

Si todo estuviera perfectamente automatizado, todo sería perfectamente predecible y no quedaría nada por experimentar o conocer. Esto es ciertamente cierto para el Absoluto, particularmente porque funciona a velocidad infinita. El Absoluto sabría todo aquí y ahora.

La manifestación sería inútil. No traería ningún conocimiento nuevo. No habría en ello novedad ni creatividad. Dar libertad a los diferentes aspectos de la manifestación es una necesidad para que la manifestación sea significativa. Un grupo de entidades como máquinas perfectas que son totalmente y puramente robóticas podría existir en un Universo u otro, pero serían bastante aburridas. No habría nada impredecible y nada que aprender de ellos.

Es obvio que las partes de la totalidad que actúan por sí mismas no representan necesariamente la totalidad o cómo la totalidad "piensa" y "actúa". El Absoluto personal que se curva sobre sí mismo da a sus partes individualidad en libertad. Pero la libertad como la conciencia no es lo mismo para todos los aspectos de la manifestación.

**Cuanto más estrecha sea la Conciencia,
menor será el rango y el grado de libertad.
Cuando la Conciencia es limitada,
la libertad es limitada.**

Un electrón podría estar experimentando solo electricidad y podría tener un rango muy limitado de posibilidades. Con toda probabilidad, no tiene ni la más mínima conciencia o concepto sobre la libertad o la elección. Tiene el nivel más básico de libertad, que puede ser, por ejemplo, girar hacia arriba o hacia abajo. Y no tiene idea de si está girando hacia arriba o hacia abajo, no tiene idea qué impulso y dirección está moviendo, o las fuerzas que actúan sobre él; ni tiene la opción de ser de una manera u otra. Sin embargo, todavía tiene ciertos grados de libertad.

El análisis detallado del comportamiento de las partículas elementales y su descomposición muestra una incertidumbre fundamental. En las escalas muy pequeñas de la mecánica cuántica y en los niveles de las teorías cuánticas de campo, existe incertidumbre e imprevisibilidad. La libertad disponible en estos niveles muy pequeños de Conciencia carece de la capacidad de elegir. La libertad sin capacidad de elegir conduce a la aleatoriedad.

LIBERTAD Y ELECCIÓN

Es crucial notar en esta coyuntura que existe una diferencia fundamental a menudo ignorada entre libertad y elección. Una entidad puede tener un rango específico de libertad, descrito por ejemplo en física como "grados de libertad", pero puede no tener suficiente conciencia para poder elegir. Como se acaba de describir, una partícula elemental no tiene suficiente conciencia para saber que está vibrando o girando o moviéndose y no tiene suficiente conciencia para tomar una decisión sobre qué dirección tomar. El conocimiento de una partícula específica podría estar limitado a detectar otra partícula o el campo en el que está operando. No puede elegir conscientemente no hacer nada.

Debido a que tiene cierta libertad pero no puede tomar decisiones, una partícula mostrará un comportamiento aleatorio. Sus características pueden estar influenciadas por una serie de variables. Tratamos anteriormente el fenómeno del entrelazamiento que describe cómo todos los aspectos de la manifestación están fundamentalmente interconectados y se influencian entre sí. Unir o asociar una partícula con otras partículas o campos crea nuevas entidades que pueden tener más o menos grados de libertad.

En función de sus modos y características vibracionales, el grupo de partículas recién conectadas puede entrar en enlaces más o menos estables, oscilar y vibrar en armonía unas con otras, y modificar los grados de libertad de y para cada una de ellas. Las dos o más partículas recién formadas tendrán su nueva libertad y posibilidades. Juntas podrían tener más grados de libertad y un comportamiento más aleatorio o podrían restringirse mutuamente.

Si se tomara un poco de plastilina y se la modelara, se la podría moldear en todo tipo de direcciones y formas. Cada partícula en la plastilina es desplazada. Dentro de la masa no formada de plastilina, las partículas se empujan entre sí en todas las direcciones en función de sus características inherentes, de sus interacciones y en respuesta a las fuerzas que se aplican sobre ellas.

Uno tiene la libertad de moverlas en diferentes direcciones mientras retienen su libertad aleatoria. Sin embargo, todo está interconectado. Están conectadas entre sí y con nuestras manos, brazos, cerebro, mente y conciencia. Podemos ampliar el uso del término entrelazamiento y decir que todas están entrelazadas. Pero mantienen una pequeña libertad aleatoria que influencia todo el "manojo" o masa de plastilina y, de hecho, nuestras manos, brazos, mente, cerebro y conciencia.

Entropía y autopreservación

Si se dejase sola, la plastilina, o cualquier objeto, con el tiempo se desintegraría. En la ciencia moderna, la fuerza inherente que tiende a hacer que todo se disipe y finalmente se desintegre se conoce como entropía.

La entropía no es una fuerza en sí misma. Es una tendencia a que los constituyentes de cualquier objeto se separen unos de otros y se organicen de la manera más aleatoria. Si no se gasta energía para mantener una estructura, sea cual sea esa estructura, sus componentes tienden a separarse por fuerzas aleatorias físicas, ambientales y naturales.

En nuestro modelo, la entropía es la dirección analítica natural del movimiento subyacente en todo momento a todo el campo de manifestación. Como trataremos, esta tendencia deconstructiva en la naturaleza evita el estancamiento y juega un papel importante en el proceso de evolución.

La tendencia entrópica, por lo tanto, es una parte inherente del proceso analítico espontáneo (pasando de los aspectos más altos a los más bajos en la pirámide). No es una invención intencionada del Absoluto buscando evitar el estancamiento. Los aspectos individuales de manifestación, por otro lado, se esfuerzan tanto como pueden para mantenerse y luchar contra la entropía.

Obviamente, los niveles inferiores de la pirámide, sin sentido de yo o autopreservación, no pueden concebir o planificar intencionalmente la autopreservación y, por lo tanto, mostrarían menos resistencia a las fuerzas entrópicas. Esto no se debe a que no son conscientes, sino a que su conciencia es limitada y no tienen conciencia de sí mismos. Cuanto más alta es una entidad en la pirámide, más desarrollada es su autoconciencia y más prominente es su deseo de autopreservación.

El sentido del yo evoluciona a medida que pasamos de componentes individuales a entidades complejas. Una partícula no tiene autoconciencia, pero grandes y ordenados grupos de partículas, que crean, por ejemplo, un ser humano, conducen a un sentido profundo de ser. Este sentido de ser es el resultado de la conciencia colectiva de las partículas y su estructura ordenada que constituye un ser humano.

Es una "sociedad" especial de partículas que conduce a una "sociedad" de células. La "sociedad" de células crea órganos y la "sociedad" de órganos crea en este caso un ser humano. Las sociedades de humanos también tienen su conciencia colectiva de la cual los humanos individuales no necesariamente son plenamente conscientes, aunque pueden tener un sentido subyacente de ese ser colectivo. Este sentido subyacente de ser más grande puede hacer que luchen y sacrifiquen su bienestar individual e incluso que den sus vidas por el más elevado ser de la sociedad, la nación y la religión.

En última instancia, el conocimiento y el reconocimiento del verdadero ser de todo y de todos como el mismo gran campo de Conciencia eleva la vida individual a la vida cósmica y universal, y la autopreservación se convierte en una perspectiva universal en Conciencia de Unidad pura ilimitada.

Karma y restricciones

Debido al entrelazamiento y dado que cualquier entidad solo puede operar dentro de su propia realidad y capacidad, existen limitaciones en la conciencia y la libertad. El entrelazamiento asegura un orden perfecto en el nivel Inmanifiesto y esto pone restricciones a la libertad en el nivel Manifiesto, pero no niega totalmente la libertad. Por lo tanto, las restricciones son principalmente de dos tipos:

1. **Interior**: debido a la propia conciencia limitada.
2. **Exterior**: debido al entrelazamiento y a las propias acciones y elecciones. Ya sea que hacer elecciones consciente-

mente sea posible o no, este tipo externo de restricción siempre funciona. Incluye lo que comúnmente se conoce como "karma". Karma en sánscrito se refiere a la acción en general, pero más recientemente ha llegado a significar la influencia y repercusión que una acción tiene sobre uno mismo.

Estas son las principales limitaciones a la libertad que agregan complejidad y son la base de la aparición del orden en el campo inicialmente caótico de creación y manifestación. Cada acción tiene una reacción igual y opuesta. En gran medida, las restricciones a la libertad se deben a las propias acciones que conducen a reacciones que colocan a un individuo en ciertas condiciones. Este es el campo insondable del karma.

Puede haber una elección intencional, libertad aleatoria o aleatoriedad total al elegir acciones específicas, pero no hay libertad para decidir cuáles serán los resultados de cada acción. Siempre hay consecuencias para cada acción. Y eso depende de varias restricciones que surgen del entrelazamiento, las acciones pasadas, las circunstancias actuales e incluso el futuro en desarrollo. Las restricciones son parte de lo que llamamos ley. Las consecuencias de la acción imponen restricciones y, en última instancia, crean orden y, hasta cierto punto en ocasiones, desorden.

ELEVÁNDOSE EN LA PIRÁMIDE - EXPANSIÓN DEL SER

A medida que se expande la conciencia, el sentimiento consciente de tener el propio ser se vuelve cada vez más claro. La autoconciencia crece junto con la capacidad de apreciar la propia existencia en un nivel superior de comprensión, incluida la capacidad de discriminar entre ser y no ser y hacer preguntas sobre el significado y la utilidad de cosas tales como herramientas para proteger el Ser, así como las de las que le importan a nuestro Ser. Todo esto está más allá del comportamiento aleatorio básico y los instintos.

- En los niveles muy primitivos de la vida vegetal y las bacterias, por ejemplo, la autoconciencia no parece ser prominente más allá de los mecanismos automáticos intrínsecos para la autoconservación.
- En los niveles más altos de la jerarquía de los organismos vivos, parece haber una autoconciencia más pronunciada, que a menudo se extiende a la descendencia e incluso al grupo social en ciertas especies animales.

No podemos decir exactamente cuáles son los niveles de sensación en las especies inferiores. Pero, por supuesto, en los humanos esto se vuelve bastante prominente, incluso predominante, y se acompaña de un fuerte apego al yo individual, así como al yo extendido de la familia, la comunidad, el país, el grupo religioso y, a menudo, incluso más.

Como ya hemos visto, los humanos pueden alcanzar el nivel de Conciencia que describimos como Conciencia de Unidad en la que el individuo se da cuenta del Absoluto subyacente en cada aspecto de lo relativo.

La Conciencia de Unidad se puede describir como la autorrealización suprema, donde el Ser de todos y de todo se aprecia como el Ser de uno mismo. De hecho, esta sería la verdad suprema que más deseo presentar en este libro: el único océano ilimitado de Conciencia es todo lo que hay y es el único Ser verdadero de todo lo que existe.

**El único océano ilimitado de Conciencia
es todo lo que hay y es el único
Ser verdadero de todo lo que existe.**

Todo esto tiene un profundo impacto en la libertad y la elección, ya que muchas opciones están relacionadas con la supervivencia y la autopreservación.

La autoconciencia, la autopreservación y la autorrealización última son parte del proceso sintético y el impulso que guía el Viaje de regreso de la Nada a la plenitud, desde la parte inferior de la pirámide hacia la cima. Sin la fuerza cohesiva de la autopreservación, acompañada del impulso de autoexpansión, las fuerzas entrópicas destrozarían todo y no habría ningún Viaje de regreso.

La mayor conciencia de uno mismo junto con la conciencia de la dirección en que se mueve el yo son los fundamentos de los sentimientos. El sentimiento de felicidad proviene de la sensación de que el yo se está expandiendo. Los sentimientos de tristeza, ansiedad, miedo o sufrimiento provienen de la sensación de que el yo está disminuyendo, siendo amenazado o asaltado y dañado.

Todo lo que se manifiesta tiene libertad, pero no todas las manifestaciones tienen elección. No se puede elegir algo que no se puede concebir. Un robot industrial hecho para construir automóviles no puede decidir comer una manzana. No tiene el concepto de comer; no está programado para comer manzanas y no tiene boca ni estómago. Comer está más allá del alcance y la capacidad de tal robot. La elección requiere un mayor nivel de Conciencia.

Para poder elegir, no es suficiente tener la capacidad de actuar dentro de un conjunto de opciones. Se debería ser al menos consciente de las opciones disponibles y elegir conscientemente seleccionar una u otra. En un nivel aún más alto de libertad y elección se debe poder evaluar dentro de lo razonable las consecuencias de cada una de esas opciones. En un nivel significativamente más alto, se debe ser capaz de liberarse de algunas de las restricciones que podrían obligarnos a actuar de una forma u otra y poder ver y tomar las decisiones más evolutivas.

Un ser humano tiene libertad y parece ser capaz de tomar decisiones, pero dependiendo del estado de conciencia de uno, ese ser humano puede comportarse de manera aleatoria (caprichosa o sin pensar, o incluso involuntariamente sin previsión) o puede tomar decisiones de selección más razonadas para tener niveles cada vez más altos de libertad de elección.

El propósito aparece cuando la conciencia del yo está acompañada por la conciencia de la dirección en que se mueve el yo, ya sea que se aprecie o no de manera consciente. Se hacen elecciones para preservar el yo y elevarse en la pirámide para obtener una mayor satisfacción.

El progreso en la pirámide viene con una Conciencia más alta, más inclusiva y más integral, expandiendo así el sentido del yo para incluir gradualmente más de lo que solía verse como diferente y separado. Desde mi pequeño ego y yo estrecho, hasta mi familia, mi negocio, mi sociedad, mi nación, mi entorno, mi mundo, mi Universo, todo soy yo mismo; Conciencia de Unidad. Esto se acompaña de forma natural y espontánea de una mayor compasión con el deseo de ver lo bueno para todos y lo no bueno para nadie.

De ahí el deseo natural de tener más, ser más y experimentar más. Todo esto está en el contexto de elevarse en la pirámide de la Conciencia hacia la cima, donde obviamente hay una Conciencia más elevada, una verdad más elevada y una mayor satisfacción e iluminación.

Diferentes entidades en diferentes niveles de la pirámide son diferentemente conscientes de dónde están y con qué propósito, y tienen diferentes rangos de perspectivas con diferentes limitaciones, alcances, habilidades, grados de libertad, percepciones de objetivos y propósitos, y diferentes capacidades para tomar decisiones. La inteligencia es la capacidad de tomar decisiones que ayudan a uno a ascender en la pirámide.

Responsabilidad

Con cada acción viene la responsabilidad. Ya sea al azar o por elección, cada acción tiene su resultado inevitable pero impredecible.

En este sentido, la aleatoriedad aún opera y, en teoría, uno podría estar expuesto al caos del Universo. Dependiendo del estado de conciencia, conocimiento, anticipación y prevención de uno, nuestras acciones podrían o no contrarrestar las tendencias negativas y destructivas. Aquí es donde reside la verdadera responsabilidad.

- En los niveles más bajos de Conciencia, podemos ser empujados por situaciones y circunstancias que incluso pueden ocurrir al azar en lo que parece ser la forma más injusta, y en consecuencia podemos sentirnos, o incluso, estar indefensos.
- En niveles superiores de Conciencia, podemos actuar desde el nivel invencible unificado de Conciencia y evitar los peligros antes de que surjan. Podemos convertirnos en capitanes verdaderamente libres y poderosos de nuestras vidas. Podemos anclar nuestra nave en la estabilidad ilimitada y la fuerza de la Conciencia Pura, el Ser puro.

Como grupo en nuestras sociedades y naciones, podemos convertirnos en dueños no solo de nuestro destino sino también del destino de nuestras naciones y de nuestro mundo. Pero tenemos que hacerlo.

Nos hemos elevado en la evolución al nivel en que nuestra conciencia nos permite tomar el control. Esta es conciencia de orden superior. Si hay grados de orden y poderes mayores que los nuestros, entonces tenemos las herramientas para aprovecharlos para nuestro bien. Abordaré este tema con mayor detalle al analizar el bien, el mal y la inteligencia superior en el siguiente capítulo.

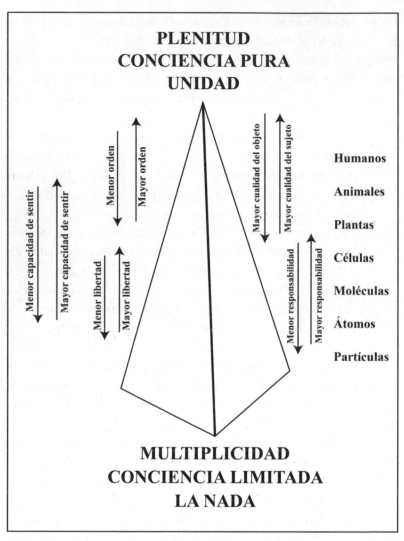

Este gráfico ilustra los Viajes analítico y sintético. Hay plenitud de Conciencia Pura como Singularidad en la cima de la pirámide. Gradualmente, la Conciencia es cada vez más limitada, pero surgen, más y más, numerosas perspectivas múltiples que forman el cuerpo de la pirámide. Permanecen virtuales en el Absoluto pero se vuelven reales como partículas, átomos, moléculas… en lo Manifiesto. Más allá de las perspectivas más limitadas, en la base de la pirámide está la Nada, el concepto de no conciencia.

Capítulo 20

Felicidad y sufrimiento, bien y mal, Inteligencia Superior

El océano ilimitado de la Conciencia Pura se conoce a sí mismo al curvarse sobre sí mismo y caer en cascada en un número infinito de perspectivas más estrechas. Su poder de discernimiento percibe la Nada al final de este Viaje analítico hacia adelante y entra en un Viaje sintético de regreso.

En este orden perfecto, a una velocidad infinita, todo se cancela y nada emerge. Para conocer sus propias partes en su nivel, disminuye su velocidad de atención y se "exprime" en cada parte, ocultando su naturaleza infinita y dando libertad para que cada parte sea independiente.

Las partes más pequeñas, con su conciencia limitada, son atraídas aleatoriamente entre sí por las fuerzas sintéticas y, por lo tanto, crean todas las combinaciones posibles, la mayoría de las cuales no evoluciona. Incluso terminan dispersas por la tendencia entrópica analítica general.

Asociar y combinar los elementos básicos con más variedad, complejidad y orden, conduce a una conciencia más elevada y a la capacidad de tomar decisiones intencionadas y controlar la aleatoriedad subyacente. Así es como algunos se elevan gradualmente a una conciencia más amplia y obtienen una conciencia más elevada, como, en nuestro Universo, plantas, animales y humanos.

A medida que aumentan la complejidad y la libertad, también aumentan las restricciones. Las restricciones, junto con las fuerzas sintéticas y analíticas, se manifiestan como leyes físicas y naturales que dan forma a las características de nuestro Universo. Estas leyes y restricciones frenan la libertad que aumenta rápidamente, pero no la detienen por completo.

Con una conciencia superior, también llega una mayor conciencia del yo y de las direcciones en las que las fuerzas sintéticas y analíticas mueven las cosas. Ser consciente de que hay diferentes caminos hacia una mayor satisfacción, enfoca la intención en una dirección con propósito. De los muchos caminos posibles, se buscan los que tienen menos fricción y requieren menos esfuerzo. Esto sigue el Principio de la Mínima Acción que subyace a todos los fenómenos en manifestación.

Sentimientos y emociones

La conciencia ahora expandida puede evaluar la dirección en la que el yo se está moviendo y eso lo colorea. Moverse en direcciones equivocadas (caer en la pirámide) crea sombras de insatisfacción, tristeza y sufrimiento. Moverse en direcciones positivas que preservan y expanden el yo, crea sombras de satisfacción, placer, felicidad y plenitud.

La alimentación, el sexo y el conocimiento van naturalmente acompañados de placer y felicidad porque brindan protección, mejoran la condición mental y física y aseguran la preservación y evolución del individuo y la especie. Cualquier cosa que amenace, dañe o destruya al yo individual o al yo social más amplio crea miedo, dolor y sufrimiento. Los sentimientos y las emociones son colores de Conciencia.

Un sentimiento es más abarcativo que un pensamiento. Es una apreciación general de la calidad del estado de conciencia. Cuando se dice que se es feliz, se quiere decir que el estado de Conciencia es el de felicidad. Esto significa fundamentalmente que su conciencia experimenta una situación o tendencia que usted evalúa en dirección a su autoconservación y expansión.

Si bien son una buena referencia general, los sentimientos no siempre son totalmente precisos en sus evaluaciones. Son subjetivos, personales y relativos. Uno podría evaluar que se está moviendo en la mejor dirección, pero debido a la conciencia limitada, es posible que no pueda percibir mejores posibilidades. Cuanto mayor es la Conciencia, mayor es el potencial de sentimientos positivos y de toma de decisiones con propósito.

Cuanto mayor es la Conciencia, mayor es el potencial de sentimientos positivos y de toma de decisiones con propósito.

Aquí es donde entra en juego el intelecto o la capacidad discriminativa. Sentimientos e intelecto útiles naturalmente crecen con una mayor Conciencia. Sin embargo, los sentimientos son predominantemente sobre el yo y la dirección sintética. Incluso cuando uno siente algo hacia los demás, el sentimiento es acerca de ponerse en el lugar del otro y ver al otro como uno mismo.

Por lo tanto, uno puede sentir dolor por la pérdida de otros como si fuera su propia pérdida y puede sentir felicidad por su logro. Un sentimiento negativo hacia los demás también está motivado por cierto temor o preocupación de que esos otros puedan crear una pérdida para uno mismo como individuo, o para el ser extendido de uno mismo, como familia, amigo, ciudadano o colega.

Los sentimientos operan predominantemente en el lado sintético, tratando de unificar tanto como sea posible y elevar el Ser a una mayor Conciencia. Es por eso que estamos en busca de más experiencias y novedades. El amor como sentimiento engendra las fuerzas sintéticas más fuertes. El amor es el adhesivo del Universo.

**El amor como sentimiento
engendra las fuerzas sintéticas más fuertes.
El amor es el adhesivo del Universo.**

Si dos partículas elementales que se sienten fuertemente atraídas la una por la otra pudieran tener sentimientos, ¡sentirían amor! En esencia y en su sentido más amplio, todos los procesos que conectan a cualquier sujeto con cualquier objeto pueden considerarse parte de las fuerzas sintéticas y si el sujeto y el objeto pudieran tener sentimientos sería amor. El verdadero opuesto del amor es la indiferencia (o no atracción) en lugar del odio.

Intelecto

El intelecto, por otro lado, tiene que ver con la capacidad de discernir. Ofrece, entre otras cosas, la capacidad de separar lo que es bueno para uno mismo (en lo individual, familiar, social…) de lo que es malo. Guía la elección y opera predominantemente en el lado analítico, pero también apoya el lado sintético.

El intelecto mantiene el lado sintético bajo control para evitar asociaciones menos ordenadas, confusas y potencialmente dañinas. Ayuda al lado sintético al encontrar las asociaciones más apropiadas. Esto es lo que llamamos inteligencia. A medida que se amplía la Conciencia, tanto las tendencias sintéticas como las analíticas ganan fuerza y, al mismo tiempo, los sentimientos y el intelecto se desarrollan y agudizan.

No es necesario que se desarrollen exactamente en las mismas proporciones para cada individuo. Todos hemos conocido a personas con intelectos superiores que evitan los sentimientos, y personas con sensibilidades refinadas que tienen los mejores niveles de sentimiento, pero que no pueden discriminar lo que es bueno o malo para ellos. A menudo involucrados en comportamientos irracionales y metiéndose en problemas. Con una Conciencia superior, aumenta la capacidad de apreciar lo que es bueno o malo y, con ello, la profundidad del sentimiento.

La libertad crece

La verdadera libertad también aumenta, pero es mantenida bajo control por el karma, el entrelazamiento y las leyes de la naturaleza, así como a través del intelecto y los sentimientos. Un hombre abatido todavía puede arrojarse desde el décimo piso para suicidarse. Él tiene la libertad de hacerlo, pero esto es muy raro y la mayoría de las personas simplemente no lo hacen, y en gran medida no pueden llevar a cabo una acción tan extrema (afortunadamente). Esto se debe a que el suicidio no es evolutivo.

Los animales no se suicidan porque no tienen la capacidad de elegir hacerlo; más bien, están programados instintivamente para no hacer tal cosa. "Instintivamente" implica aquí restricciones profundamente sembradas. Un humano es capaz de suicidarse porque posee más libertad, pero los seres humanos normalmente no se quitan la vida debido, al menos en parte, a los instintos (restricciones) y, también en parte, a cierta medida de propósito que proporciona tener una mayor Conciencia.

Crecimiento, evolución, intención y ética

En una vida humana, la evolución significa reorganizar las estructuras mentales y físicas para hacerlas lo más ordenadas posible, en parte a través de una dieta adecuada, actividad adecuada y toma de decisiones adecuada. Dado que "la Conciencia es todo lo que hay", lo mental y lo físico son aspectos de la Conciencia y no entidades separadas o no relacionadas.

Por lo tanto, el conocimiento y la exposición a las experiencias evolutivas, así como las actividades que realizamos y los alimentos que comemos, contribuyen a la reestructuración del sistema nervioso, haciéndolo más o menos ordenado.

En los niveles más altos de Conciencia, la evolución ciertamente no se limita a la actividad física superficial. Los pensamientos y el razonamiento cognitivo comienzan a jugar un papel cada vez más importante en la configuración del orden general del Ser. Aquí es donde entra en juego la intención.

Si estuviese conduciendo un automóvil de manera segura y un gato saltara frente a usted y resultara herido, no sería su culpa. No importa si el gato hizo esto al azar o por cualquier otra razón cósmica. Usted es inocente y el gato es responsable (aunque una persona típica probablemente experimentaría un dolor psicológico de angustia por haber herido a ese gato). Como fuere, por razones insondables, se entrelazó en esta situación y recibió algo de karma por ello.

No es lo mismo si alguien conduce descuidadamente, o incluso apunte al gato para lastimarlo intencionalmente. Físicamente, las dos situaciones son iguales, pero en la mente es diferente. La **intención** juega un papel importante en la configuración de la calidad de la experiencia y sus resultados. Todo está justificado. Tanto la acción como la mentalidad durante la acción configuran la calidad e intensidad de la experiencia. Esto es lo que se digiere y se agrega al repertorio de experiencia como modo, lo que influye significativamente en la propia perspectiva.

La intención por sí sola no es lo suficientemente buena. No puedes hacer algo mal y salirte con la tuya, solo porque tenías buenas intenciones. En ignorancia y con Conciencia más baja, uno podría no saber lo suficiente como para tomar las mejores decisiones, pero aun así pensar (o creer) que uno tiene las mejores intenciones. La ignorancia no es excusa.

Sabemos que existen personas que matan a otras personas en nombre de Dios. Podrían tener toda la devoción del mundo y pensar que sus intenciones son supremas, pero no obstante están violando un aspecto fundamental de la creación y se engañan a sí mismos mientras cosechan, predeciría, terribles consecuencias.

Habrían alterado en su conciencia la posibilidad de una mayor unidad, ya que matar ve al otro, particularmente a otras personas inocentes, como no-Ser. Matar conduce a la confusión mental perversa y a la alteración en la composición de la conciencia del asesino. El que más sufre y más retrocede en términos evolutivos es un asesino intencional de personas inocentes.

Mientras que matar en defensa propia sigue constituyendo un daño, es sin embargo una consideración totalmente diferente. Aquí, salvar la vida es la intención en lugar de destruirla.

Lo que terminamos haciendo es tan importante como nuestras intenciones y, a veces, mucho más significativo. Sin embargo, con una Conciencia superior, a veces se pueden evitar los peligros antes de que surjan, de modo que dañar a otros, incluso en defensa propia, se vuelve totalmente innecesario.

En el caso de luchar en defensa propia, por ejemplo, una persona con mayor Conciencia y, por lo tanto, mayor inteligencia puede convencer a un agresor de soluciones que son más beneficiosas, menos riesgosas y menos peligrosas para ambas partes. En un nivel más profundo, una mayor Conciencia significa que uno está pensando y actuando desde los niveles más poderosos y evolutivos de la Ley Natural y puede prevenir los peligros antes de que surjan.

Con una mayor Conciencia y una mayor inteligencia, se puede destruir la enemistad en los enemigos e incluso hacerlos amigos en lugar de tener que recurrir a luchar y matar. Esto es significativo tanto para el individuo como para la nación. Estudios científicos repetidos y cuidadosamente realizados han demostrado que cuando un pequeño número de personas en una sociedad practica los programas de Meditación Trascendental™, el crimen y el conflicto se reducen. La vida urbana y nacional se vuelve más coherente y menos sujeta a la agresión. Esto evita guerras y conflictos en los que incluso el llamado ganador sufre una pérdida importante.

Como referencia a toda la ética y para calibrar lo que es bueno y útil, o malo y dañino, para uno mismo y para los demás, una regla subyace a todas las reglas: lo que apoya el crecimiento hacia la Conciencia de Unidad es bueno y lo que retrasa o perjudica el camino hacia estados superiores de Conciencia (hacia la cima de la pirámide) es malo.

Exponerse a las experiencias más ordenadas y edificantes es lo más evolutivo y, en consecuencia, eso es lo que da mayor felicidad. Es por eso que se buscan cosas hermosas para ver, escuchar, pensar y compartir. Las cosas bellas son más ordenadas en el sentido de orden que definimos anteriormente. La belleza no solo está en el nivel físico superficial sino también y principalmente en los niveles interno, mental, emocional e intelectual. Cuanto más alerta y atento esté un individuo a una experiencia, esta más se convierte en parte de él y da forma a su sistema nervioso. Estar medio dormido u ocupado preocupándose por otras cosas no permite aprovechar al máximo la experiencia.

Ser consciente ayuda a mejorar las experiencias:

- Es posible guiar la mente, o incluso forzarla, a ser consciente.
- Esto puede desviar momentáneamente la atención del estrés y ayudar a crear un estado mental más favorable para una experiencia más rica. La atención plena, sin embargo, no debe ser artificial y antinatural; de lo contrario, su efectividad se ve comprometida.
- Es mucho mejor liberar tensiones arraigadas y restablecer el equilibrio en la dirección de un mayor orden.
- La experiencia más profunda que ayuda a moldear el sistema nervioso, la mente y la conciencia de la manera más ordenada hacia estados superiores de Conciencia y, por lo tanto, lograr el objetivo de manera más efectiva es la experiencia directa de la Conciencia Pura.

- Esto no sucede mediante el análisis intelectual o la experiencia perceptiva externa, sino trascendiendo todas las actividades de la mente, todo el pensamiento y toda la experiencia externa.
- La Meditación Trascendental™ logra esto de una manera natural y sin esfuerzo.

Los humanos a "imagen de Dios"

En lo que sea que concentremos nuestra atención, eso se fortalece en nuestras vidas. Se vuelve más fuerte porque la exposición repetida da forma al sistema nervioso en la calidad correspondiente. El efecto evolutivo depende de a dónde se dirige la atención.

- Guiar la atención hacia cosas simples e inspiradoras puede proporcionar alivio y satisfacción.
- Poner la atención en cosas perturbadoras y desordenadas puede ser desorientador y perturbador.
- Toda experiencia debería conducir a un mayor orden en lugar de confusión.

El sistema nervioso humano ya es bastante ordenado en comparación con otras criaturas. No es de extrañar que las grandes enseñanzas religiosas, espirituales y filosóficas dieran importancia a los humanos al decir, por ejemplo en la Biblia, que "los humanos fueron creados a imagen de Dios", y también que "el reino de los cielos está dentro de ti". En el islam, hay un dicho del Imán Alí: "Encapsulado dentro de ti está todo el Universo"; y en el antiguo conocimiento védico: "Tú eres totalidad, plenitud".

Esta visión de integridad disponible para la conciencia humana y reflejada en la estructura y función de la fisiología humana también fue el tema de uno de mis proyectos de investigación bajo la guía de Maharishi, en el que comparé la estructura y función de la fisiología humana con la estructura y función de los textos védicos.

Maharishi describió los textos védicos como una expresión fundamental, en el nivel sonoro, de la dinámica de la Conciencia. Por lo tanto, no vio el Veda como una filosofía, poema, obra literaria o religión, sino como una representación directa de la dinámica de la Conciencia Pura.

Estas dinámicas se manifiestan como fluctuaciones en la conciencia de aquellos que cognitivamente se dieron cuenta y las expresaron al pronunciarlas o cantarlas como sonidos que fueron transcritos y luego escritos como sílabas, palabras y frases sánscritas. Esto es similar a los grandes compositores que sienten una melodía o sinfonía en sus mentes y luego escriben esas secuencias como una estructura de sonido y silencio. Mozart solía decir que, en ocasiones, caminaba en silencio y una sinfonía surgía en su mente o se manifestaba en su conciencia interior y que luego corría a casa para escribirla.

El Veda y la literatura védica en la fisiología humana

Maharishi describe los sonidos védicos como emergentes de un tipo similar de experiencia interna o cognición. Por lo tanto, el Veda tiene su valor más fundamental en la estructura de sus sonidos, sílabas, palabras y frases más que en su significado. Es más como una sinfonía que representa la dinámica y las fluctuaciones de los buenos niveles de sentimientos que un análisis intelectual y una investigación.

Dado que la Conciencia es todo lo que hay, cada expresión de pensamiento, sentimiento, arte, ciencia, imaginación y cognición es, de hecho, también una expresión de conciencia. Sin embargo, cada expresión depende de, representa y es un reflejo del nivel y la calidad de la conciencia del observador, el experimentador. Todo lo que uno hace, dice, piensa, siente o imagina es un reflejo de la conciencia de uno.

Todo lo que uno hace, dice, piensa, siente o imagina es un reflejo de la conciencia de uno.

Debido a que se considera que el Veda ha sido conocido[20] por individuos en el estado de Conciencia de Unidad, Veda debe reflejar la dinámica de los niveles más elevados de Conciencia. Esas dinámicas serían las dinámicas fundamentales de cómo se manifiesta la inmanifiesta Conciencia Pura. Maharishi las describió como "la dinámica de las leyes de la naturaleza, las leyes que estructuran el Universo manifiesto aparte del campo Inmanifiesto de la Conciencia Pura". A menudo, se refería a ellos como la Constitución del Universo.

La premisa de mi investigación fue que, debido a que el Veda y la fisiología humana son manifestaciones de conciencia altamente ordenadas, deben ser similares en su estructura y función. Pasé muchos meses en esta investigación y luego varios años refinándola.

Descubrí que la fisiología humana está estructurada como el Veda. Los diversos órganos humanos y sus divisiones y subdivisiones siguen la misma organización que las sílabas, palabras, párrafos, poemas y capítulos de los textos védicos.

---

20. **Conocido.** *N. del T.*: Es la única traducción en correcto español para *cognized* que se refiere a "tener una cognición". Si bien en nuestro idioma etimológicamente "cognición" es lo mismo que "conocer", el significado de "cognición" suele estar relacionado a una percepción interna mediante el refinamiento máximo de los sentidos; experiencia más relacionada con la intuición y la revelación interna que con la mente lógica y convencionalmente racional.

La fisiología humana
está estructurada como el Veda.

Esta investigación apoya la premisa de que la Conciencia es todo lo que hay, y que la dinámica de la Conciencia sigue un patrón que se puede encontrar en la fisiología humana, así como en los textos védicos. Los hallazgos han sido publicados en varios libros (52) y fueron la principal inspiración para que Maharishi me convirtiera en el principal representante y portavoz de los antiguos conocimientos y tecnologías védicas que él enseñó y deseaba que se ofrecieran científicamente para el beneficio de todos.

CONOCIMIENTO, IDEALISMO Y EMPIRISMO

De hecho, debido a su estructura ya muy ordenada, la fisiología humana tiene la capacidad de experimentar la Conciencia Pura y, por lo tanto, estar directamente expuesta al gran campo del Ser puro, percatación pura o Conciencia Pura.

Al trascender todas las experiencias limitantes, la mente y, por lo tanto, la Conciencia, experimentan directamente lo Absoluto, que es el aspecto más ordenado que subyace a todo. Esta es la experiencia más satisfactoria y más evolutiva.

- Reestructura el sistema nervioso y toda la fisiología.
- La eliminación del estrés es un tremendo beneficio secundario de trascender, como lo ha demostrado la investigación científica.
- Esto conduce a mejoras en todos los aspectos de la vida, interior y exterior.
- En estados superiores de Conciencia, el pensamiento y la acción se sintonizan con el máximo poder evolutivo porque

la Conciencia se establece en la fuente unificada de todo conocimiento: la Conciencia Pura.
- Esta es la máxima inteligencia y el conocimiento más completo: conocimiento total en una conciencia humana.

Así es como lo Absoluto, con su perfecto orden, se convierte en la luz guía espontánea de nuestra propia vida. Esto conduce a una acción espontáneamente correcta que brinda los máximos beneficios para el individuo y la sociedad. Cuando la conciencia colectiva alcanza ese nivel, la vida social y nacional también se vuelve evolutiva y más intensamente satisfactoria.

Obviamente, este punto de vista puede clasificarse filosóficamente como perteneciente al idealismo, ya que estoy afirmando que la Conciencia es todo lo que hay, y que el conocimiento se puede adquirir de la propia mente y conciencia. Esta es la perspectiva autorreferente. Sin embargo, el paradigma que hemos estado tratando también tiene puntos de vista Objeto-Referentes y Proceso Referentes.

Como se recordará, la realidad y la existencia son definidos en términos de *bits* de Conciencia donde el sujeto, el proceso y el objeto se unen para crear experiencia. Por lo tanto, el conocimiento no solo es sujeto dependiente, sino también proceso dependiente (incluido el entorno) y objeto dependiente. Esto es independiente de la afirmación de que todos los procesos y objetos también son en sí mismos Conciencia. No obstante, como entidades manifiestas, tienen sus características individuales y, por lo tanto, aparecen como entidades externas al compararlas con la conciencia interna del sujeto.

Además, la conciencia del individuo es descrita en el paradigma como una realidad en evolución y su crecimiento en el conocimiento y la conciencia resulta de la exposición repetida a varios *bits* de Conciencia, por lo tanto, a la exposición al medio ambiente y a los diversos objetos en el entorno. Esto es más parecido al empirismo que establece que el conocimiento proviene de la experiencia externa, aunque en cada experiencia, por supuesto, habrá un componente subjetivo que dependerá de la calidad de la conciencia del observador. Por lo tanto, el paradigma acomoda tanto el idealismo como el empirismo y no ve contradicción entre ellos. De hecho, son complementarios.

Bien y mal, emergencia y sumersión

Al haber crecido como un creyente en el orden supremo y en un ser supremo, fue un desafío para mí entender de dónde venía el mal. ¿Por qué Dios no creó un mundo perfecto? ¿Por qué permitió el sufrimiento entre los inocentes? Las respuestas tradicionales solían centrarse en la existencia de un demonio que también se decía que se oponía e incluso luchaba contra Dios. ¿Creó Dios un demonio para tentar a los humanos?

Incluso si tuviéramos que adoptar un punto de vista ateo y materialista y asumir que existen leyes de la naturaleza que manejan la evolución, ¿dónde está el lugar para el mal en un Universo ordenado? Si el Universo fuera totalmente caótico sin leyes naturales intrínsecas, entonces matar y robar podría ser aceptable. Si la libertad es la base del mal, ¿por qué alguien elige el mal? Con el modelo presentado en este libro es posible comprender el origen de lo que comúnmente se conoce como maldad y los conceptos de bien y mal, o virtud y pecado.

Los seres humanos vemos el mal en las acciones y cosas que amenazan su bienestar personal, su supervivencia o sus comunes identidad e ideales, o les causan daño y sufrimiento de otras maneras. Todas estas son amenazas de destrucción del yo.

Sin embargo, el proceso destructivo no es del todo malo y puede ser una fuente de bien. Un cirujano parece destruir tejido mientras opera a un paciente para extirpar un tumor. Esto tiene elementos de destrucción, pero es la destrucción de algo dañino y amenazante. La destrucción también puede ocurrir espontáneamente, como en desastres naturales y accidentes, y no sería generalmente calificada como malvada.

El mal requiere un nivel sofisticado de conciencia con intención consciente de hacer daño, lo que no es solo un fenómeno natural físicamente mecánico. Es por eso que, por el mismo delito, una persona sofisticada con mayor Conciencia, conocimiento y comprensión generalmente se considera más responsable que una persona perturbada que tiene una enfermedad mental.

Una persona que se lastima en una avalancha mientras esquía no cree que la nieve sea malvada y pecaminosa. Si, por otro lado, un esquiador descuidado lo lesiona, el esquiador es responsable pero no necesariamente es procesado, a menos que, por supuesto, la acción del esquiador haya sido a voluntad o intencional. En ese caso, la acción del esquiador probablemente se consideraría dañina y podría ser vista como malvada. Si no fue por ninguna razón, entonces este es un gran mal (y la ley hecha por el hombre incluso tiene un nombre para tal caso: *Depraved Indifference* ("Indiferencia depravada") hacia la vida humana[21]. El mal máximo es la destrucción por la mera destrucción en sí misma o, peor aún, por el placer de infligir destrucción.

El impulso primordial y fundamental en el surgimiento de la multiplicidad a partir de la Unidad es el poder discriminativo de la conciencia que se conoce a sí misma al observarse a sí misma como Observadora, Proceso de Observación y lo Observado y, así extendiéndose a infinitas perspectivas más pequeñas.

Este proceso analítico y las fuerzas resultantes que contribuyen, entre otras cosas, a la entropía, que son aspectos fundamentales del Universo, pueden percibirse como tendencias a disociarse y, en algunas perspectivas, destruir la totalidad. Esta es la semilla

---

21. **Depraved Indifference** ("Indiferencia depravada"). *N. del T.*: Término legal en países anglosajones; se utiliza para mostrar *mens rea*, o el estado mental de un acusado, y determinar si es culpable de asesinato, homicidio u otro delito similar.

del mal. Digo la semilla del mal, porque el proceso en sí mismo ciertamente no es malo en absoluto. La razón por la que no es malo es porque el Absoluto sabe que no se está destruyendo a sí mismo. Sabe que cada parte es su propio Ser. El mal requiere fundamentalmente la separación del otro de uno mismo y la objetivación del otro. El mal, por lo tanto, no existe y no puede existir en lo Absoluto. El proceso analítico y la diversificación son una alegría de multiplicar el yo en el infinito.

El gran campo de Conciencia nunca se engaña. El mal llega a existir en los campos relativos de manifestación y no emerge realmente hasta que los niveles más altos de Conciencia comienzan a manifestarse. Todo el caos aparente del Universo, con galaxias chocando y aniquilándose entre sí, no es malo. Es solo una obra de teatro, como fuegos artificiales.

Los volcanes en erupción y la destrucción de ciudades enteras es muy triste y desafortunada, pero los volcanes no son malos. No tienen conciencia de pueblos y personas. No tienen malas intenciones. Hacen lo que hacen de acuerdo con su naturaleza y, ya sea de forma aleatoria o por entrelazados motivos ocultos, a veces queman ciudades cercanas. Si alguien sabe que un volcán está a punto de estallar y quemar una ciudad, pero no informa a los habitantes por alguna razón financiera o de otro tipo, entonces esto realmente constituye un mal. El mal requiere una conciencia relativamente sofisticada, pero distorsionada.

Un nivel complejo de Conciencia es el resultado de un sofisticado proceso sintético. Aunque el proceso sintético en sí mismo es creativo y evolutivo, y por lo tanto conduce a estados superiores de Conciencia, el surgimiento del mal lo requiere por necesidad. Sin embargo, el mal no está en el proceso sintético en sí, sino en el potencial destructivo y las intenciones que una entidad sofisticada podría mostrar. El criminal y el acosador tienen mayor conciencia que la piedra o el gato. Son sus tendencias destructivas las que los hacen malvados y no el hecho de que son más evolucionados que una piedra o un gato.

El proceso destructivo en sí mismo no es necesariamente malo ni el proceso constructivo necesariamente conduce solo a toda bondad. En cada nivel de la pirámide hay fuerzas y tendencias destructivas y constructivas en acción.

El término destrucción es bastante fuerte. Se usa aquí bastante liberalmente e incluye cosas y situaciones que podrían calificarse mejor como: ajustar, corregir, enmendar, reordenar, reorganizar o arreglar. Cualquier proceso que implique un cambio necesariamente incluye en términos muy amplios "destruir" o "deconstruir" lo que estaba allí antes para crear la posibilidad de que surja el nuevo orden. Pero también incluye la destrucción real.

Los seres humanos, por ejemplo, históricamente han tenido que defenderse con diversos medios destructivos contra agresores como bestias en la jungla, criminales, ejércitos invasores y regímenes totalitarios opresivos; o incluso mediante el uso de antibióticos para matar bacterias infecciosas nocivas o productos químicos potentes para destruir un tumor. Todos estos son medios destructivos que suceden para participar en el proceso de evolución.

De esta manera, el progreso siempre ocurrirá en pasos de emergencia e inmersión. La inmersión siempre se puede ver como destrucción y la emergencia como creación, pero no se puede crear algo nuevo si lo viejo no permite que surja lo nuevo. En este contexto, la destrucción no es malvada, sino evolutiva.

El proceso destructivo juega su papel evolutivo cuando hay una anomalía. La destrucción evolutiva como en estas situaciones no es la destrucción de los demás, sino la destrucción de lo que en sí mismo no es evolutivo. La evolución es un proceso constructivo que se basa en todo lo que ya se ha adquirido, por lo que se debe preservar el cimiento. Lo viejo es una plataforma sobre la cual se construye lo nuevo. En algunas tradiciones, donde la gente cree en la reencarnación, incluso la muerte se ve como una renovación. Se supone que el cuerpo alcanza su capacidad y, como una prenda vieja, es destruido y reemplazado por un atuendo nuevo para ayudar a la evolución en la próxima vida.

Por consiguiente, en la visión del mundo presentada en nuestro modelo, la reencarnación es muy plausible. Permite la continuación del viaje de uno hasta que se alcance la plena evolución y liberación. Las influencias kármicas se asignarían de manera apropiada al individuo particular que las creó, hasta que ese individuo las aclare.

En esta consideración, es importante no asumir la responsabilidad de gestionar la evolución de los demás mediante el uso de medios destructivos. Esto puede conducir a una pesada carga kármica, particularmente porque nuestra evaluación de lo que es mejor para los demás puede estar bastante equivocada. Los enfoques no violentos y no destructivos, incluso frente al mal, son los más evolutivos.

Esforzarse por mejorar uno mismo (incluida la propia familia, sociedad, partido político, grupo religioso, etc.) y utilizar enfoques constructivos con los demás es mucho más seguro, pero también el curso más efectivo. Maharishi solía decir: "No intentes destruir al enemigo. Destruye la enemistad dentro del enemigo".

Es cuando la destrucción está fuera de lugar y sin justificación que se vuelve verdaderamente malvada. La semilla del mal puede comenzar como un desequilibrio durante el proceso aleatorio de ensamblar las partes al comienzo del Viaje sintético. El viaje es impulsado básicamente por la fuerza que normalmente conduce a una Conciencia superior. Sin embargo, debido principalmente a la libertad humana, pero como consecuencia de la ignorancia humana, siempre es muy posible tomar malas decisiones.

Cuando esto se repite, puede conducir al mal con tendencias destructivas, incluso a algunas muy horribles. El mal, por lo tanto, es un desequilibrio que aparece en el proceso aleatorio de ensamblar las partes de la conciencia y puede ser el resultado de varias experiencias secuenciales y kármicas que conducen a una tendencia destructiva fuera de lugar en un individuo relativamente evolucionado.

Utilizo el término "evolucionado" en este contexto porque el mal requiere la capacidad de tener la intención de dañar. El mal, por lo tanto, no puede asignarse a los niveles inferiores de interacciones puramente aleatorias donde la libertad no está acompañada de capacidad de elección. Tan pronto como sea posible la elección, puede aparecer el mal, y solo en ese punto. Las entidades altamente evolucionadas que teóricamente aún podrían sucumbir a un desequilibrio y mostrar el mal tienen lo que comúnmente se describe como tendencias demoníacas.

El mal lucha por su autoconservación como cualquier otra cosa que tenga sentido de sí mismo. Pero su concepto de sí mismo es muy limitado y no ve el panorama evolutivo más amplio. Por lo tanto, no puede estar muy alto en la pirámide. Las entidades malignas relativamente evolucionadas pueden causar estragos, pero el mal termina también destruyendo al mal y, al actuar contra las tendencias evolutivas de manifestación, son fácilmente superadas por la conciencia superior a la que pueden acceder aquellos situados en los niveles superiores de la pirámide.

El origen del mal está, por lo tanto, en los procesos analíticos y sintéticos espontáneos que resultan de la naturaleza inherente del gran campo de la Conciencia, que es ser consciente y, por lo tanto, conocer sus partes y su totalidad. Da libertad a sus partes, que bajo la fuerza sintética se combinan y recombinan de todas las formas posibles. Los más aptos sobreviven y evolucionan, mientras que los menos aptos son desmantelados por las fuerzas analíticas y entrópicas.

Con una mayor Conciencia hay un sentido creciente de uno mismo, autopreservación y autoexpansión. En este campo aleatorio de todas las posibilidades, el mal también emerge espontáneamente. Dado que realmente no tiene una gran conciencia, y dado que es principalmente destructivo, termina destruyéndose a sí mismo. Esto se debe al principio de acción y reacción, "cosecharás tu siembra", y también porque la destrucción en total favorece la tendencia entrópica que conduce a la aleatoriedad más que al orden.

Por lo tanto, la sociedad humana debe desconfiar de las decisiones, los métodos y las direcciones que son principalmente destructivas, ya que atraen más destrucción, pueden ralentizar la evolución e incluso conducir a la aniquilación.

Aquellos que se benefician del mal pueden confundirlo con lo bueno. Grupos en guerra podrían justificar la lucha y las guerras de manera diferente, cada uno viendo el mal en el otro. Lo bueno es lo que nos hace ascender en la pirámide y lo malo es lo que nos hace hundir más. Estas son las perspectivas universales sobre lo que es bueno y lo que es malo.

Escalar la pirámide trae más felicidad, ya que trae más integridad y conduce a una mayor satisfacción. La felicidad, sin embargo, es relativa y personal. Depende de la percepción que tiene el individuo de cómo está creciendo el yo. Por otro lado, mientras que las personas tienen sus conceptos individuales y sociales y sus juicios personales sobre lo que es malo, bueno o mejor, sus puntos de vista fácilmente pueden ser correctos o incorrectos.

Decir que algo es bueno a nivel universal significa que conduce o contribuye a la dirección evolutiva. En este sentido, no puede haber nada bueno para alguien que sea malo para otra persona. Esto se debe a que lo que trae algo malo a otro deja repercusiones negativas en quienes causan el mal y, por lo tanto, enlentece su evolución. Obviamente puede haber en cada situación una gradación de bien, con algunas cosas mejores que otras.

La evolución es delicada y no está garantizada. La incertidumbre, la aleatoriedad y las acciones malvadas siempre están ahí. Los aspectos elementales aleatorios de todas las manifestaciones no se preocupan por el bien, el mal o lo maligno porque no ven la aleatoriedad y no tienen el nivel de conciencia que les permita sentir felicidad o sufrimiento por el orden o el desorden.

La aleatoriedad, por cierto, no es locura o demencia. La aleatoriedad es, de hecho, absoluta e incontrovertiblemente justa. Da a todos los aspectos las mismas oportunidades. Uno puede manejar la aleatoriedad como, por ejemplo, sucede en los juegos de póker.

Si puede seguir ciertos principios básicos de orden aleatorio, a la larga puede ganar en el póker. La inteligencia artificial ahora también puede lograr esto.

Las crecientes restricciones y entrelazamientos en nuestro Universo gradualmente se convirtieron en ley y orden. Las leyes físicas, químicas, biológicas, psicológicas, sociales y nacionales que vemos en los niveles groseros son propiedades emergentes y no aspectos fundamentales de la creación. Es probable que sean diferentes en diferentes universos, lo que lleva a diferentes patrones evolutivos y diferentes resultados entre criaturas y realidades potencialmente muy diferentes. Sin embargo, la mayoría de las manifestaciones están dominadas por la aleatoriedad total, con la probabilidad de que se encuentren solo muy pocos focos de orden en el planeta Tierra.

Los humanos tienen libertad y elección, pero su libertad está sujeta a las leyes emergentes y a las restricciones creadas en parte por sus propias acciones en el pasado. Como los arreglos ordenados, por ejemplo, en el sistema nervioso humano permiten una Conciencia cada vez más elevada, los aspectos más importantes del destino de esta pequeña parte del Universo (planeta Tierra) quedan bajo control consciente. La incertidumbre y la aleatoriedad comienzan a ser cada vez más manejables.

Cuanto más alto usted esté en la pirámide, menos estará expuesto a la aleatoriedad y esto se debe a que tiene un grado mucho más alto de complejidad y orden. También puede tener una mayor participación en la gestión del orden y el control. En este punto la evolución, que tiene su impulso natural, comienza a ser guiada por las decisiones que toman los humanos.

El campo absoluto de la Conciencia Pura, el Ser puro por sí mismo, no interferirá para detener la libertad de elección de nadie. Esto estaría en contra de los factores primordiales que permitieron a la creación manifestarse. Los humanos, por lo tanto, tenemos responsabilidad. Las decisiones que tomemos podrían permitirnos continuar evolucionando, o revertirnos a una de esas partes de manifestación entrópicas que flotan sin rumbo, mientras permitimos que otros tomadores de decisiones más inteligentes en otras partes del Universo o en otros universos, sean los dueños de una existencia relativa más plena y duradera.

Si el planeta Tierra no sobrevive por cualquier razón —la destrucción del medio ambiente, las guerras mundiales de Armagedón, el encuentro con meteoritos o similares—, lo harán otros números interminables de tierras y universos. Podríamos convertirnos en otro fracaso que alcanzó cierto nivel evolutivo y luego desapareció.

Otras civilizaciones podrían tener características similares a las nuestras, pero tomar las decisiones correctas y volverse inmortales. Ahora que hemos alcanzado tales niveles de desarrollo en la conciencia, podemos hacer y deshacer nuestro propio Universo y contrarrestar todas las eventualidades, incluidas las que puede parecer que surgen de la aleatoriedad total.

Los humanos ya tienen la fisiología necesaria para acceder a todo el poder, la energía, la inteligencia y las fuerzas que manejan todas las leyes de la naturaleza. Los humanos pueden trascender y alinearse a sí mismos y a sus sociedades con el orden supremo perfecto de la Conciencia Pura y así poder hacer todo el bien con el menor esfuerzo. No queremos terminar como un experimento que alcanzó niveles muy altos de desarrollo que luego mal usó lo adquirido y falló.

Acceder a la Inteligencia Superior

¿Por qué no vendría a nuestro rescate el gran campo de Conciencia absoluta? ¿Por qué permite que nuestros niños inocentes sufran, enfrenten miedo y dolor? ¿Por qué permite que las personas se maten entre sí, a menudo motivadas por el miedo o por los fanáticos en nombre de Dios? ¡Principalmente porque nos dio libertad y sin libertad nada habría tenido ningún significado o sentido y no habría manifestación! Este es el pacto que el Absoluto hizo con los infinitos aspectos de su propio Ser. Y nosotros, como sus pequeños seres, crecimos para cuidar y apreciar esta libertad.

El Absoluto Impersonal flota eternamente en dicha y perfección total y, para él, nada cambia. Todo es solo un gran campo de Ser puro. El Absoluto Personal, con su cualidad discriminativa, lo ve todo y lo siente todo. Los dolores, las alegrías, el sufrimiento, las esperanzas, los miedos, las ansiedades, la expansión y el colapso están todos en su propio Ser porque es todo lo que sufre y todo lo que se alegra; todo lo que nace y todo lo que muere. Sin embargo, no pierde su ecuanimidad, porque en su ser absoluto, todo se suma a la misma dicha ilimitada.

El recurso a una mayor inteligencia y mayor poder yace dentro de nosotros. Dado que nuestro sistema nervioso nos permite trascender, podemos alinearnos con la fuente de todo lo que hay. De esta manera, podemos obtener ayuda del Absoluto, pero no es un Absoluto que está fuera de nosotros o que es esencialmente diferente de nosotros. Es lo Absoluto, que somos nosotros. Adoptamos la perspectiva del Absoluto. Esto es entregar nuestro pequeño ego a lo Absoluto.

Aquí no hay más contradicción porque no estaríamos actuando como individuos no libres, sino como individuos totalmente liberados, que conscientemente entregan su voluntad a la voluntad de lo Absoluto y así nos permitimos ser instrumentos de lo que podemos llamar intervención divina. Esta es una cuestión de elección, y esta elección podemos hacerla, pero tenemos que hacerla nosotros mismos si queremos este nivel de intervención.

Sentarse a una distancia y pedirle a un agente absoluto fuera de nosotros que interfiera para ayudar no funciona. Uno tiene que alinearse con el Absoluto o entregarse a ese poder superior en un nivel profundo y tomar la decisión uno mismo. La elección no es superficial solo en el nivel del habla, como en la oración mental o emocional en lo superficial. Tampoco está solo en el nivel intelectual de comprensión. Está en el nivel del Ser. Está en el nivel del núcleo interno de nuestra Conciencia Trascendental más profunda. Para esto tenemos que poder trascender.

Es a partir de ese nivel trascendental que podemos aprovechar el poder infinito y la inteligencia de lo Absoluto. Hacer que las cosas se muevan en una dirección de sustento de vida para nosotros y para los demás que amamos, no sería una violación de nuestra libertad, sino todo lo contrario, una confirmación de nuestra libertad suprema. Desde estos niveles profundos del Ser, los pensamientos son más poderosos que la acción. El pensamiento correcto en estos niveles puede incluso equilibrar y neutralizar las influencias kármicas.

Algunos defensores del determinismo y otros fuertes creyentes en el destino han interpretado que asumir la responsabilidad de la vida y los asuntos en manos propias es un intento inútil o poco convincente de interferir con un diseño preestablecido o "preordenado". Este tipo de interpretación condujo a filosofías que promueven la pasividad, la inacción y el letargo, pero más trágicamente, a la visión de la vida como sin sentido e incluso absurda. La visión del mundo presentada en este libro resalta la responsabilidad total y la capacidad claramente humana de crear significado.

A medida que aumentamos la conciencia, podemos crear, hacer y deshacer nuestro propio Universo. Podemos convertirnos en dueños de nuestro destino. Las acciones humanas que condujeron a cambios destructivos en el medio ambiente y el ecosistema, por ejemplo, pueden revertirse y "corregirse" si aumenta la conciencia colectiva. La Conciencia es todo lo que hay y elevar la Conciencia es todo lo que se necesita para lograr un cambio o mejora positiva.

La Conciencia es todo lo que hay y elevar la Conciencia es todo lo que se necesita para lograr un cambio o mejora positiva.

También es posible que la evolución ya haya dado lugar a manifestaciones de una inteligencia superior de la que los humanos no somos conscientes. Ciertamente, podrían existir entidades que fueran superiores a nosotros en su conciencia, ya sean extraterrestres, ángeles, *djinn* (genios) o seres divinos.

De hecho, podrían estar caminando entre nosotros seres humanos que fueran intelectualmente superiores a la población general promedio, ¡incluso si estos individuos especialmente dotados no se diesen cuenta! ¿Interferirían con nuestras vidas como nosotros interferimos con las vidas de otras especies en la naturaleza? ¿Nos protegerían o nos harían daño? Si nos metiéramos en problemas, ¿vendrían a rescatarnos?

Sería demasiado osado intentar responder estas preguntas. Sin embargo, según nuestra experiencia en la Tierra, vemos que cuanto mayor es la conciencia, más protectores del medio ambiente y de otras especies se vuelven los humanos. Si esas entidades o seres "superiores" fueran o se volvieran más evolucionados, lo más probable es que protegieran y apoyaran todo lo que está en sintonía con el poder evolutivo especial que teóricamente posean.

Si se creara demasiado desequilibrio en la Tierra, sería lógico apostar a que interfirieran para ayudar a recrear el equilibrio en lugar de cualquier otra cosa, particularmente en cualquier cosa que finalmente fuese una fuerza destructiva en el Universo. ¿No es eso lo que nosotros nos esforzamos por hacer en nombre de nuestra tierra cuando somos más sabios y actuamos en base a una visión más holística y global?

El reino de lo divino

Si elevamos la conciencia colectiva de nuestras naciones, podemos encontrar espontáneamente el camino más evolutivo para que cada cultura, forma de vida y sistema de creencias prospere con lo mejor que cada cultura y nación tiene respectivamente.

Todavía hay desafíos hoy, pero también existe la promesa de un gran despertar.

Lo que parece irreconciliable, por ejemplo, en las percepciones dispares de Dios y la voluntad de Dios según lo visto por varias religiones, puede verse en última instancia como una cuestión de qué aspecto de la totalidad se conoce, se venera y se asigna a lo divino.

Podríamos preguntar, por ejemplo, ¿qué aspecto de lo Absoluto destaca un sistema de creencias frente a otro? Cuando se trata del Absoluto Impersonal, entonces se percibe a Dios como más allá y por encima de todo, inalcanzable, sin sentido del yo, indiferenciado y no involucrado. Si es el Absoluto Personal indiviso, entonces Dios es Uno sin un segundo, supremo y absoluto, un creador personal que da libertad, pero vela por la creación. Cuando se trata del aspecto tres en uno del Absoluto (nivel supremo de Observador, Proceso y Observado), entonces Dios es Uno, pero también es Trinidad.

Si se examinan los diversos aspectos de la cascada y todos se ven como parte de lo Absoluto, entonces Dios sigue siendo uno y supremo, pero aparece como muchos; aunque ninguna de estas percepciones de lo divino está mal. Ninguna contradice a la otra. Son aspectos del mismo océano ilimitado de Conciencia en movimiento: Ser puro trascendental, no involucrado, pero también un Absoluto Personal, un testigo silencioso, un proceso dinámico, uno y tres y muchos, que tiene un diseño puro, pero que da libertad, tiene infinita correlación, es infinitamente flexible y, sin embargo, infinitamente rígido.

Desafíos y soluciones

Nuestra civilización humana ha evolucionado sustancialmente en el nivel manifiesto material. La humanidad aún enfrenta todo tipo de problemas relacionados con la salud, la amenaza de pandemias, la economía mundial, la energía, el medio ambiente, la vivienda, la educación, los derechos humanos, la integridad cultural, la política, discriminación racial y religiosa, y la seguridad y el bienestar humano, pero elevar la conciencia jugará un rol fundamental en el tratamiento de estas y otras cuestiones.

Tengo la esperanza de que la conciencia mundial continuará elevándose y muchos de los problemas actuales se resolverán a largo plazo. Sin embargo, si la conciencia mundial no se eleva de manera profunda y dramática, enfrentaremos peligros provenientes de los lugares más inesperados.

No está dentro del alcance de este libro abordar las innumerables áreas de potencial preocupación para el futuro de la humanidad y, de hecho, tal vez de la Tierra misma; pero solo mencionaré algunos ejemplos.

- Una de las áreas relativamente más suaves es nuestra dependencia cada vez mayor de la tecnología de Internet que pega inquietantemente a las personas a sus pantallas. Internet es tan útil que es inevitable, pero las personas necesitan saber cómo reiniciar sus sistemas nerviosos para evitar el uso excesivo, el lavado de cerebro y la saturación como resultado de la sobrecarga de información, lo que es particularmente amenazante porque Internet es muy propenso a diseminar información falsa.

- En segundo lugar, existe hoy la preocupante propensión entre muchas personas a volverse excesivamente dependientes, incluso física y psicológicamente, de medicamentos y drogas recetadas que son potencialmente peligrosas y adictivas.

Si bien estos medicamentos podrían en el futuro ayudar parcialmente a todo tipo de dolencias mentales y físicas que padecen las personas, muchas pueden volverse demasiado dependientes de ellos, incluso adictas sin remedio, y como resultado, perder el contacto con el funcionamiento natural de su fisiología, comprometiendo las posibilidades de una evolución rápida, progresiva y positiva. Los efectos secundarios pueden no ser fácilmente detectables a corto plazo.

- Tercero, una preocupación potencialmente más seria es el desarrollo de la ingeniería genética y la inteligencia artificial. Dada su enorme promesa, si bien no cabalmente comprendida, de ayudar a la humanidad, no hay duda alguna de que estas tecnologías emergentes experimentarán un desarrollo vigoroso en el futuro.

Ya sea que les impongamos una moratoria o no, se utilizarán y habrá una carrera entre países para desarrollarlas. Prometen una idílica autopreservación y autoexpansión en una escala bastante incomparable tanto para el individuo como para la nación. Dependiendo de nuestra inteligencia y conciencia colectiva, estas podrían ser de gran ayuda para la humanidad, o podrían convertirse en nuestros maestros dominantes, e incluso en nuestros verdugos.

Así, por ejemplo, aunque la ingeniería genética promete curar enfermedades, prolongar la vida y mejorar los cultivos, puede tener profundos efectos en nuestros ecosistemas.

Si algo saliera mal, o si la ingeniería genética se usara mal para fines secundarios, como el acaparamiento de cultivos con ganancias principalmente financieras (o incluso políticas) en mente, podría transformar o hasta diezmar la vida en la Tierra. Incluso en el contexto de una investigación bien intencionada, pero por error, un virus dañino escapa de un laboratorio, la pandemia resultante puede ser fatal a escala mundial.

Solo una mayor inteligencia y una planificación inteligente pueden hacer que esta poderosa tecnología sea segura. Para que esto suceda, debe quedar claro que el aumento de la conciencia individual y mundial es críticamente necesario. Si la motivación es la competencia por la dominación y hay una falta de visión a largo plazo, entonces esa tecnología tiene el potencial de crear ramificaciones devastadoras.

Por lo tanto, primero debemos asegurar un orden sustancial en las mentes, sentimientos e intelectos de las personas a nivel colectivo antes de poder embarcarnos con seguridad en aplicaciones de ingeniería genética a gran escala. Es un requisito y responsabilidad urgente.

Pandemias, discriminación racial y religiosa

La ingeniería genética ocurre no solo artificialmente en un laboratorio. Las mutaciones y la mezcla de diferentes especies entre virus, bacterias, plantas, animales y humanos conducen continuamente a la aparición de nuevas formas de vida. Algunas son beneficiosas y evolutivas; otras pueden ser dañinas e incluso provocar grandes epidemias.

El mundo ha experimentado muchas epidemias y pandemias, incluida la viruela, la tuberculosis y el VIH/sida, que se propagaron o agravaron por los viajes, las invasiones, la guerra, la higiene inadecuada, a través del suministro de agua o la cadena alimentaria.

Algunos, como la peste, la gripe de 1918 y COVID-19 han dejado grandes huellas de sufrimiento y casi paralizan al mundo. Para un manejo y una respuesta adecuados a tales situaciones amenazantes, es necesaria una mayor conciencia. Se necesita una mayor conciencia para una comprensión más amplia del proceso de la enfermedad y su propagación, para una planificación más inclusiva e inteligente, y para encontrar curas y medidas preventivas.

La conciencia individual y colectiva tórpida[22], estresada, temerosa y de mente estrecha usa solo inteligencia y creatividad limitadas y lucha por ensayo y error para encontrar soluciones. Es

---

22. **Tórpido**: Que reacciona con dificultad o torpeza.

necesario tener una conciencia tranquila, recogida y amplia en los niveles individual y colectivo para el manejo más efectivo de las pandemias y, de hecho, para cualquier desafío a la vida individual y social, incluidos los problemas de discriminación racial y religiosa, y el medio ambiente.

En los estados superiores de Conciencia, la Conciencia se establece en la Conciencia Pura, el campo de la Unidad. El individuo se da cuenta de que subyacente, sustentando y apoyando toda la diversidad hay un Campo Unificado de pura existencia, puro Ser.

El individuo en un nivel profundo de experiencia personal se siente uno con todo. Esto no es un estado de ánimo mental o psicológico superficial o incluso solo una comprensión intelectual, sino una experiencia real de Unidad. En este estado, la diversidad se mantiene sobre la base de la Unidad última: disfrutar de la diversidad infinita al máximo, mientras se sabe que todo es un océano de Conciencia en movimiento. No puede introducirse ninguna forma de discriminación. Afortunadamente, existen técnicas para desarrollar sistemáticamente estados superiores de Conciencia.

Inteligencia artificial

Las mismas preocupaciones se aplican con la misma urgencia a la inteligencia artificial (IA).

Para ser claros, la inteligencia artificial ha existido durante mucho tiempo, originándose en el trabajo de Alan Turing en la década de 1950. Lo que es de mayor e inminente preocupación para el futuro de la humanidad es la Inteligencia General Artificial (IGA), que algunos de los visionarios futuristas de hoy en día también llaman *Global Artificial*. La diferencia es crítica.

La IA es capaz de realizar tareas computacionales que también los humanos son capaces de realizar, pero mucho más rápido. La clave es que las máquinas de IA sean preprogramadas para

IGA realizar cualquiera que sea la función específica requerida. Por otro lado, las máquinas de, en teoría, serán igual de inteligentes que los humanos en todos los sentidos, y también podrán realizar las mismas tareas intelectuales, o incluso mejores, que sus contrapartes humanas.

Y, de hecho, la IGA está en el horizonte (en algunas aplicaciones ya está aquí), prometiendo ayudar a la humanidad, predecir e incluso controlar el clima, los cultivos, las cadenas alimentarias, las finanzas, la economía, los sistemas de defensa nacional del mundo y todos los otros aspectos vitales de nuestro mundo.

La IGA incluso podría superar ampliamente todo lo que los humanos pueden hacer a nivel físico y material, y existen temores profundamente genuinos entre los científicos sociales y otros expertos de que las máquinas inteligentes podrían hacerse cargo de una cantidad asombrosa y sin precedentes de trabajos realizados anteriormente por humanos, pero sin proporcionar ningún medio alternativo de empleo a cambio.

Las máquinas pueden seguir aumentando su inteligencia y reproducirse. Literalmente podríamos convertirnos en sus esclavos y ellas podrían tratarnos como ahora tratamos a las plantas y los animales. Nos verán como seres inferiores, mentalmente incompetentes, falibles y débiles. Podrían parecernos como algún tipo de dioses, pero podrían convertirnos en sus esclavos, sus mascotas o incluso deshacerse de nosotros por completo. ¿La IGA tendrá conciencia? ¡Por supuesto que la tendrá!

Como todo lo demás, la IGA es y será conciencia. ¿Será una conciencia sabia, amorosa y evolutiva, o una clase de psicópata con gran inteligencia, pero sin empatía? Esto dependerá de sus creadores, ¡nosotros!

Podríamos mantener a la IGA bajo control y hacer que funcione para nuestro bienestar y en nuestro servicio. Lo necesitaremos, sin duda, para nuestra supervivencia a largo plazo como humanos y nuestra existencia continua como una especie cada vez más en evolución. La física de nuestro sistema solar apunta a 7.500

millones de años como un límite de tiempo de nuestra capacidad de morar en la Tierra.

Eso es, por supuesto, si no desaparecemos antes destruyendo nuestro medio ambiente sustentador de vida, saqueando nuestros recursos o arrasándonos en guerras cada vez más catastróficas o en el desencadenamiento del Armagedón genético. Si queremos continuar, necesitamos evolucionar más rápido que cualquier otra cosa que las medidas paliativas y la mecánica darwiniana puedan ofrecer. La IGA podría venir al rescate o podría ser la causa de nuestra desaparición.

Para que la IGA nos lleve a otro planeta u otro sistema solar, debe ser verdaderamente global y esto significa incluirnos en su consideración. Si estamos divididos, desordenados, luchando perpetuamente entre nosotros como individuos y naciones, podemos estar seguros de ser excluidos.

Nuestra conciencia individual y colectiva debe ser alta ahora para garantizar que la IA se construya en una plataforma con una perspectiva globalmente ordenada e inclusiva. Mirar la IGA como una herramienta para nuestra dominación del mundo puede convertirse en una receta para el desastre. Esto se debe a que el dominio mundial no sería competencia de los humanos, sino más bien el dominio de la IGA sobre el mundo, y el monstruo casi con certeza se liberaría de su creador poseedor de "pequeña automotivación".

Capítulo 21

Utilizando el Campo Unificado Todopoderoso

Una gran cantidad de estudios de investigación científica[23], realizados en varios centros de investigación en todo el mundo, han demostrado la efectividad de las Tecnologías de la Conciencia para el individuo y para la sociedad. Los conflictos y la delincuencia se han reducido sustancialmente y se ha demostrado que una mayor armonía y paz son el resultado del uso colectivo de estas técnicas.

Tan poco como la raíz cuadrada del 1% de la población de una ciudad o nación puede producir el **Efecto**[24]. Alrededor de

---

23. *N. del T.*: Más de seiscientos estudios científicos realizados en doscientas cincuenta universidades e instituciones independientes en treinta y tres países y publicados en más de cien revistas científicas de mayor reconocimiento mundial, documentan los beneficios comprobados en todos los aspectos de la vida. Ver por ejemplo: https://research.miu.edu/tm-technique/; https://www.tm.org/research; https://www.davidlynchfoundation.org/research.html

24. El Efecto son dos ideas:

1. El "Efecto Maharishi Extendido", descubierto en 1978, se refiere a la práctica en grupo de la Meditación Trascendental™ y el programa Sidhis-MT por la raíz cuadrada del 1% de la población en un solo lugar. Esto produce coherencia en la conciencia colectiva, que favorece las tendencias positivas y de progreso para la sociedad. La raíz cuadrada del 1% de la población mundial es suficiente para reducir la tensión social. El estrés en la conciencia colectiva no solo alimenta el terrorismo y la guerra, sino que también genera la delincuencia, la inestabilidad económica y la incoherencia gubernamental. Al reducir la tensión social, con grandes grupos de expertos creadores de paz quedan demostrados, los profundos beneficios para la sociedad en todas las áreas.

2. En mecánica cuántica, un superconductor, el funcionamiento coherente de los electrones excluye espontáneamente un campo magnético disruptivo y externo. Este fenómeno es conocido como el "Efecto Meissner". El sistema

ochocientas personas, por ejemplo, pueden lograr resultados significativos para toda Francia o el Reino Unido; menos de dos mil para los Estados Unidos; menos de cuatro mil para toda China o India; y menos de diez mil para el mundo entero.

La Meditación Trascendental™ y sus técnicas avanzadas, tal como las enseñó Maharishi, son tecnologías efectivas de la Conciencia porque avivan y aprovechan la fuente indomable de todo poder y energía. Crean un escudo invencible de coherencia y armonía social, para una nación determinada y, en última instancia, para todo el mundo. En términos de amor, compasión y unidad en la diversidad, el Campo Unificado es como la savia de un árbol o una flor. La misma savia aparece como los muchos aspectos de las hojas, ramas, tallos y flores. Todos somos expresiones del Campo Unificado.

Ya no estamos en la era medieval, ni queremos volver a ella, con sus conceptos, valores y formas de actuar y reaccionar. Del mismo modo, debemos superar las limitaciones de las perspectivas clásicas sobre la realidad, que la mayoría de la gente todavía acepta comúnmente como una visión del mundo válida, tal como fue que se admitiera alguna vez que la Tierra era plana.

Hoy se cree erróneamente que nuestro mundo está hecho de objetos y fenómenos separados y no relacionados que, independientemente uno del otro, aparecen y desaparecen en el tiempo y el espacio. Necesitamos observar la realidad a medida que la ciencia la revela y utilizar una tecnología más avanzada para enfrentar y resolver nuestros problemas de acuerdo con el conocimiento más avanzado de nuestro tiempo.

---

mantiene su posición impenetrable porque ninguna actividad caótica puede suceder en él. Los conductores eléctricos ordinarios no son impenetrables porque la actividad de los electrones incoherentes permite la penetración de un campo magnético externo. Cuando el 1% de las partículas de un metal se polarizan, todo el material lo hace. Algo similar ocurre con el agua al congelarse y con otros fenómenos de la naturaleza.

El poder se puede aprovechar y mostrar en todos los niveles. En el nivel de la superficie se puede tener poder mecánico. Más en profundidad, hay poder biológico. Aún más profundamente, se tiene poder químico. Luego se tiene energía molecular, a la que se puede acceder a nivel genético; o al nivel atómico, como la bomba atómica (quizás el peor de todos los usos posibles), o más positivamente, aprovechando la energía nuclear para generar calor y energía eléctrica para hacer la vida de las personas más cómoda. El más profundo de todos es el Campo Unificado, el hogar de todas las leyes de la naturaleza que silenciosamente estructuran y mantienen la diversidad infinita de todo lo que se manifiesta.

Esto no es ciencia ficción, sino la imagen científica más precisa del Universo que somos capaces de pintar en este momento. La realidad no se limita a lo que el equipo sensorial de nuestro sistema nervioso humano es capaz de procesar. En correspondencia con las capas refinadas del mundo físico descubiertas por la ciencia "objetiva", hay capas subjetivas progresivamente más profundas de percepción, pensamiento, sentimiento, intuición y comprensión.

Cuando tenemos una mayor percatación y una conciencia más amplia, utilizamos una mayor inteligencia individual y colectiva y somos capaces de resolver todos los problemas que nos preocupan, desde el cambio climático hasta la pobreza, desde la desigualdad económica hasta las disputas fronterizas, sin quedar atrapados en las disputas involucradas en el curso cotidiano de la política y las elecciones o, lo que es más importante, recurrir a la guerra.

Resolver las diferencias usando la propia inteligencia en lugar de pelear siempre es más ventajoso para todos. El tema central aquí es referente al nivel de conciencia que los individuos y las sociedades realmente tienen. Cuanto más limitada es la conciencia de un individuo, menor es su capacidad de tomar las decisiones correctas y, en consecuencia, también es menor su libertad inherente. Esto también es cierto para grupos de individuos y, por extensión, para naciones enteras.

Cuanto más limitada es la conciencia de un individuo, menor es su capacidad de tomar las decisiones correctas.

Un animal tiene opciones muy limitadas en casi cualquier circunstancia en comparación con un individuo altamente evolucionado. Varios niveles de conciencia humana tienen niveles correspondientes de libertad de elección. Esto plantea una pregunta "moral". No juzgamos a los animales por su comportamiento; decimos que es instinto. Modificamos el comportamiento animal ya sea por la fuerza bruta y las técnicas disuasorias o por refuerzo positivo como el entrenamiento conductual. ¿Deberíamos hacer lo mismo con los humanos?

Si alguien comete un delito y se encuentra mentalmente no apto, generalmente es enviado a rehabilitación.

Si está mentalmente apto y, por lo tanto, se considera plenamente responsable de sus acciones incorrectas, se lo castiga en consecuencia.

Sin embargo, siempre hay una medida de incapacidad mental o psicológica en cualquiera que cometa un delito.

El sistema legal enfrentará desafíos cada vez mayores a medida que las técnicas neurológicas y cognitivas correlacionen la incapacidad mental con la actividad cerebral y descubran que la mayoría de las personas con conductas inapropiadas tienen anormalidades correspondientes en su sistema nervioso.

El uso del castigo o la recompensa ha estado allí durante el tiempo que han existido animales y humanos, desde fruncir el ceño o sonreír hasta la bomba atómica, la amenaza de la condenación eterna en el infierno o las promesas de vida en el paraíso. Sin embargo, las guerras y el sufrimiento han continuado.

330

En última instancia, necesitamos elevar la conciencia individual y colectiva y, por lo tanto, despertar en cada individuo y sociedad la inteligencia que llevará la vida en la Tierra de un nivel animal a un nivel celestial.

Más básico que el intelecto es el campo del Ser puro, que es el Campo Unificado del que hemos estado hablando, la fuente de todo lo que está en la superficie. Es el campo primario de relación, entrelazamiento, coherencia e interconexión. Es la gran totalidad en la que todas las partes aparentes son expresiones de la Singularidad, las olas infinitas de un océano de Conciencia.

Cuando se les pregunta a las personas quiénes son, generalmente dan una respuesta con un nombre, una nacionalidad, tal vez un sistema de creencias, tal vez sus credenciales educativas o profesionales. Estos factores expresan y resaltan las diferencias entre individuos, culturas, creencias, clases sociales y económicas que nos dividen y pueden producir fácilmente discordia e incluso enemistad.

Este tipo de autoidentificación es todo lo que la mayoría de las personas han experimentado y conocido sobre sí mismas, y también sobre otras personas. Cuando nos limitamos a estas definiciones externas del yo, estamos aislados dentro de los límites de una familia, un grupo, una sociedad, una nacionalidad y un credo o ideología. Entonces tenemos motivos para desconfiar o temer a otros que podrían atacar o dañar a quienes entendemos que somos. El amor no puede realmente ser pleno bajo esta concepción incompleta y autolimitante del yo.

"El miedo nace de la dualidad", dice el Veda. Cuando tienes dos fuerzas, la posibilidad de que una tome el control o elimine algún beneficio de una y la cambie a la otra, o la disminuya, e incluso la destruya, siempre está ahí. Siempre que haya dos, pueden chocar. Incluso dentro de la propia individualidad, el intelecto puede estar en conflicto con el corazón; los sentimientos o las emociones profundas pueden rivalizar con razones de dominación; o los deseos egoístas batallar contra el deber o la responsabilidad.

Cuando las personas se identifican con un sentido específico y limitado de yo-mi-mío, con un conjunto particular de cualidades, siempre existirá "el otro", que tiene diferentes límites y características, pero que está a menudo también impulsado por su propio pequeño interés personal. Esta dualidad siempre contiene las semillas del miedo y la hostilidad, y por lo tanto, el potencial del conflicto e incluso la violencia.

¿Cómo eliminamos al "otro"? No queremos ni necesitamos hacer nada en la superficie. Más bien, lo que se requiere es una transformación en nosotros mismos y en nuestra forma de percibir a los demás. De modo que lleguemos a conocer la unidad que subyace en nuestras diferencias superficiales, que es más profunda que nuestras visiones y preferencias mundanas. Incluso nuestros desacuerdos, y revela que en el fondo somos el otro, que somos todo, la totalidad.

Eso suena como una noción muy elevada e idealista. Una construcción intelectual que nunca puede funcionar en la vida real. Y, en verdad, nunca funcionará simplemente pensar, decir o tratar de creer que usted es el otro, y que todos son el Campo Unificado, porque nos despertamos por la mañana, nos miramos en el espejo, nos encontramos cara a cara con los límites de nuestra individualidad, y esto es lo que naturalmente creemos que somos.

Saber "quiénes somos más profundamente" es crucial para todas las posibles soluciones para nuestro mundo. Es importante porque quienes somos realmente, es el Ser puro ilimitado dentro del Ser, la Conciencia Pura.

Esta autocomprensión y autodefinición trasciende todas las identificaciones limitadas con la religión o raza, género o creencia que tengamos, y nos pone a todos en pie de igualdad, de la forma que sea que podamos concebirlo o expresarlo: ciudadanos universales del mundo, hijos de Dios, miembros de una familia inclusiva.

Todas las grandes tradiciones del mundo nos han guiado hacia este despertar: conócete a ti mismo; conoce el Reino de los Cielos que está dentro de ti; "Tú eres Eso". Y ahora la ciencia lo señala claramente. ¿Qué son los objetos? ¿Qué son las personas en última instancia?

La separación es ilusoria, o al menos una apariencia superficial. Cuanto más exploramos debajo de los niveles de la superficie, tanto más seguro es que somos un Campo Unificado. Un océano ilimitado de Ser puro. Esta unidad de la vida se ha entendido durante mucho tiempo en términos espirituales, y ahora está saliendo a la luz a través de las exploraciones y revelaciones de la ciencia.

Este es el verdadero y completo significado de "Conócete a ti mismo". Debido a que el Campo Unificado es la fuente de todo y de todos, cuando nuestra conciencia se abre a él, comenzamos a saber de una manera íntima y fundamental que somos Uno con Todo.

Esto no es simplemente un análisis intelectual o una convicción. Aunque bien podríamos llegar por análisis intelectual a la conclusión de que "todo es uno", de lo que realmente estoy hablando es de la experiencia directa, un despertar en el Ser más íntimo de uno.

Es un "despertar inocente del sueño de la dualidad" a la unidad que nos une a todo ser. Y así como uno no se despierta de un sueño en la noche hasta realmente darse cuenta: "Ajá, fue solo un sueño", de manera similar, no se necesita ningún esfuerzo para este despertar; sucede de forma natural por la experiencia repetida de la Conciencia Pura dentro del Ser. Muchos pequeños despertares diarios, destellos que vienen y se desvanecen, eventualmente terminan en un despertar expansivo y permanente de la unidad de nuestra verdadera naturaleza.

Obtener la experiencia y la comprensión de este Campo Unificado es la mejor esperanza que tenemos para coexistir pacíficamente en un mundo de divisiones, conflictos y, con demasiada frecuencia, confrontaciones violentas entre religiones y culturas, cuyos valores a veces se oponen directamente.

La Madre Naturaleza nos muestra un hermoso ejemplo de cómo esto es posible. Para que una flor florezca, o para que cualquier planta florezca, necesita aire, necesita agua y necesita sol. Juntas permiten que la planta crezca de manera saludable, se vuelva hermosa y completamente ella misma.

Si se consideran estos aspectos por separado, se los podría encontrar en contradicción entre sí: el agua moja, pero el aire y el sol secan. Entonces, el sol y el aire están en conflicto con el agua y uno podría esperar que luchen entre sí por el dominio. Pero es la unión de estos factores lo que permite que la planta crezca. A veces, los valores opuestos son necesarios para el desarrollo y la evolución adecuados.

COEXISTENCIA DE OPUESTOS

Las diferencias entre pueblos y culturas no tienen por qué ser un problema que requiera su eliminación. Más bien, las diferencias son facetas hermosas de la gloria de la creación, que permiten que el jardín de la vida florezca en una miríada de colores y formas, llenas de variedad viva para que todos disfruten. Sin embargo, como hemos tratado, las diferencias son la fuente potencial de discordia, miedo y conflicto.

Si no son el problema, ¿qué es? Todo el problema es hacia dónde va nuestra atención humana. ¿Nos detenemos en las diferencias y las convertimos en un punto de desacuerdo y conflicto? ¿O nuestra atención descansa en la totalidad, en la unidad de la vida, que es lo que llamamos Conciencia, Ser puro, Existencia pura? Esa fuente de vida que existe siempre es como la savia que subyace a la flor, al tallo, la hoja y las ramas de todas las plantas en el jardín. Todos estos atributos diferentes provienen de una sola fuente.

Esta unidad no es una construcción intelectual sino la verdad viva de toda vida, cercana y lejana, micro y macro. En nuestro mundo humano, las diferencias individuales y grupales siempre existirán y, por problemática que sea esa diversidad, también es la belleza y la fuerza de la vida, lo que es vital para la continuidad de la evolución.

¿Quién elegiría vivir en un mundo donde todos son iguales,

donde todas las grandes culturas tradicionales se homogeneizan y pierden la vasta percepción que evoca su singularidad? Al mismo tiempo, podemos disfrutar mejor de esta rica diversidad de la vida, si en lo profundo de nosotros estamos basados en una integridad o unidad estable. Si nuestra atención se ve atrapada en las diferencias que potencialmente pueden dividirnos, inevitablemente surgirán malentendidos y conflictos.

Creo que nuestra evolución colectiva como seres humanos nos está llevando no solo a esta comprensión, sino a vivir esta armonía como nuestra realidad compartida. Veo esto especialmente en los jóvenes de hoy, quienes más que nunca (quizás con la ayuda de la conectividad de las redes sociales), están trascendiendo los límites nacionales, religiosos, raciales y de otro tipo que encerraron a las generaciones anteriores, formando de manera significativa amistades y asociaciones con personas de todo el mundo.

Esta es la realización suprema de la educación, donde el conocedor se conoce a sí mismo como Ser puro y se establece en el campo de la creatividad infinita y la libertad real, pero en sintonía con la Ley Natural total. En este estado despierto e iluminado, el individuo sostiene espontáneamente los valores más evolutivos de su cultura y sistemas de creencias. Disfruta de ser diferente en el exterior mientras conoce profundamente a través de la experiencia directa la unidad subyacente que sostiene toda la diversidad.

Esta es la base de toda verdadera tolerancia, toda verdadera compasión y verdadero amor, que es pleno y no artificial. Avivar esto a través de un grupo de individuos que practiquen esta tecnología de la Conciencia servirá para avivarla dentro de la sociedad en su conjunto. Las diferencias permanecen en la superficie, pero la vida se vive en un sentido fundamental de profunda paz y unidad.

Esto es lo contrario de lo que nos sucede automáticamente en circunstancias de estrés, miedo e ira. Cuando los instintos toman la delantera, la respuesta de huida o lucha con demasiada frecuencia supera al sistema nervioso humano, y el amor queda relegado. Cuando está bajo estrés, el sistema nervioso humano no utiliza todos sus recursos. Se tiene toda la fuerza física, pero no la fuerza mental.

Las emociones, los sentimientos e incluso los ideales elevados pueden ser enturbiados por el miedo y el resentimiento. Nuestras facultades racionales y lúcidas para la toma de decisiones (a las que los psicólogos a veces se refieren como "funciones ejecutivas") se apagan. Nuestras creencias habituales en la justicia, los valores elevados, la humanidad e incluso la equidad divina pueden verse sacudidas o superadas, por una cruel agresión que puede resultar trágicamente incluso en la muerte de personas inocentes.

Esto es cierto para nosotros como individuos, e igualmente cierto para la colección de individuos que llamamos sociedad, ciudad o nación. Bajo cualquier condición que genere miedo y enojo en la población. El poder ejercido bajo estas condiciones es caótico e ineficiente. Numerosos estudios sobre el comportamiento de "masas" lo han dejado claro.

Es posible que no nos guste pensar que las personas normales puedan actuar colectivamente como una "masa", pero al centrarse siempre en los problemas, hablar de "enemigos" y "amenazas terroristas", corremos el riesgo inevitable de provocar el tipo de sentimientos basados en el miedo que pueden conducir a respuestas vengativas y agresivas de autoprotección.

Por el contrario, cuando se actúa con un sistema nervioso que está tranquilo, integrado y descansado, los seres humanos pueden tener una percepción más clara de la realidad y, por lo tanto, pueden tomar decisiones mejores y más positivas.

Tómese un minuto para examinar su propia vida y su propio proceso de toma de decisiones.

Si no ha dormido bien y recibe malas noticias a primera hora de la mañana, no se necesita mucho para sentirse irritado o molesto. Puede rezongar a su hijo o a su pareja, actuar con demasiada agresividad en el tráfico, hablar bruscamente con alguien en el trabajo. Más tarde, cuando esté descansado y menos agitado, puede darse cuenta de que era algo que podría haber manejado de una manera diferente y menos agresiva.

Así, incluso con el propósito de alcanzar el máximo potencial de uno como individuo, se tiene que aprender a no actuar impulsado por la ira, el miedo o cuando se está susceptible por sentimientos estresados, dañados y afectados emocionalmente.

Tenemos que poder regresar al Ser, al núcleo interno de nuestro Ser, y operar desde una posición más relajada, centrada y racional. Una posición que nos permita tener una percepción más clara para considerar más variables, más aspectos de una situación, que cuando tenemos una visión limitada por el estrés que nos hace sentir que tenemos que luchar o escapar.

Como sociedad humana, ya no vivimos en la jungla, donde existen amenazas físicas inmediatas, y donde a menudo las respuestas físicamente agresivas o belicosas alguna vez fueron necesarias para la supervivencia. Aun así, a veces las personas se van a portar mal, tomar decisiones tontas, estallar en enojo, arremeter con ira y decir cosas que realmente no quieren decir.

Si queremos minimizar ese comportamiento, en nosotros mismos y en los demás, es invaluable saber cómo prevenir la acumulación de tensiones y, al mismo tiempo, cultivar el potencial de cada persona. Abrir la Conciencia a una Conciencia superior y crear equilibrio en la fisiología y en la mente. Esto es lo que logra el programa de Meditación Trascendental™, por lo que es un ingrediente esencial en la solución basada en la Conciencia que propongo.

Algunos líderes de la sociedad tienen ideas, pero he visto el resultado de sus "soluciones" en las calles y en los hospitales. He visto a los niños, las mujeres y los civiles, así como a los soldados heridos de manera indescriptiblemente horrible.

Se necesita desesperadamente una solución efectiva a nuestra epidemia global de conflicto humano, violencia y guerra. Poseemos una vacuna potencial, algo que cuesta ridículamente poco en comparación con las bombas y bombarderos, los misiles, los aviones de combate, los buques de guerra y los submarinos, y ciertamente en comparación con hasta una sola vida perdida, y mucho menos, todo el sufrimiento que la guerra crea entre los sobrevivientes y los refugiados.

La investigación está fuera de toda duda. Se han realizado ensayos tanto a pequeña como a gran escala y se han publicado los resultados: está claro que tenemos una tecnología que puede lograr lo que la humanidad necesita con tanta urgencia.

Difundir este conocimiento se ha convertido en mi llamado. Este es ahora mi deber y mi responsabilidad. Hago esto con toda simplicidad y humildad y con total respeto por y para todos los sistemas de creencias, todas las tradiciones, honrando a todos porque, en última instancia, todos son un impulso de la vida. Cada impulso, que quiere avanzar en la dirección de más felicidad, más crecimiento, más amor, más comprensión, más vida.

El costo de un solo avión de guerra, de los miles que mantienen los ejércitos del mundo, es suficiente para apoyar a un grupo que crea coherencia[25]. ¡Intentémoslo! ¿Qué tenemos que perder? Lo peor que puede pasar es que las personas que lo practiquen comiencen a sentirse más felices, tengan una mejor salud y, en última instancia, se encuentren a sí mismas más integradas con sus familias, amigos, colegas, comunidades y más allá.

Hay un viejo dicho: "La pluma es más poderosa que la espada". Las ideas han cambiado el mundo. La gente ha luchado y muerto por sus creencias e ideales, y las instituciones se han construido, y a veces derribado, en base al poder de esas ideas. Más poderosa aún que la pluma es la mente, la inteligencia, la Conciencia que le indica a la pluma qué escribir.

En su origen está la fuerza más poderosa del Universo: el estado unificado de las fuerzas de la naturaleza, la inteligencia que gobierna el Universo vasto y siempre en expansión. Es nuestro

---

25. **Grupos de coherencia:** Ver Pazpermanente.org

derecho de nacimiento como seres humanos conocer esta fuente, esta Singularidad que es la esencia de nuestro Ser, conocerla y utilizarla para el bien.

Por lo tanto, los invito a unirse y crear una sociedad feliz, saludable y próspera al conocer nuestro Ser. "Conócete a ti mismo" es la sabiduría de las "eras", que nos permite utilizar la fuerza indomable de la Ley Natural para prevenir el surgimiento no deseado de un enemigo y, si ya hay un enemigo, eliminar la enemistad de su interior. Usemos sabiamente el poder infinito de la unificación y el amor que existe en ese valor unificador, que nos permite ver todo como nuestro Ser y avivar esa integridad en nuestra sociedad, para que el conflicto desaparezca y vivamos en una sociedad pacífica y armoniosa, sin miedo.

La expansión de la felicidad que nos rodea es la expansión de nuestra propia felicidad, porque en el fondo somos todo y todos. Lo que yo soy, tú eres; lo que tú eres, yo soy. Y si somos felices dentro de nosotros mismos, ¿cuánto más grande será nuestra felicidad cuando a nuestro alrededor cada ser humano esté viviendo en plenitud, en paz y con buena salud?

La naturaleza de la vida es invencible y la vida siempre evolucionará en una dirección progresiva. Es cierto que hay momentos difíciles, momentos de transición, cuando los nudos en la sociedad pueden tener que desenrollarse y disolverse para permitir que ocurra el progreso, pero la forma en que se eliminan estos nudos varía. Puede ser dulce y suave, progresiva y armoniosa, o puede ser horrible, dañina, atemorizante y destructiva.

La naturaleza puede ser muy agresiva. Los terremotos, las inundaciones y otros desastres naturales a veces interrumpen el flujo suave de las estaciones. En la sociedad humana, sin embargo, depende de nosotros si estas transiciones son suaves o ásperas. Somos perfectamente capaces de convertirnos en dueños de nuestro destino, en lugar de esclavos de situaciones y circunstancias.

Entonces la solución está ahí, el conocimiento y la tecnología están ahí. Es simple y puede lograr los resultados positivos que la humanidad desea fervientemente. En ausencia de una solución, estamos obligados a luchar con lo que sea que tengamos y continuar preguntándonos: "¿Cuál será mi mañana?". Pero cuando existe una solución, podemos regocijarnos en la posibilidad de transformar las tendencias del tiempo desde el dolor, sufrimiento y conflicto, a la felicidad, armonía, prosperidad y paz.

> Imaginemos dos habitaciones, una que se ha mantenido en la oscuridad durante un solo día, la otra que ha estado completamente a oscuras durante un período de mil años.
> Ahora imaginemos encender una luz.
> En ambas habitaciones, la oscuridad se disipa de inmediato. No toma ni un milisegundo más eliminar la oscuridad en la habitación que ha estado sin luz durante mil años.
> No se tiene que hacer nada para comprender el origen de la oscuridad o para intentar eliminarla.
> Simplemente traer la luz y la oscuridad se desvanece.

Las personas que intentan maniobrar en una habitación a oscuras tropezarán unas con otras; pueden tropezarse y caerse, torcerse los tobillos y culparse mutuamente por interponerse en el camino. El caos prevalece. Luego se enciende la luz y pueden ver su camino claramente. Ven y saben cómo moverse o deambular, cómo evitar hacerse daño, cómo cuidarse mutuamente. Es la solución más simple: traer la luz de la vida y regocijarse mientras la oscuridad y las dificultades desaparecen.

El conocimiento de la Conciencia expuesto en estas páginas, y su aplicación en las tecnologías para crear coherencia en los individuos y la sociedad, constituye una comprensión nueva y diferente basada en un conocimiento antiguo. Así como en los principios científicos más modernos y profundos y la verificación experimental.

Podemos hacer uso de este conocimiento hoy, como una herramienta para crear la paz, o podemos esperar interminablemente hasta que todos lleguen a él, mientras el mundo continúa viviendo guerras. Los líderes continúan confiando en soluciones anticuadas, en su mayoría autocentradas y consecuentemente divisivas, que siguen fallando, y con la gente que sigue diciendo: "Bueno, así es como funciona. Esa es la naturaleza de las cosas".

Eventualmente llegará el momento en que las personas y las naciones usarán esta tecnología, y mirarán hacia atrás y se preguntarán acerca de nuestra generación. ¿Nos verán en retrospectiva como tontos, como aquellos que arrestaron a Galileo, y como cualquier otro que persiguió a aquellos que se esforzaron por dar paso a una nueva ola de conocimiento? Esa ola de conocimiento, la que llamamos ciencia, llegó de todos modos y transformó nuestro mundo.

Es la hora de otra ola de transformación que elevará la forma en que nos relacionamos con los demás y nuestro entorno común y vital. Construyamos el mundo con el que todos los hombres y mujeres han soñado, un Cielo en la Tierra.

Siendo realistas, la oscuridad del conflicto y el sufrimiento no puede desaparecer con un destello de luz, pero el proceso en sí comienza inmediatamente. No importa cuánto dura la noche, cuando amanece ya no está más oscuro.

Bibliografía

(En orden de mención, por capítulos)

CAPÍTULO 4

1. Fairbanks, Arthur. *The First Philosophers of Greece* ("Los primeros filósofos de Grecia"), K. Paul, Trench, Trübner & Co., Ltd., 1898 (https://history. hanover.edu/texts/presoc/anaximan.html).

2. Fairbanks, Arthur. *The First Philosophers of Greece*, ob. cit.

3. Jeans, James. *The Mysterious Universe*, Cambridge University Press, 1930.

4. Schrödinger, Erwin. Citado en *The Observer* y en *Psychic Research*, 1931.

5. Wald, George. "Life and Mind in the Universe" ("Vida y mente del Universo"), *International Journal of Quantum Chemistry*, Quantum Biology Symposium 11, 1984.

6. Wilczek, Frank. *Fantastic Realities: 49 Mind Journeys and a Trip to Stockholm*, World Scientific Publishing Company, 2006.

7. Hobson, Art. "There Are No Particles, There Are Only Fields", *American Journal of Physics*, 2013.

8. Weinberg, Steven. *Facing Up: Science and Its Cultural Adversaries* ("De frente: la ciencia y sus adversarios culturales"), Harvard University Press, 2001.

CAPÍTULO 5

9. Wheeler, John. *The Physicist's Conception of Nature* ("La concepción de la naturaleza del físico"), Mehra, Jagdish, Springer, 1973.

10. Pinker, Steven. "The Brain: The Mystery of Consciousness" ("El cerebro: el misterio de la conciencia"), *Time Magazine*, 29 de enero de 2007.

11. Squire, Larry R. y otros (eds.). *Fundamental Neuroscience*, Academic Press, 2008.

12. Chalmers, David. "How Do You Explain Consciousness?" ("¿Cómo explicas la conciencia?"), TED Talks, 2014.

13. Fodor, Jerry. "The Big Idea: Can There Be A Science of Mind?" ("La gran idea: ¿es posible una ciencia de la mente?"), *The Times Literary Supplement*, 3 de julio de 1992.

14. De Waal, Frans. *Are We Smart Enough to Know How Smart Animals Are?*, W. W. Norton & Co., 2016.

15. Jabr, Ferris. "The Science Is In: Elephants Are Even Smarter Than We Realized" ("La ciencia está de moda: los elefantes son incluso más inteligentes de lo que nos dimos cuenta"), *Scientific American*, 26 de febrero de 2014.

16. Balcombe, Jonathan. *What a Fish Knows: The Inner Lives of Our Underwater Cousins*, Farrar, Straus & Giroux, 2016.

17. Tompkins, Peter y Christopher Bird. *The Secret Life of Plants*, Harper & Raw, 1973.

18. Pollan, Michael. *The Omnivore's Dilemma*, The Penguin Press, 2006.

19. Chalmers, David. *Toward A Scientific Basis For Consciousness* (Conferencia), The University of Arizona, 12 al 17 de abril de 1994.

20. Dennett, Daniel. *Consciousness Explained*, Little, Brown & Co., 1991.

21. Wigner, Eugene P. *The Unreasonable Effectiveness of Mathematics in the Natural Sciences*, New York University, 1959.

Capítulo 6

22. Eddington, Arthur S. *The Nature of the Physical World* ("La naturaleza del mundo físico"), MacMillan, 1929.

23. Schrödinger, Erwin. *Mind And Matter* ("Mente y materia"), Cambridge University Press, 1958.

24. Pinker, Steven. "The Brain: The Mystery of Consciousness" ("El cerebro: el misterio de la conciencia"), *Time Magazine*, 29 de enero de 2007.

Capítulo 7

25. Griffiths, Robert B. "Consistent Histories and the Interpretation of Quantum Mechanics" ("Historias consistentes y la interpretación de la mecánica cuántica"), *Journal of Statistical Physics*, Springer Science and Business Media LLC, 1984.

Capítulo 10

26. Blake, William. *Auguries of Innocence* ("Augurios de inocencia"), 1803.

Capítulo 11

27. **Estudios de referencia:**

Travis, Frederick y otros. "Patterns of EEG Coherence Power and Contingent Negative Variation Characterize the Integration and Waking States" ("Patrones de coherencia EEG y variación negativa contingente caracterizan los estados de integración y vigilia"), *Biological Psychology* - Elsevier, 2001.

Mason, L. I. y otros. *Electrophysiological Correlate of Higher States of Consciousness During Sleep in Long-Term Practitioners of the Transcendental Meditation Program* ("Correlatos electrofisiológicos de estados superiores de Conciencia durante el sueño en practicantes de largo plazo del Programa de Meditación Trascendental"), American Sleep Disorden Association and Sleep Research Society, 1997.

28. Hume, David. *Treatise of Human Nature* ("Tratado de la naturaleza humana"), Oxford University Press, 1975 (1740).

CAPÍTULO 12

29. Abell, Arthur M. *Talks With Great Composers* ("Charlas con grandes compositores"), Biblioteca Filosófica, 1955.

30. Marco Aurelio. *Las Meditaciones*, Hackett, 1983.

31. Merton, Thomas. *New Seeds of Contemplation* ("Nuevas semillas de contemplación"), The New Directions, 1972.

32. Krishna, Gopi. *Kundalini: The Evolutionary Energy in Man*, Shambhala Books, 1997.

33. El-Sadat, Anwar. *In Search of Identity: An Autobiography* ("En busca de la identidad: una autobiografía"), Harper & Row, 1979.

34. Pearson, Craig. *The Supreme Awakening*, Maharishi University of Management Press, 2016.

35. Hammarskjöld, Dag. *Markings* ("Marcas"), Faber & Faber, 1964.

36. Ionesco, Eugene. *Present, Past, Present: A Personal Memoir* ("Presente, pasado, presente: una memoria personal"), Grove Press, 1971.

37. Wolff, Charlotte. *On the Way to Myself: Communications to a Friend* ("En el camino hacia mí misma: comunicaciones con un amigo"), Methuen, 1969.

38. Tolle, Eckhart. *The Power of Now*, Namaste Publishing, 2004.

39. Dukas, Helen y Banesh Hoffman. *Albert Einstein, The Human Side* ("Albert Einstein, el lado humano"), Princeton University Press, 1979.

40. Goodall, Jane. En *Reader's Digest*, septiembre de 2010.

41. Mahesh Yogi, Maharishi. *Conversaciones*, MUM Press, vol. I, 1968.

42. Edwards, Jonathan. *Narrative of His Religious History* ("Narrativa de su historia religiosa"), en C. D. Warner y otros (comps.), *La Biblioteca de la mejor literatura del mundo. Una antología en treinta volúmenes*, 1917.

43. Lehmann, Rosamond. *Swan in the Evening: Fragments of an Inner Life* ("Cisne al anochecer: fragmentos de una vida interior), Harper Collins, 1967.

44. Goodall, Joan. *Reason for Hope: A Spiritual Journey* ("Razones para la esperanza: un viaje espiritual"), Grand Central Publishing, 1999.

Capítulo 13

45. Merrell-Wolff, Franklin. *The Philosophy of Consciousness Without an Object: Reflections on the Nature of Transcendental Consciousness,* Julian Press, 1977.

46. Merrell-Wolff, Franklin. *Pathways Through To Space,* Julian Press, 1973.

47. Krishna, Gopi. *Living with Kundalini: The Autobiography of Gopi Krishna* ("Viviendo con Kundalini: la autobiografía de Gopi Krishna"), Shambhala Dragon Editions, 1993.

48. Norman, Mildred. *Peace Pilgrim: Her Life and Work in Her On Words* ("Peregrina de la Paz: su vida y obra en sus propias palabras"), Ocean Tree Books, 1983.

49. Carpenter, Edward. *The Drama of Life and Death: A Study of Human Evolution and Transfiguration* ("El drama de la vida y la muerte: un estudio de la evolución humana y la transfiguración"), Mitchell Kennerley, 1912.

50. Kuhn, Thomas. *The Structure of Scientific Revolutions,* University of Chicago Press, 1962.

Capítulo 14

51. Laplace, Pierre-Simon. *A Philosophical Essay on Probabilities* ("Un ensayo filosófico sobre probabilidades"), J. Wiley, Chapman & Hall, 1902.

Capítulo 20

52. Nader, Tony. *Human Physiology – Expression of Veda and the Vedic Literature* ("Fisiología humana – Expresión de Veda y la literatura védica"); *Ramayan in Human Physiology* ("Ramayan en la fisiología humana"), entre otros. Maharishi International University Press, 2014 y 2011.